New Hollywood

Reihe Film 10

Mit Beiträgen von
Hans C. Blumenberg
Peter Figlestahler
Hans Peter Kochenrath
Hans Günther Pflaum
Hans Helmut Prinzler
Martin Ripkens
Heinz Ungureit

Carl Hanser Verlag

Die Reihe Film wird herausgegeben
in Zusammenarbeit mit der
Stiftung Deutsche Kinemathek
von Peter W. Jansen und Wolfram Schütte

Redaktionsschluß: 31. Juli 1976

Reihe Hanser 218
ISBN 3-446-12262-1
Alle Rechte vorbehalten
© 1976 Carl Hanser Verlag München, Wien
Reproduktionen: Wartelsteiner, Garching
Umschlagfoto: aus dem Film Der Pate, Teil II
Gesamtherstellung: Georg Appl, Wemding
Printed in Germany

Reihe Hanser 218
Reihe Film 10 · New Hollywood

Die Reihe Film stellt das Werk von Regisseuren, bestimmte Genres oder andere übergreifende Themen des internationalen Films in Monografien vor. Dabei werden die einzelnen Bände unter wechselnden Perspektiven und verschiedenen Aspekten erarbeitet. Eine umfangreiche Filmobibliografie gehört zu jedem Band.

Das amerikanische Kino hat die langen Jahre der ökonomischen Niederlagen überwunden, die Zuschauerzahlen steigen wieder, die großen Gesellschaften expandieren auch international, und Filme wie *Der Pate, Der Exorzist* oder *Der weiße Hai* sind dem Publikum in aller Welt bekannt geworden. Gleichzeitig, den wirtschaftlichen Wiederaufstieg begleitend und ihn beflügelnd, hat sich in Hollywood neben einer neuen Generation von Managern auch eine neue Generation von Regisseuren, Drehbuchautoren, Kameraleuten und Schauspielern durchgesetzt. In den hervorragendsten Werken dieses NEW HOLLYWOOD finden sich die klassischen Qualitäten des traditionellen amerikanischen Kinos mit neuen Themen, neuen Seh- und Erzählweisen sowie einer neuen Selbsterfahrung vereinigt. Die Zeichen sind jedoch selbst bei den bekanntesten Regisseuren des neuen Hollywood unübersehbar, daß auch ihre besten Arbeiten gleichzeitig dazu dienen, die wiedererstarkte Wirtschaftsmacht Hollywood ästhetisch zu sanktionieren. – Der Band enthält Aufsätze über die wirtschaftliche Entwicklung Hollywoods in den letzten Jahren, über Herkunft, Stil und Einfluß der neuen Generation von Filmemachern, Einzelporträts der Regisseure Robert Altman, Hal Ashby, Peter Bogdanovich und Francis Ford Coppola sowie eine lexikalisch angeordnete filmobibliografische Übersicht über 75 Namen aus NEW HOLLYWOOD.

Die Autoren

Hans C. Blumenberg (1947, Lychen). Studium Geschichte und Germanistik. Filmpublizist, u. a. in »Kölner Stadt-Anzeiger«. Autor und Regisseur von 18 Fernsehdokumentationen. Buchveröffentlichung u. a. »Film positiv«, 1968. Ab Herbst 1976 Filmredakteur »Die Zeit«. Lebt in Hamburg.
Peter Figlestahler (1947, Freiburg i. Br.). Studium Soziologie, Politik und Osteuropäische Geschichte in Freiburg, London und Cambridge, Mass. Kulturkorrespondent »Neue Zürcher Zeitung«, Südwestfunk. Lebt in New York.
Hans Peter Kochenrath (1936, Remscheid). Studium der Rechtswissenschaften in Köln. Filmemacher und Filmkritiker. Kurzfilme u. a. »Stille Nacht«, »Dissonante Zeitreihen«. Mitbegründer des Experimentalfilmklubs XSCREEN in Köln. Dokumentation »Film im Dritten

Reich« (1962). Filmredakteur des Saarländischen Rundfunks. Lebt in Bliesransbach.

Hans Günther Pflaum (1941, München). Studium Germanistik, Zeitungswissenschaft, Theatergeschichte. Filmkritiker; 1972–76 Redakteur der »Film-Korrespondenz«; Mitarbeiter »Süddeutsche Zeitung« u. a. Lebt in München.

Hans Helmut Prinzler (1938, Berlin). Studium Publizistik und Theaterwissenschaft. Seit 1969 Studienleiter an der Deutschen Film- und Fernsehakademie Berlin. Buchveröffentlichungen »Über das Kinomachen«, 1972, »Kinobuch 74/75«, 1975.

Martin Ripkens (1934, Hinsbeck/Niederrhein). Buchhändler, Filmkritiker, Kinder- und Jugendbuchautor. Lebt in München.

Heinz Ungureit (1931, Bockum-Hövel/Hamm). Studium Publizistik, Germanistik, Geschichte in Münster. Feuilleton-Redakteur »Frankfurter Rundschau«; Filmredakteur ARD; Leiter Hauptredaktion Fernsehspiel und Film ZDF. Lebt in Frankfurt am Main.

Inhalt

Zwischen Krise und Boom
Der wirtschaftliche Aufschwung Hollywoods

Von Peter Figlestahler

Die Geschichte Hollywoods ist ein ständiges Auf und Ab, das stets von Klageliedern oder euphorischen Hymnen begleitet wurde.[1] Im Rückblick läßt sich ihr melodramatischer Verlauf als ein permanentes Pendeln zwischen Boom und Krise beschreiben: auf wirtschaftliche Rückschläge folgte jeweils ein langsamer Regenerierungsprozeß, auf Phasen finanzieller Prosperität immer wieder eine Periode des Niedergangs. Augenblicklich befindet sich Hollywood in einem Hoch, doch wenn man das gegenwärtige Klima auf der amerikanischen Kinoszene richtig sondiert, läßt sich ein neues Tief schon absehen. Denn erneut scheint die amerikanische Filmindustrie in die Fehler zu verfallen, die sie schon so oft beging: maßlose Überschätzung der eigenen Möglichkeiten und sinnloses Produzieren nur um der möglichen Profite willen. Über die fehlende Zukunftsperspektive kann auch der Optimismus, der gegenwärtig in Hollywood herrscht, nicht hinwegtäuschen. Sie macht das mögliche Fiasko schon jetzt zum Trauerspiel.

Hollywood lebt

Nach Angaben der amerikanischen Fachzeitschrift »Variety« verzeichnete die gesamte US-Film- und Kinobranche im Jahre 1975 einen Umsatz von mehr als 1,9 Milliarden Dollar.[2] Damit wurde der fast zwei Jahrzehnte lang gültige Einnahmerekord von 1,69 Milliarden Dollar, der aus dem Jahre 1946 datiert, zum zweiten Male hintereinander übertroffen. Bereits 1974 waren an den Kassen der rund 14650 amerikanischen Kinos (darunter 3800 Autokinos) knapp 1,75 Milliarden Dollar umgesetzt worden. Das ist, selbst wenn man den Kaufkraftschwund der amerikanischen Währung in Rechnung stellt – ein Dollar hat heute gegenüber 1946 nur noch einen Wert von schätzungsweise 24 Cents –, eine erstaunliche Entwicklung.

Denn noch Ende 1971 hatte die amerikanische Filmindustrie dicht am Rande des Ruins gestanden. Nicht zu Unrecht sprachen viele Branchenkenner und Kritiker der Branche vom bevorstehenden Tode Hollywoods. Fast alle großen Filmgesellschaften wiesen damals nur noch rote Zahlen auf, angefangen von Metro-Goldwyn-Mayer über Columbia Pictures bis hin zu Warner Brothers. Ein Bankrott schien für viele von ihnen bereits unvermeidlich. In die Kinos von Boston bis San Diego und von San Francisco bis New Orleans kamen nur noch wenige Besucher, Kinobesitzer registrierten den größten Publikumsschwund seit vielen Jahren.

Inzwischen sind solche Klagen jedoch verstummt. Hollywood lebt, und die amerikanische Filmindustrie kann sich wieder bester finanzieller Gesundheit erfreuen. Allen voran die großen Filmgesellschaften, die ihre rückläufigen Umsätze in dramatischer Weise wenden konnten. Allein 1975 verbuchten sie im erneut florierenden Verleihgeschäft ein Umsatzplus von durchschnittlich mehr als 30 Prozent gegenüber 1974, nachdem in den beiden Jahren zuvor bereits ähnliche Zuwachsraten zu verzeichnen waren. Die Filmtheater können wieder mit einem (einigermaßen) attraktiven Programm aufwarten, was vom Publikum auch entsprechend honoriert wird. Allerdings heißt das nicht, daß in Hollywood nun alles in bester Ordnung ist, im Gegenteil. Vom wirtschaftlichen Aufschwung der letzten Jahre haben seine Beschäftigten kaum profitiert. Die Arbeitslosigkeit unter dem künstlerischen und technischen Personal ist groß wie nie zuvor. Sie liegt sogar weitaus höher als in allen anderen vergleichbaren Zweigen der amerikanischen Kulturindustrie.[3] Der inhumane, um nicht zu sagen: unsoziale Charakter der amerikanischen Gesellschaft, die auf dem Gebiet der Sozialpolitik noch nicht einmal den Stand Europas im Jahr 1918 erreicht hat, spiegelt sich deutlicher denn je zwischen den heruntergekommenen Studios von Burbank und Culver City. Die Produktion, die »Qualität« vieler Hollywood-Filme wird immer mehr von technokratischem Denken geprägt. Darüber können auch die Erfolge einzelner Regisseure nicht hinwegtäuschen. Der Computer bringt nun einmal nur standardisierte Werke hervor, die sich wie ein Ei dem anderen gleichen. An den neuen Bildern des neuen Hollywood sind allenfalls Fabrikation und Verpackung neu. Ausnahmen bestätigen, wie so oft, nur die Regel.

Vietnam, Watergate und Rezession

Am gegenwärtigen Boom der amerikanischen Filmindustrie hatte nicht zuletzt die gesellschaftliche Entwicklung der letzten Jahre einen maßgeblichen Anteil. Sowohl Vietnam, Watergate als auch die wenig später einsetzende wirtschaftliche Rezession förderten ein verstärktes Verlangen nach Unterhaltung und Ablenkung von der tristen Wirklichkeit des amerikanischen Alltags. Aufgrund dieser Debakel kann sich Hollywood heute wieder brüsten, eine der einträglichsten Branchen der US-Unterhaltungsindustrie zu sein, auch wenn es seine einst führende Stellung auf dem Freizeitsektor nicht zurückerobern konnte.[4]

Schon immer hat es Hollywood verstanden, aus gesellschaftlichen Krisenzeiten Kapital zu schlagen. Das war Mitte der dreißiger Jahre während der »Großen Depression« ebenso der Fall, wie vierzig Jahre später, als die Vereinigten Staaten ein sozioökonomisches Desaster großen Ausmaßes zu verzeichnen hatten. Damals wie heute erwiesen sich Hollywoods subtile, Probleme verdrängenden Traum- und Fluchtfabrikate als überaus wirksame und erfolgreiche Mittel gegen Verzweiflung, Zynismus und Resignation. Nicht zu Unrecht sah das amerikanische Nachrichtenmagazin »Newsweek« in den zahlreichen Killer-, Schläger- und Bullenstreifen wie *Death Wish* (Ein Mann sieht rot), *Magnum Force* und *The Seven Up's,* die alle während der Nixon-Ära entstanden, das »unvermeidliche Gegengift zur Verzweiflung über Watergate«. Gleichzeitig weckten melancholische Balladen – von *The Way We Were* über *American Graffiti* bis hin zu *The Great Gatsby* – Sehnsucht nach vergangenen und (angeblich) glücklicheren Zeiten. Unisono erlebte die Nostalgie ihre Auferstehung in Film, Funk und Fernsehen, die Untergangsstimmung ihren Höhepunkt. Apokalyptische Gefühle wurden wach. Naturkatastrophen wie *Earthquake, The Towering Inferno* und *Airport 1975* beschworen den unvermeidlichen Untergang der Neuen Welt. Im *Exorcist* trieb man die teuflischsten Spiele, die je auf der Leinwand zu sehen waren, und ein menschenfressender Hai (*Jaws*) machte schließlich dem Publikum den letzten Garaus. »In Zeiten wirtschaftlicher Schwierigkeiten und schwerer persönlicher Probleme wollen die Leute eben unterhalten werden«, erklärte lakonisch der Verwaltungschef einer großen amerikanischen Filmgesellschaft, als Hollywood eine erste Bilanz seiner morbiden Bemü-

Hollywood

hungen zog. Das Geschäft mit der Angst und den Frustrationen des Publikums hatte sich ausgezahlt.

Unter den erfolgreichsten Kinogenres der letzten Jahre rangierten die Katastrophenfilme ganz oben, dicht gefolgt von den Gewaltorgien im Bronson-Stil und den Nostalgieproduktionen mit dem Blick zurück in die Vergangenheit. Kritische Beiträge zur Bewältigung der Gegenwartsprobleme landeten im Feld der kommerziell erfolgreichsten Leinwandproduktionen weit abgeschlagen, falls sie überhaupt je eine Leinwand erblickten. Nur mit erheblichem Widerwillen brachten beispielsweise Warner Brothers die Vietnam-Dokumentation *Hearts and Minds* von Peter Davis in die Kinos. Geworben wurde für den Film so gut wie nicht. So erlebte *Hearts and Minds* trotz einer (alibihaften) Oscar-Auszeichnung nur einige wenige Aufführungen in den großen Premierenkinos von New York und Los Angeles und wurde dann in das cineastische Getto der Kunstfilmkinos von Greenwich Village oder des UCLA-Distrikts der Universität von Kalifornien abgeschoben.

Wiederbelebungsversuche an der Traumfabrik

Der wirtschaftliche Aufschwung des neuen Hollywood läßt sich in das Jahr 1972 zurückdatieren. Zum erstenmal wieder konnten die meisten großen Filmgesellschaften positive Geschäfts-

10

MGM-Studios in Hollywood

bilanzen aufweisen und an ihre zahlreichen Aktionäre Gewinne ausschütten; zum erstenmal wieder stieg auch die Zahl der Zuschauer, die noch ein Jahr zuvor, 1971, mit wöchentlich 16 Millionen Kinobesuchen ihren absoluten Tiefpunkt seit Kriegsende erreicht hatte, an: sie belief sich auf knapp 18 Millionen wöchentlich.

1973 gab es nur noch eine einzige große Filmgesellschaft, die keinen Profit erzielen konnte: Columbia Pictures. 1975 jedoch konnten alle acht Filmgiganten wieder beträchtliche Dividenden auszahlen. An der New Yorker Wallstreet gelten ihre Aktien wieder als langfristige Wachstumswerte, nachdem Gesellschaften wie MCA und Twentieth Century Fox 1975 ihre Kurse in der Spitze um fast das Dreifache steigern konnten.[5] Im gleichen Jahr erreichte die Zuschauerzahl den höchsten Stand seit zwölf Jahren. 1975 zählte man wöchentlich fast zwanzig Millionen Kinobesucher.[6] Diese Zahl kann allerdings nicht verdecken, daß die amerikanische Filmindustrie einen Niedergang ohnegleichen hinter sich hat. Sie ist weit entfernt von der gigantischen Kinogängerschar, die auf ihrem Höhepunkt 1946 über 80 Millionen pro Woche betragen hatte.

Positive Geschäftsbilanzen und steigende Zuschauerzahlen signalisieren indes zwei andere wichtige Trends. Einmal hat es die amerikanische Filmindustrie in den letzten Jahren wesentlich besser verstanden, ihr Geschäft profitabler zu tätigen. Tatsächlich machte sie mit modernsten Managementmethoden,

11

die ihren längst fälligen Einzug in die obersten Chefetagen der
großen Filmgesellschaften hielten, der eigenen Mißwirtschaft
ein Ende. Die letzten großen Filmmogule aus der Gründerära
mußten gehen, unter deren seniler Ägide der Marsch ins Tal
immer schneller gegangen war. Eine neue (vierte) Generation
von Geschäftsleuten übernahm die Macht. Sie war zwar eben-
sowenig wie die Vorgänger am Filmemachen denn am Profitstreben interessiert, doch das Revirement zahlte sich aus. Die
großen Filmgesellschaften gingen wieder verstärkt auf die po-
tentiellen Bedürfnisse des Massenpublikums ein, an dem jahre-
lang vorbeiproduziert worden war. Mit der Neuentdeckung des
»großen Films« (großer technischer Aufwand, teure und bekannte Stars), dessen Schauwerten gerade das Fernsehen nichts
Gleichwertiges entgegenzusetzen hatte, wurden wieder breite-
ste Zuschauerschichten angesprochen. Mit Filmen wie *The
Godfather* (Der Pate), *Fiddler on the Roof, Cabaret* und *French
Connection* (Brennpunkt Brooklyn), die alle um das Jahr 1972
entstanden, kehrte das große Publikum wieder in die Kinos
zurück. Und die aufkommenden Wellen der Nostalgie- und
Katastrophenfilme setzten den Aufwärtstrend fort. Von einer
Krise war keine Rede mehr.
Ihren Niedergang in den späten sechziger Jahren hatte sich die
amerikanische Filmindustrie zum großen Teil selbst zuzu-
schreiben. 1966 drehte Twentieth Century Fox für knapp 7,6
Millionen Dollar den auf einem Broadway-Hit basierenden
Musicalfilm *The Sound of Music,* der nach seinem Erscheinen
allein in den USA über 100 Millionen Dollar einspielte. »Hyp-
notisiert von diesem Erfolg«, so das amerikanische Wirtschafts-
magazin »Business Week«, »begannen alle größeren Filmgesellschaften, Filme herzustellen – ohne Blick für die Kosten.«[7]
Blindlings investierte Hollywood aberhunderte Millionen Dollar in aufwendige Leinwandspektakel, die sich allesamt nicht
auszahlen sollten. Selbst bekannte Superstars wie Barbra Streisand, die die Hauptrolle in dem Musical *Hello, Dolly* übernahm
(Produktionskosten: 18 Millionen Dollar; Einspielergebnis in
den USA: 15 Millionen), garantierten nicht für einen sicheren
Erfolg, was allerdings nicht weiter verwunderlich war: fast alle
Superstar-Spektakel jener Jahre wurden nach dem gleichen
Muster geschnitten: schablonenhaft, langweilig und einfallslos.
Die Story hatte kaum noch einen Stellenwert. Was zählte, war
allein der Star. Doch der war beim damaligen Publikum so gut

wie nicht gefragt. Nachfrage bestand vielmehr nach aktuellen, gegenwartsbezogenen Themen, wie schließlich *Easy Rider, Alice's Restaurant* und andere Werke der aufkommenden Youth Pictures-Welle bewiesen. Als Hollywood endlich merkte, wohin der Hase lief, war der Zug bereits abgefahren. In aller Eile stellte es zwar Dutzende von Klatschkopien auf *Easy Rider* her. Aber die im doppelten Sinn des Wortes »billigen« Imitationen, deren Produktionsetat nur ganz selten die Ein-Million-Dollar-Grenze überschritt, erfüllten die Erwartungen des vornehmlich jugendlichen Publikums nicht. »Leute über 23 sprachen diese Filme sowieso nicht an«, stellte resigniert ein Befürworter jenes Genres fest, das Hollywood erneut auf seiner massenhaft produzierten Schnellschußware sitzenbleiben ließ. Viele Filme blieben unveröffentlicht und wanderten ungesehen in die Archive. Nach einer Berechnung von »Business Week« erreichte das eingemottete Filminventar Ende 1968 einen Wert von über 1,2 Milliarden Dollar, eine Summe, die dem normalen Produktionsetat von drei Jahren entspricht. »Das Produktionsfieber der Jahre 1966 bis 68«, so die amerikanische Wirtschaftszeitschrift weiter, »brachte zuviele Filme hervor und zu viele kostspielige Flops.«[8] Daß sich unter den in die Archive abgewanderten Filmen auch einige der besten Hollywood-Filme befanden, machte die Situation nur noch paradoxer.[9]

Aber das Dilemma mit den Wegwerfprodukten der Jugend-Welle hatte auch eine positive Seite, so paradox es ebenfalls klingen mag: sogenannte Low Budget Movies, Filme mit niedrigem Etat, wurden zur verbindlichen Richtlinie in den nächsten Jahren. Ähnlich wie einige der Jungfilmer drehte man künftig an Ort und Stelle, wo keinerlei Kosten für aufwendige Studiobauten entstanden. Ferner veräußerte man unnötige Requisiten, deren Lagerung immer teurer wurde. Ein Ausverkauf der Studios, wie im Zusammenhang mit der spektakulären Inventar-Versteigerung von MGM behauptet wurde, fand allerdings nicht statt. Ein Großteil des gigantischen Studiogeländes wurde zu im übrigen horrenden Preisen für Apartmentkomplexe, Bürohochhäuser, Hotelbauten und Supermarktanlagen freigegeben, aber die großen Studios blieben nach wie vor bestehen. Sie wurden allenfalls verkleinert – und gewinnbringender genutzt.

Die neuen Herren Hollywoods

Eines der großen Stichworte der neuen, vierten Generation von Geschäftsleuten hieß Profitstreben um jeden Preis. Da schreckte man selbst nicht vor dem als frevelhaft bezeichneten Schritt zurück, die jahrzehntelang gehüteten Geheimnisse der Illusionsfabrik preiszugeben – wie das Beispiel Universal zeigte. Bereits im Juli 1965 veranstaltete die Filmgesellschaft, die neuerdings im Besitz des mächtigen Musikkonzerns MCA (Music Corporation of America) war, erstmals Führungen durch ihre Studios und konnte danach den Andrang von Schaulustigen kaum bändigen. Trotz gesalzener Eintrittspreise (heute: fünf Dollar für Erwachsene, Kinder die Hälfte) kamen sie aus allen Teilen des Landes angereist, aus dem nahen Oregon wie dem fernen Florida. Zwei Jahre später begann Universal mit einem riesigen Hotelbau, der direkt am Eingang von Universal City und in Zusammenarbeit mit der Sheraton-Kette entstand. Große Touristikkonzerne führten Pauschalreisen ins neue Touristenmekka Hollywood durch. Begegnungen mit bekannten Film- und Fernsehstars waren im Preis gleich miteinbegriffen.

Von den altväterlichen Methoden der letzten legendären Filmmogule hielten die neuen Herren Hollywoods nicht viel. Die großen Filmgesellschaften wurden fortan nach den letzten betriebswirtschaftlichen Erkenntnissen geführt. Kostensparendes Denken setzte sich an die Stelle einer unüberlegten Ausgabenpolitik. Vorbildlich wirkte hier vor allem James T. Aubrey, der frühere Präsident des mächtigen Fernsehkonzerns CBS. Aubrey übernahm Anfang 1969 das Management des angeschlagenen Filmgiganten Metro-Goldwyn-Mayer, den ein Schuldenberg von über 80 Millionen Dollar drückte. Innerhalb kürzester Zeit gelang es ihm, einen Großteil der Verbindlichkeiten zu begleichen. Zu den rigorosen Geschäftsmethoden Aubreys gehörte es freilich auch, die Lohnliste des Unternehmens um rund die Hälfte zu kürzen, von 10000 auf 5000 Lohnempfänger. Die für das Jahr 1969 vorgesehene Produktion von fünfzehn Filmen wurde bis auf zwei abgesetzt, die Kosten künftiger Produktionen auf zwei Millionen Dollar begrenzt. Die schon in der Versenkung verschwindende Filmgesellschaft faßte langsam wieder festen Boden unter ihren Füßen. Das ehemalige »Tiffany der Filmindustrie« strahlte erneut im alten Glanz.

14

MGM machte nur noch Profite – drei Jahre hintereinander. Danach ließ allerdings die Gesellschaft ihren berühmten Löwen statt auf der Leinwand vornehmlich auf einem supermodernen Luxushotel in Las Vegas brüllen.

Den Schritt ins Hotelfach bezeichnete man in Hollywood als einen weiteren Frevel, was er freilich keineswegs war. Im Grunde nämlich war das Vorgehen von MGM nur eine Konsequenz, die aus der stark veränderten Struktur der amerikanischen Filmszene resultierte.[10] Schon längst waren die großen

Hollywood-Tourismus bei der Universal

Filmgesellschaften keine reinen Filmgesellschaften mehr. Ihre Interessen reichten bereits Jahre vorher weit über das Medium Film hinaus, wie zum Beispiel das Unterhaltungsimperium von Walt Disney schon lange nicht nur Filme herstellt und eigene Zeitschriften publiziert, sondern auch zwei riesige Vergnügungsparks namens Disneyworld in Florida und Kalifornien unterhält und daraus seine größten Einnahmen bezieht. Außerdem befinden sich die meisten Filmgesellschaften seit Mitte der sechziger Jahre im Besitz von großen Mischkonzernen. Paramount gehört beispielsweise seit 1966 dem multinationalen

Handelsgiganten Gulf and Western an, der unter anderem mit Zucker aus Puertorico und guayanischem Zink handelt. Zum Milliarden-Haushalt ihrer Muttergesellschaft trägt die Paramount nur einen winzigen Bruchteil bei. MGM wird seit 1969 von dem armenischen Multimillionär Kirk Kerkorian kontrolliert, Inhaber zweier Hotelcasinos in Las Vegas und Teilhaber einer regionalen Fluggesellschaft, die tagtäglich Hunderte von mehr oder weniger gut verdienenden Hollywood-Chargen ins Spielerparadies in der Wüste von Nevada transportiert.

Aus den Strukturveränderungen ergab sich fast von selbst, daß die Spitzenpositionen der großen Filmgesellschaften Ende der sechziger Jahre mit vor allem branchenfremden Geschäftsleuten besetzt wurden, die langjährige Erfahrungen in anderen Industriezweigen mitbrachten. Dennis C. Stanfill beispielsweise, ein bekannter Finanzspezialist und ehemaliger wissenschaftlicher Assistent für Betriebswirtschaft an der Rhodes-Akademie, war genau der richtige Mann für die in finanzielle Schwierigkeiten geratene Twentieth Century Fox. Allein im Geschäftsjahr 1969/70 hatte die Gesellschaft einen Verlust von mehr als 100 Millionen Dollar hinnehmen müssen, nicht zuletzt verschuldet durch den einstigen Firmenmitbegründer Darryl F. Zanuck, der beharrlich an der Produktion von aufwendigen Monumentalproduktionen festhielt und glaubte, den Erfolg von *Sound of Music* wiederholen zu müssen. Drei Jahre später hatte Stanfill, der Ende 1969 den Posten eines Vizepräsidenten bei der Fox übernahm, nicht nur Verbindlichkeiten in Höhe von 125 Millionen Dollar beglichen; er hatte auch den mürrischen Filmmogul in der Unternehmensleitung abgelöst.

Das tyrannische Gehabe, das die greisen Hollywood-Potentaten aus der Gründerzeit bis zuletzt an den Tag legten, war nicht der Stil der neuen Business Generation. Paternalistisches Verhalten kannte sie kaum. Kollegialität und Kooperation bis in die letzte Produktionsphase hinein wurde unter ihr großgeschrieben. Ende 1971 einigten sich beispielsweise Ted Ashley und Leo Jaffe, die beiden Bosse von Warner Brothers und Columbia, die kostspieligen Studioanlagen am Warner Boulevard zu teilen. Dadurch wurden von vornherein beachtliche Summen gespart. Wohlwollend standen wenig später die Branchenneulinge auch den Bestrebungen branchenfremder Firmen gegenüber, in das erneut gewinnträchtige Filmgeschäft einzusteigen. Für Millionen-Beträge, wie sie beispielsweise der

Gulf + Western, New York = Paramount

Spielzeugwarenhersteller Mattel in eine Co-Produktion des schwarzen Südstaatendrama *Sounder* investierte oder die farbige Plattenfirma Motown Records in eine Verfilmung der Billie Holiday-Biographie *Lady Sings the Blues,* teilte man gern den neuen Glamour der Traumfabrik, den die Firmen größtenteils der Publicity wegen suchten.[11] Die zum Teil enormen Fremdinvestitionen minderten das Risiko.

Mehrwerte aus einer Minderheit

Am wirtschaftlichen Aufschwung Hollywoods hatte freilich auch eine Minderheit einen maßgeblichen Anteil, die jahrzehntelang vernachlässigt worden war. Im entscheidenden Wendejahr 1972 machten Schwarze einen Großteil der neu hinzugekommenen Zuschauer aus. Die kranke MGM stieß sich mit *Shaft,* einer schwarzen James Bond-Kopie, gesund. Der von dem schwarzen Regisseur Gordon Parks gedrehte Film spielte

17

über 18 Millionen Dollar ein. Seine Produktionskosten betrugen nicht einmal 500 000 Dollar. Daß Schwarze überhaupt ins Kino gingen, stellte Hollywood ironischerweise erst fest, als Melvin Van Peebles zynische Komödie *Sweet Sweetback's Badass Song* in nur drei Monaten mehr als 10 Millionen Dollar einspielte. 80 Prozent des Publikums machten Mitglieder der farbigen Minderheit aus. Der Film, außerhalb Hollywoods produziert, war die erste größere Produktion von Schwarzen seit den Tagen des farbigen Filmpioniers Oscar Micheaux, der zumal in den dreißiger Jahren Filme für schwarze Getto-Kinos in Harlem und Chicago herstellte.

Dabei zählten Schwarze schon seit den frühen fünfziger Jahren zu den beständigsten Kinogängern. Das damals aufkommende Fernsehen stellte für viele der gerade in die Großstädte der Ost- und Westküste abgewanderten Schwarzen, so der farbige Filmkritiker James P. Murray[12], »noch über Jahre hinaus ein unerschwinglicher Luxusartikel dar«. In den billigen Kinos in der Innenstadt gab es auf sogenannten Double Bills jeweils zwei Filme für wenige Cents zu sehen. Mit dem Auszug der weißen Mittelschicht in die Suburbs der Supermetropolen Mitte der sechziger Jahre verstärkte sich dieser Trend. Doch Hollywood registrierte ihn nicht. Nach dem Erfolg des Van Peebles Film freilich stieg die amerikanische Filmindustrie voll in die Produktion von Black Movies ein. Während sich noch 1970 erst 14 von insgesamt 400 hergestellten Filmen an die schwarze Minderheit richteten, betrug ihre Zahl im Jahre 1972 bereits das Doppelte, nämlich genau 28. Ihre Produktionskosten waren zumeist gering, oft nur wenige hunderttausend Dollar – ihre Einspielergebnisse überproportional groß, durchschnittlich fast dreieinhalb Millionen Dollar, wenn man die in diesem Jahr erzielten Einnahmen von rund 110 Millionen Dollar zugrundelegt. Größtenteils flossen sie in die Taschen der Weißen. Dank, auch nur symbolischer Art, stattete Hollywood nicht ab. Bei der Oscar-Verleihung des Jahres 1973 wurde der schwarze Beitrag am Boom der amerikanischen Filmindustrie geflissentlich übersehen, obwohl für die begehrte Auszeichnung gleich zwei farbige Schauspielerinnen (Diana Ross und Cicely Tyson) nominiert worden waren. Die Welle ebbte später ab, sank noch unter die B-Qualität gleichartiger »weißer« Filme oder wurde noch einmal auf dem neuentdeckten Markt Schwarzafrikas verwertet.

Der Fall »Billy Jack«

Unterschlagen wird im heutigen Hollywood aber auch gerne, daß seine neue Ära im Grunde von Außenseitern eingeleitet wurde. Nur ungern erinnert man sich der Mißerfolge der *Easy Rider*-Zeit, die paradoxerweise zu einer Revision der unüberlegten Ausgabenpolitik führte. Ebenso ungern ruft man sich den Fall *Billy Jack* in die Erinnerung zurück, der Hollywood endlich zeigte, wie der Erzkonkurrent Fernsehen aus dem Feld zu schlagen ist. Dabei war der Trick recht einfach, doch niemand kam darauf. Ausgenommen das bis dahin glücklose Schauspieler-Ehepaar Tom Laughlin und Delores Taylor. Anfang 1973 verklagten die beiden Hauptdarsteller, Koproduzenten und gemeinsamen Regisseure von *Billy Jack* die Firma Warner Brothers wegen unzulänglicher Verleihmethoden. Erst in einem Vergleich stimmte der Großverleiher zu, den Film noch einmal auf ungewöhnliche Art zu verleihen. *Billy Jack* wurde gleichzeitig in 62 Filmtheatern in Los Angeles gestartet, begleitet von einer gezielten Werbekampagne, die rund 400 000 Dollar für Fernseheinblendungen vorsah. Das Resultat war verblüffend. Schon nach der ersten Woche erhielt Warner Brothers das vorgestreckte Geld zurück. Der Film spielte in acht Tagen über 1,2 Millionen Dollar ein.[13] Diese Summe teilten Laughlin-Taylor mit den Filmtheaterbesitzern jedoch nicht auf die übliche Weise. Sie hatten vielmehr die Kinos zu einer Grundgebühr gemietet. Bei dieser Methode, Four Walling genannt, mietet ein Verleih im wörtlichen Sinne alle vier Wände eines Filmtheaters. Alle Einnahmen gehen ihm zu. Ende 1973 betrug das Einspielergebnis von *Billy Jack* bereits rund 65 Millionen Dollar.

Beide Methoden waren im Grunde nicht neu. Das »Vier-Wände-Prinzip« hatte es beispielsweise schon bei D. W. Griffith gegeben. Der Filmpionier verlieh auf diese Weise 1915 sein kostspieliges Monumental-Epos *Birth of a Nation,* nachdem wegen der unterschwellig rassistischen Tendenz des Films verschiedene Geldgeber ausgestiegen waren. Schon 1959 hatte der Filmmagnat Joseph E. Levine die sogenannte Saturation Promotion-Technik erfolgreich erprobt. Aufwendige Zielwerbung in Höhe von 1,5 Millionen Dollar und ein Massenstart in über 600 Kinos verhalfen *Hercules* zu einem spektakulären Kassenerfolg. So inhaltlich dürftig das Kolossal-Opus war, es erbrachte Einnahmen von mehr als 9 Millionen Dollar. Levine hatte die US-Rechte zum Spottpreis von 200 000 Dollar erworben.

Das Establishment von Hollywood ließ sich durch solche Außenseiter-Erfolge zunächst nicht irritieren. Erst als sich Regisseure wie Francis Ford Coppola und der stets querulante Schauspieler/Regisseur George C. Scott vom alten Verleih-System lossagten, zog die Filmindustrie nach. Gigantische Werbefeldzüge wurden fortan symptomatisch für das Hollywood-Kino der siebziger Jahre. Die Ausgaben für Fernsehwerbung verdoppelten sich in den Jahren 1972 bis 1974 von rund 32 Millionen auf schätzungsweise mehr als 60 Millionen Dollar.[14] Gleichzeitig stieg die Zahl der Zuschauer um fast zwanzig Prozent. Eigens eingerichtete Marktforschungsabteilungen untersuchten das neue Publikumsverhalten bis ins letzte Detail. Ende 1974 ließ Columbia Pictures beispielsweise genau untersuchen, wie groß der mögliche Markt für eine Verfilmung der legendären Rock-Oper *Tommy* sein könnte, in der neben bekannten Rockstars (Elton John, Eric Clapton und Mitglieder der Gruppe »The Who«, die die Oper 1969 komponiert hatten) auch populäre Schauspieler (Ann-Margret, Jack Nicholson) auftreten sollten. Um jüngere Zuschauer zu erreichen, empfahl die Marktforschung gezielte Rundfunkwerbung über die zahlreichen Rocksender, und das ältere Publikum sei über Fernsehen und Publicity in der Presse anzusprechen. Fingierte Zeitungsberichte, in denen von menschenfressenden Meeresungeheuern die Rede war, fegten im Frühsommer 1975 schließlich nicht nur die Badestrände von Daytona Beach bis Sausalito leer, *Jaws* (Der weiße Hai) wurde auch zum größten Kassenschlager aller Zeiten. Allein in den USA und Kanada brachte er mehr als 150 Millionen Dollar ein.

Branche mit Zukunft?

Die enormen Profite seit 1972 erlaubten Hollywood auch wieder eine verstärkte Expansion auf ausländischen Filmmärkten. Für die neuen Monumentalproduktionen reicht der einheimische Markt meist als Amortisationsbasis nicht aus. Zusätzliche Gewinne müssen im Ausland erzielt werden. Besonders stark drängten deshalb die Amerikaner Anfang 1976 ins deutsche

Kinogeschäft, wo sie »wie gefräßige Haie« ganze Filmtheater-ketten schluckten.[15] Zum selben Zeitpunkt schloß die amerikanische Filmindustrie ein langfristiges Abkommen mit der indischen Regierung über die Auswertung amerikanischer Filme. Wo die Filmländer nicht nachgaben, wurden sie entsprechendem Druck ausgesetzt. So drohte der Dachverband der amerikanischen Filmindustrie, die Motion Pictures Association of America, Mitte 1975 beispielsweise dem (öl-)reichen Iran den Boykott an, weil es seine seit Jahren niedrig gehaltenen Eintrittspreise nicht erhöhen wollte. Die Sache schlief ein, nachdem man sich offenbar auf eine Beteiligung iranischer Geldgeber an Hollywood-Produktionen geeinigt hatte.

Nach einer Anfang 1976 veröffentlichten Zukunftsstudie des amerikanischen Handelsministeriums sollen sich die Einnahmen Hollywoods im Jahre 1985 zwischen fünf und sechs Milliarden Dollar bewegen.[16] Die Studie stützt sich allein auf Daten der Jahre seit 1972 und setzt eine ähnlich kontinuierliche Entwicklung voraus. Eine erneute Krise Hollywoods ist jedoch nicht auszuschließen. Parallelen zu den sechziger Jahren drängen sich auf. Wieder steigen die Kosten ins Unermeßliche. Produktionsetats zwischen zehn und fünfzehn Millionen Dollar sind gang und gäbe, ganz zu schweigen von den 25 Millionen Dollar, die Joseph E. Levine in eine Verfilmung des Buchbestsellers *A Bridge Too Far* von Cornelius Ryan investieren will. Diese Brücke könnte leicht einstürzen. Denn um überhaupt einen Gewinn abzuwerfen, müssen Filme heute mindestens das Dreieinhalbfache ihrer ursprünglichen Kosten einspielen. Nicht jedes Jahr gibt es einen *Godfather, Exorcist* oder *Jaws*. Vor allem dann nicht, wenn jede größere Gesellschaft glaubt, an die Erfolge dieser Filme anknüpfen zu müssen – koste es, was es wolle. Die ersten Mißerfolge haben sich bereits eingestellt. Filme wie *The Great Gatsby, Lucky Lady, The Day of the Locust* oder *Hindenburg,* die alle mit erheblichem Aufwand produziert worden sind, blieben weit hinter den Erwartungen zurück.

Abzuwarten bleibt aber auch, welchen Veränderungen die amerikanische Filmszene in den nächsten Jahren unterworfen sein wird. Schon seit längerem erhoffen sich die großen Filmgesellschaften eine große Zukunft vom gebührenpflichtigen Kabelfernsehen. Pay TV-Systeme, die sich auf die Ausstrahlung neuerer Spielfilme spezialisiert haben, sollen eine neue lukrative Einnahmequelle erschließen. Bei einem weiteren Anwachsen ihres Abonnentenstamms, der gegenwärtig knapp eine halbe Million beträgt, wird das voraussichtlich Anfang 1980 der Fall sein. Zu diesem Zeitpunkt dürfte die Zahl der Abonnenten bereits mehr als zwei Millionen betragen und ein nationales Kabelfernsehnetz, das über Satelliten und Bodenstationen führt, errichtet sein. Bei einer Gebühr von nur zwei Dollar pro Film hieße das praktisch zusätzliche Einnahmen von genau vier Millionen Dollar bei einer einzigen Ausstrahlung. Nur: was passiert mit den zahlreichen Filmtheatern, wenn das häusliche Münz-Kino um sich greift? Schon jetzt bevorzugen viele Zuschauer die bequemen Home Box Office-Programme, weil sie ihnen den Weg ins Kino ersparen. Und schon jetzt werden Stimmen laut, die über einen erneuten Niedergang der Branche klagen oder zumindest über einen Teil von ihr.

1 Théodore Louis u. Jean Pigeon: »Le cinéma américain d'aujourd'hui«. Editions Seghers: Paris 1975.
2 Variety, 14. 1. 76.
3 Ende 1975 waren rund 85 Prozent der knapp 30 000 Mitglieder zählenden Hollywood-Filmgewerkschaften arbeitslos, insbesondere technische Hilfskräfte und Statisten.
4 Ende 1975 konnten die US-Filmtheater nur noch 3 Prozent aller Ausgaben für Freizeitbeschäftigungen auf sich verbuchen. Vergleichszahl für 1946: 20 Prozent.
5 Wall Street Journal, 26. 8. 1975.
6 »Economic Presentation 1975«, interne Publikation der Motion Pictures Association of America v. 21. 1. 76.
7 Business Week, 23. 6. 73.
8 a. a. O.
9 Siegfried Schober u. Wolfgang Limmer: »Auf der Strecke geblieben«, in: Süddeutsche Zeitung, 8./9. 9. 73.
10 Jerzy Toeplitz: »Hollywood and After, The Changing Face of Movies in America«. Henry Regnery: Chicago 1974.
11 Newsweek, 18. 6. 1973.
12 James P. Murray: »The Subject is Money«, in: The Expanding World of Black Film, Sonderausgabe der Zeitschrift Black Creation, A Quarterly Review of Black Arts and Letters, Vol. 4, No. 2, Winter 1973.
13 Forbes Magazine, 1. 7. 1975.
14 Business Week, 3. 3. 1975.
15 Frankfurter Allgemeine Zeitung, 4. 2. 1976.
16 Variety, 14. 1. 76.

Das Neue Hollywood

Von Hans C. Blumenberg

Die 60er Jahre: Stagnation und Krise

Die sechziger Jahre waren das traurigste und langweiligste
Jahrzehnt in der Geschichte des amerikanischen Kinos. Die von
künstlerischer Stagnation und ökonomischer Dauer-Krise ge-
kennzeichnete Dekade sah das Ende der langen, ruhmreichen
Karrieren von so großen Regisseuren wie Michael Curtiz (*The
Comancheros*. Die Comancheros. 1961), Leo McCarey (*Satan
Never Sleeps*. China-Story. 1961), Raoul Walsh (*A Distant
Trumpet*. Die blaue Eskadron. 1963) und John Ford (*Seven
Women*. Sieben Frauen. 1965). Die mittlere Generation, die in
den fünfziger Jahren dominiert hatte, erwies sich andererseits
als nicht stark genug, die entstandenen Lücken zu füllen. Eine
Reihe von bedeutenden Cineasten, darunter Anthony Mann,
Nicholas Ray, Budd Boetticher, Samuel Fuller und Don Siegel,
resignierte angesichts der desaströsen Produktionsbedingun-
gen Hollywoods und suchte ihr Heil in der Emigration (Mann,
Ray, Boetticher), dem Rückzug in nicht kommerzielle Produk-
tionsformen (Fuller) oder der Gelegenheitsarbeit beim Fernsehen (Siegel).
Zur gleichen Zeit verflachte das Talent von wichtigen Regisseuren der fünfziger Jahre, denen entweder die Auflösung des
klassischen Studiosystems schadete (Vincente Minnelli, Frank
Tashlin) oder die sich nur innerhalb eines bestimmten Genres
voll entfalten konnten (Delmer Daves, John Sturges): Minnelli
legte nach seinem Abschied von MGM (*The Sandpiper*... die
alles begehren. 1965) eine fünfjährige Pause ein, Tashlin ver-
sank nach seiner Trennung von Paramount (*The Disordely
Orderly*. Der Tölpel vom Dienst. 1964) in Mittelmäßigkeit,
Daves und Sturges erwiesen sich als ausgesprochene Western-
Regisseure, denen außerhalb dieses in den sechziger Jahren
ohnehin sträflich vernachlässigten Genres kaum etwas gelang.
Fast alle neuen Regisseure der Sad Sixties kamen vom Fernsehen: einer ersten Gruppe, die 1957/58 ihr Kino-Debüt gegeben

Bonnie and Clyde

hatte (Robert Mulligan, Sidney Lumet, John Frankenheimer, Martin Ritt, Arthur Penn), folgte Anfang der sechziger Jahre eine beträchtliche Anzahl von weiteren Fernsehregisseuren: überwiegend so mittelmäßige Leute wie Ralph Nelson, Stuart Rosenberg, Franklin J. Schaffner und Jack Smight, aber auch Sam Peckinpah und, etwas später, Sydney Pollack.

Diese Generation von temperamentlosen Handwerkern verlegte sich in erster Linie auf die Herstellung schwerfälliger Problemstücke und ambitiöser Literaturverfilmungen, kam – abgesehen von Peckinpah, Penn, Pollack und, mit Einschränkungen, auch Frankenheimer und Mulligan – nur selten über das Niveau von bereits etablierten Hollywood-Akademikern

The Hired Hand

wie Stanley Kramer (*On the Beach.* Das letzte Ufer; *The Defiant Ones.* Flucht in Ketten) und Richard Brooks (*Cat on a Hot Tin Roof.* Die Katze auf dem heißen Blechdach; *Lord Jim*) hinaus. Filme wie Martin Ritts *Hud* (Der Wildeste unter Tausend. 1962), Sidney Lumets *The Pawnbroker* (Der Pfandleiher. 1964) oder gar Ralph Nelsons *Lilies of the Field* (Lilien auf dem Felde. 1963) und Rosenbergs *Question 7* (Frage 7. 1964) blieben einem angestrengt pseudorealistischen, weitgehend unpersönlichen Stil verhaftet.

Sieht man sich dazu die Liste der Oscar-Preisträger und -Kandidaten in der Kategorie Best Picture an, wird die Misere Hollywoods in den sechziger Jahren vollends sichtbar. Die Academy

25

of Motion Picture Arts and Sciences, die repräsentative Instanz der Industrie, kürte zwischen 1961 und 1968 fast ausnahmslos sterile Ausstattungsstücke von *West Side Story* (1961) über *The Sound of Music* (Meine Lieder – meine Träume. 1964) und *A Man for all Seasons* (Ein Mann zu jeder Jahreszeit. 1966) bis hin zu *Oliver* (1968). Es war die Epoche von *Becket* und *Mary Poppins, Ship of Fools* (Das Narrenschiff) und *Doctor Doolittle, The Russians Are Coming, The Russians Are Coming* (Die Russen kommen! Die Russen kommen!) und *In the Heat of the Night* (In der Hitze der Nacht): bombastische Musicals ohne Charme und Eleganz, Historien-Schinken ohne Sinn für historische Zusammenhänge, oberflächliche Sozial-Dramen ohne analytische Schärfe. In den sechziger Jahren blühte in Hollywood das Kino der herzlosen Mittelmäßigkeit, ein Kino, das weniger denn je mit den tatsächlichen Erfahrungen und Sensibilitäten der Zuschauer zu tun hatte.

Erst 1967 deutete sich mit *The Graduate* (Die Reifeprüfung) von Mike Nichols und *Bonnie and Clyde* von Arthur Penn eine gewisse Wende an: *The Graduate,* ein Film über bürgerliche Doppelmoral und jugendliches Aufbegehren, war ein Vorläufer der Youth Movies; *Bonnie and Clyde* verweist mit seinem anarchischen Romantizismus bereits auf die *Easy Rider*-Zeit.

Roger Corman und die AIP

Noch Mitte der sechziger Jahre war es für junge Regisseure und Autoren, soweit sie sich nicht bereits beim Fernsehen profiliert hatten, fast unmöglich, in Hollywood Arbeit zu finden. In trautem Verein mit den allmächtigen Gewerkschaften, vor deren teilweise grotesken Forderungen sie andererseits immer häufiger nach Europa flohen, sorgten die großen Filmgesellschaften konsequent für das ungestörte Fortbestehen überalterter Strukturen. In den Studios und in den »Unions« regierte ein keineswegs verschämter Nepotismus, einträgliche Pfründe sollte allemal in der Familie bleiben.

Am Rande von Hollywood, im Armenhaus der Industrie, gab es dennoch Arbeitsmöglichkeiten für junge, unverbrauchte Außenseiter. Kleine B-Picture-Gesellschaften in der Nachfolge der klassischen B-Picture-Studios Republic, Monogram und PRC, die sich auf die Herstellung pronociert anspruchsloser

Billigstware spezialisierten, nahmen es mit den Gewerkschafts-
bestimmungen nicht allzu genau und beschäftigten auch »Non
Union«-Teams. Zumal die 1954 von Samuel Z. Arkoff und
James H. Nicholson gegründete Firma American International
Pictures (AIP) blieb bis in die siebziger Jahre ein wichtiges
Experimentierfeld für die Avantgarde des Neuen Hollywood,
die hier ihre harte Lehrzeit absolvierte.

Von Anfang an wandten sich Arkoff und Nicholson mit ihren
Filmen an ein jugendliches Publikum von Teenagern und
Twens, dem krasse Crime- und Horror-Geschichten in der Art
des ersten großen AIP-Erfolgs *I Was a Teen-age Werewolf* (Der
Tod hat schwarze Krallen. Regie: Gene Fowler. 1957) mehr
zusagten als die Mittelschicht-Ideologie der Major Studios. In
den Filmen der AIP durfte es keine Eltern, keine kirchlichen
und schulischen Autoritäten geben. Stattdessen offerierte die
Gesellschaft bizarre Science Fiction (*Attack of the Puppet
People; War of the Colossal Beast.* Gigant des Grauens, beide
1958 von Bert I. Gordon inszeniert), saftig spekulative Beiträge zum Thema Jugendkriminalität (typische Titel: *Sorority
Girl, High School Hell Cats*), Kriegs- und Gangster-Filme, ab
1960 auch den Edgar-Allan-Poe-Zyklus von Roger Corman,
der mit *House of Usher* (Die Verfluchten) begann.

Corman, 1926 in Los Angeles geboren, zunächst Botenjunge
und bald schon Dramaturg bei der Twentieth Century Fox,
machte sich Anfang der fünfziger Jahre als Agent und Drehbuchautor selbständig und drehte 1954 mit dem Western-
Cheapie *Five Guns West* (Fünf Revolver gehn nach Westen)
seinen ersten eigenen Film. Kurz darauf avancierte er zum
führenden Regisseur der AIP und betätigte sich gleichzeitig
auch als Produzent.

Corman, ein ungemein gerissener Geschäftsmann mit dem sel-
tenen Talent, begabte junge Filmemacher zu entdecken und zu
fördern, ist zweifellos eine Schlüsselfigur des Neuen Hollywood. Während die meisten seiner eigenen frühen Filme –
allein 1957 drehte er *Teenage Doll, Carnival Rock, Sorority
Girl, The Viking Women and the Sea Serpent* und *War of the
Satellites* (Planet der toten Seelen) – dem kruden Stil der AIP
verpflichtet blieben und auch seine zum Teil meisterhaft inszenierten Horrorfilme der sechziger Jahre eher klassischen Vor-
bildern folgten, so zeigte er sich als Produzent doch stets Expe-
rimenten gegenüber aufgeschlossen.

Corman verhalf Francis Ford Coppola mit *Dementia 13* (1962) und Peter Bogdanovich mit *Targets* (Bewegliche Ziele. 1967) zu ihren ersten Regie-Aufträgen, förderte aber auch viele andere junge Talente: durchaus eigennützig natürlich, denn die Verpflichtung von billigem Nachwuchs kam dem notorischen Geiz des Produzenten Corman entgegen. Haskell Wexler, heute einer der besten und begehrtesten Kameramänner Hollywoods, der sich mit dem semidokumentarischen Spielfilm *Medium Cool* (1969) auch als vielversprechender Regisseur ausgewiesen hat, drehte mit Corman schon 1961 dessen wohl ambitioniertesten Film *The Intruder* (Weißer Terror). Bei Cormans *The Young Racers* (1962) betätigte sich Francis Ford Coppola als Tonmann, in der Corman-Produktion *The Cry Baby Killer* (1958), inszeniert von Jus Addiss, war zum erstenmal der junge Jack Nicholson auf der Leinwand zu sehen. Robert Towne, nach Polanskis *Chinatown* und den beiden Hal-Ashby-Filmen *The Last Detail* (Das letzte Kommando) und *Shampoo* der zur Zeit teuerste und gesuchteste Drehbuchautor des amerikanischen Kinos, schrieb Corman 1964 das Skript zu dem Horrorfilm *The Tomb of Ligeia* und arbeitete anonym auch an diversen anderen Corman-Projekten mit.

Darüber hinaus produzierte Corman frühe Filme von so interessanten Regisseuren wie Irvin Kershner (*Stakeout on Dope Street*. Rauschgift. 1957), Denis Sanders (*Crime and Punishment*. 1958), Monte Hellman (*Beast from a Haunted Cave*. 1959), Curtis Harrington (*Night Tide*. 1960) und Martin Scorsese (*Boxcar Bertha*. Die Faust der Rebellen. 1972).

In den sechziger Jahren lancierte die AIP zunächst eine Serie von Surfing-Lustspielen für ein unbedarftes Teenager-Publikum, das in Filmen wie *Beach Party* (1963), *Muscle Beach Party* (1963), *Beach Blanket Bingo* (1964) und *How to Stuff a Wild Bikini* (1965), allesamt von William Asher inszeniert, auch milden Sex und die gelegentliche Mitwirkung von Buster Keaton genießen durfte. Als dieser Trend sich erschöpft hatte, kreierten die Billig-Produzenten zwei Sub-Genres, die bereits wesentliche Elemente des neuen amerikanischen Kinos nach *Easy Rider* (1969) enthielten: die Motorrad-Filme und die Drogen-Filme, die beide als noch eher unreflektierte Reaktionen auf die sich anbahnende Wandlung des Lebensgefühls der amerikanischen Jugend gedeutet werden müssen.

1967, als Mike Nichols mit *The Graduate* einen überragenden

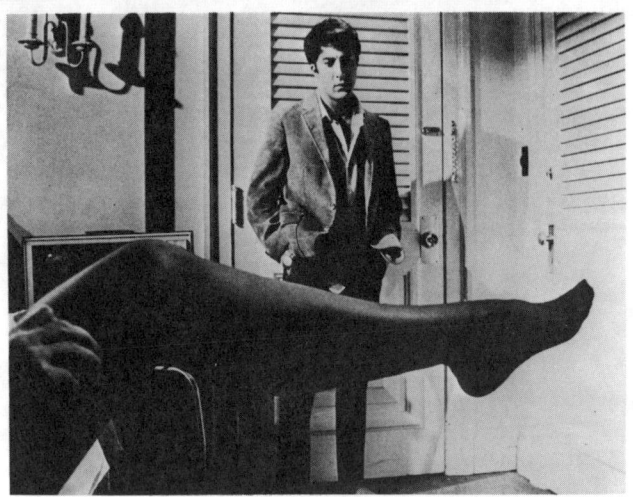

The Graduate

kommerziellen Erfolg erzielte, spielte der noch völlig unbekannte Jack Nicholson die Hauptrolle in Richard Rushs billiger
Motorrad-Ballade *Hell's Angels on Wheels* (Die wilden Schläger von San Francisco), einem Film, der unprätentiöser und
genauer die Stimmung der jungen Generation zwischen Auf-
bruch und Resignation wiedergibt als *The Graduate* mit seinem
kunstgewerblichen Ehrgeiz. Nicholson spielt einen Tankwart
mit dem bezeichnenden Namen Poet, der den Ausbruch aus
seiner monotonen Existenz vollzieht, indem er sich einer Mo-
torrad-Gang anschließt. Das Abenteuer Freiheit endet freilich
in dumpfer Resignation: in einem Showdown mit dem Banden-
boß Buddy (Adam Roarke) bleibt Poet zwar Sieger, doch dessen Freundin weist ihn dennoch zurück. Bereits in *Hell's Angels
on Wheels,* wie etliche andere Motorradfilme von Laszlo
Kovacs fotografiert, gibt es jene Preview Flash Cuts, kurze
Signal-Montagen späterer Sequenzen, die den Handlungsab-
lauf segmentieren. Dennis Hopper benutzte diese dem Experi-
mentalfilm entlehnte Technik zwei Jahre später in *Easy Rider.*
Im gleichen Jahr wie *Hell's Angels on Wheels* entstand bei der
AIP ein weiterer Vorläufer von *Easy Rider* und den Youth
Movies der frühen siebziger Jahre: *Psych-Out,* wiederum von
Richard Rush inszeniert und von Laszlo Kovacs fotografiert,

29

The Wild Angels

spielt in einer Hippie-Kommune im Haight-Ashbury-Distrikt von San Francisco. Trotz der reißerischen AIP-Werbung (Reklameslogan: »These are the Pleasure Lovers! They'll ask for a dime with hungry eyes ... but they'll give you love – for NOTHING«) bleibt *Psych-Out* mitsamt seinen melodramatischen Versatzstücken einer der wenigen Filme, die zu dieser Zeit eine Auseinandersetzung mit der neuen Subkultur versuchen.

Ebenfalls 1967 inszenierte Roger Corman selbst für die AIP den Drogen-Film *The Trip*, einen der größten Erfolge der Firma, übertroffen freilich noch von Cormans Motorrad-Epos *The Wild Angels* (Die wilden Engel. 1966), das bei Produktionskosten von nur rund 350000 Dollar ein Einspielergebnis von 5 Millionen Dollar erzielt hatte. In *The Trip* (Drehbuch: Jack Nicholson) spielt Peter Fonda einen Regisseur von Fernseh-Werbespots, der sich dem unerträglichen Druck seiner beruflichen und privaten Verpflichtungen durch einen LSD-Trip entzieht. Auf der phantastischen Reise in die Verstörungen der Innenwelt wohnt er seinem eigenen Tod und Begräbnis bei, gerät gar vor das Jüngste Gericht, wo ein gewisser Max (Dennis Hopper) ihn über seine irdischen Sünden verhört. Wie die Motorrad-Filme, insbesondere *The Wild Angels* und *Hell's Angels on Wheels,* ist *The Trip* eins der frühen filmischen Dokumente der großen Verweigerung, der Abkehr von den durch die

30

Easy Rider

politischen Ereignisse der sechziger Jahre immer fragwürdiger gewordenen Normen und Werten der amerikanischen Wegwerf-Gesellschaft. Das Plädoyer für den Gebrauch von Halluzinogenen zur Entwicklung einer neuen Sensibilität geht wohl allerdings weniger auf das Konto von Corman als auf das von Nicholson, Fonda und Hopper, die selbst mit bewußtseinserweiternden Drogen experimentiert hatten und eigene Erfahrungen in *The Trip* einbrachten.

Psychedelische Erfahrungen prägten auch *Head* (1968), den ersten Film von Bob Rafelson (Drehbuch: Rafelson und Jack Nicholson): ein gleichermaßen von Godard wie von Lester beeinflußter, in Episoden zersplitterter Popmusik-Trip mit der Gruppe »The Monkees«. Wie die Beatles in den Lester-Filmen *A Hard Day's Night* (Yeah! Yeah! Yeah!) und *Help!* (Hi-Hi-Hilfe!) tollen ihre amerikanischen Epigonen durch eine Serie surrealer Abenteuer, attackieren eine kaputte Cola-Maschine, finden sich unversehens im Zweiten Weltkrieg wieder und stürzen sich im freien Fall von der Golden Gate Brücke in San Francisco. Rafelson und Nicholson konfrontieren die Eskapaden der Monkees mit Dokumentaraufnahmen vom Vietnamkrieg, stellen mit polemischen Assoziationsmontagen einen Zusammenhang her zwischen den fröhlichen Manifestationen einer kommerzialisierten Subkultur und dem imperialistischen Abenteuer in Asien. Zwar bringt sich *Head* mit einer Fülle von

31

modischen formalistischen Mätzchen nach europäischem Vorbild um einen gewissen Teil seiner Überzeugungskraft, doch demonstriert dieser Film zusammen mit *Psych-Out* und *The Trip* eine zu jener Zeit durchaus neue und aufregende Bereitschaft junger amerikanischer Filmemacher, sich abseits der kommerziellen Konventionen des etablierten Hollywood direkt auf aktuelle Zeitströmungen einzulassen.

Die im Umfeld der Corman-Factory, der AIP und einer Hand-

Easy Rider

voll von weiteren Billigfilm-Gesellschaften heranwachsenden Filmemacher, die fast alle abwechselnd vor und hinter der Kamera agierten und auf diese Weise fast alle kreativen Funktionen vom Skript bis zum Schnitt einübten, bildeten den harten Kern zur Erneuerung des amerikanischen Kinos. Bis 1969 freilich blieben die Anstrengungen der Nicholson, Hopper, Fonda, Hellman, Eastman, Kovacs, Jaglom von den Major Studios wie von der Kritik fast unbemerkt. Und dann kam *Easy Rider*.

Auf der Suche nach Amerika

»Eine Motorradfahrt von Los Angeles nach New Orleans, das ist die Geschichte dieses Films. Eine Geschichte von langen, leeren Straßen, von leeren Tankstellen, vom Monument Val-

Easy Rider

ley, von Vorstädten, in denen die Reklame auf den Dächern doppelt so hoch ist wie die Häuser darunter . . . Die Geschichte dieses Films ist auch die der Musik, die ihn begleitet: zehn vertraute Folk- und Rockstücke, alle schon vor dem Film auf Schallplatten erschienen. Sie illustrieren nicht einfach die Bilder des Films, die Bilder handeln vielmehr von ihnen.«[1] *Easy Rider* ist in jeder Hinsicht der Schlüsselfilm des neuen amerikanischen Kinos: sein phänomenaler kommerzieller Erfolg (rund 20 Millionen Dollar Einspielergebnis bei Produktionskosten von knapp 400 000 Dollar) schaffte einer ganzen Generation junger Cineasten unversehens einen kreativen wie ökonomischen Freiraum, in dem sich immerhin drei Jahre lang eine rauschhafte Produktivität entfaltete, die im Ansatz eine transatlantische Nouvelle Vague schuf. Hollywood, das, nach einem Bonmot des Publizisten Axel Madsen, von *Easy Rider* getroffen wurde wie die Automobilindustrie in Detroit vom Volkswagen, gab rasch die Parole »Think Young« aus, setzte nun plötzlich auf Low Budget Pictures für ein junges Publikum, das die Industrie in den sechziger Jahren verloren hatte. *Easy Rider* initiierte eine Serie von Road Pictures, aus denen bald ein eigenes Sub-Genre wurde, mit dem Reklame-Slogan von *Easy Rider* als Motto: »A man went looking for America. And couldn't find it anywhere.« Im Slang des amerikanischen Südens bezeichnet Easy Rider den Geliebten einer Hure, einen,

33

The Sugarland Express

der eben nicht bezahlen muß, der den easy ride bekommt. Peter
Fonda, Hauptdarsteller, Co-Autor und Co-Produzent von
Easy Rider, sagte dazu in einem Interview mit der Zeitschrift
»Rolling Stone«: »Genau das ist mit Amerika passiert. Die
Freiheit ist eine Hure geworden und wir alle sind auf einem easy
ride.«[2]
Die Suche nach der verlorenen Freiheit, die immer zugleich
auch die Flucht vor einer schmerzlich empfundenen totalen
Entfremdung meint, erweist sich in der Folge von *Easy Rider* als
eines der zentralen Themen des neuen amerikanischen Kinos:
in Filmen wie Peter Fondas *The Hired Hand* (Der weite Ritt),
Monte Hellmans *Two-Lane Blacktop* (Asphaltrennen) und
Jerry Schatzbergs *Scarecrow* (Asphalt-Blüten), indirekt in Steven Spielbergs *Sugarland Express,* Martin Scorseses *Alice
doesn't Live Here Anymore* (Alice lebt hier nicht mehr) und Hal
Ashbys *The Last Detail,* veräußerlicht und vergröbert in Richard C. Sarafians *Vanishing Point* (Fluchtpunkt San Francisco) und einer Reihe von Motorrad-Filmen wie Sidney J.
Furies *Little Fauss and Big Halsey* oder Seymour Robbies *C. C.
and Company.* Schon vor *Easy Rider* hatte Francis Ford Coppola mit *The Rain People* (Liebe niemals einen Fremden) den

Alice Doesn't Live Here Anymore

ersten repräsentativen Road-Film gedreht, der allerdings ziemlich sang- und klanglos unterging.

Wie *Easy Rider,* der mit der Ermordung der beiden Hauptfiguren endet, sind die meisten Road Pictures von einem profunden Pessimismus geprägt. Ihre wortkargen Helden begegnen bei der Suche nach Amerika dem banalen Horror einer gewalttätigen Gesellschaft, einer umfassenden Konzeption von Plastic Living, von der die individuellen Freiheiten erstickt und unterdrückt werden. »Viele der derzeit besten amerikanischen Filme vermitteln einem das Gefühl, daß uns nichts anderes übrigbleibt, als gelähmt zu werden und zu sterben, und daß das für uns Amerikaner das angemessene Schicksal ist«, merkte Amerikas aufmerksamste Filmkritikerin Pauline Kael schon Anfang 1970 an.[3]

Stilbildend wurde der balladeske Lyrismus von *Easy Rider;* der ist der Inszenierung von Dennis Hopper vielleicht weniger zu verdanken als den romantizistischen Bildern des Kameramanns Laszlo Kovacs. Kovacs, der zusammen mit seinem Freund Vilmos Zsigmond nach dem Ungarn-Aufstand von 1956 aus seiner Heimat floh, ist, wie Zsigmond, ein Kameramann, der den funktionalistischen, klassischen amerikanischen Stil aufbrach: mit Unschärfen, Weichzeichner-Effekten, Gegenlicht-Aufnahmen, Farb-Experimenten. Während Zsigmond freilich in Filmen wie Altmans *McCabe and Mrs. Miller,* Fondas *The Hired Hand* oder Schatzbergs *Scarecrow* einem affektierten, nur noch virtuos kunstgewerblichen Ästhetizismus verfiel, der leider schon etliche Nachahmer gefunden hat, erwies sich

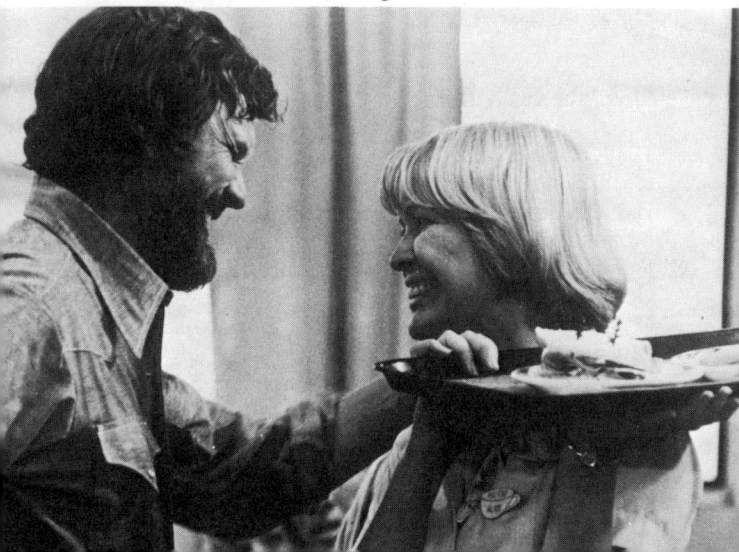

Kovacs als der diszipliniertere Künstler, dessen Talente sich unter der Regie von Rafelson (*Five Easy Pieces.* Ein Mann sucht sich selbst; *The King of Marvin Gardens*), Paul Mazursky (*Alex in Wonderland*), Peter Bogdanovich (*What's Up, Doc?*, *Paper Moon*) und Hal Ashby (*Shampoo*) nicht zu bloßem optischem Zauber verselbständigten.

In *Easy Rider* schärfen die ausgesucht poetischen Bilder nicht zuletzt das Bewußtsein des Zuschauers von der Gefährdung, wenn nicht schon von der vollzogenen Zerstörung einer natürlichen, menschenwürdigen Umwelt. Die ökologische Krise, um 1970 eins der wichtigsten Themen der amerikanischen Jugend, findet in Hoppers Film ihren Ausdruck in Einstellungen von Blech und Beton, die die Weite der Landschaften, den faszinierenden Sog von Bewegungen und Farben latent in Frage stellen. So scheint letztlich auch ein ökologisches Pamphlet wie Douglas Trumbulls *Silent Running* (Lautlos im Weltraum. 1971) von *Easy Rider* beeinflußt, ebenso natürlich die diversen Drogen-Filme wie Stuart Hagmans *Believe in me* alias *Speed is the Essence* (1971) oder Jerry Schatzbergs *The Panic in Needle Park* (1971).

Daß *Easy Rider* zum Kult-Film wurde, liegt weniger an seinen innovatorischen Qualitäten, die sich alle bereits in den AIP-Filmen finden, als an der Tatsache, daß mit Columbia eine der großen Firmen den Vertrieb übernahm und auch für einen entsprechenden Werbefeldzug sorgte. Wäre *Easy Rider,* wie ursprünglich geplant, von Peter Fonda für Corman und AIP produziert worden, hätte der Film vermutlich nicht die gleiche Durchschlagskraft erzielt.

Das Jahr des Aufbruchs

1969, das Jahr von *Easy Rider,* wurde nicht nur wegen dieses einen Filmes das wichtigste Hollywood-Jahr seit 1946, als das Entflechtungs-Urteil des Supreme Court in Washington die Monopolstellung der großen Filmgesellschaften erschüttert und das Ende des Studio-Systems eingeleitet hatte. 1969 kam gleich ein halbes Dutzend neuer Filme auf den amerikanischen Markt, die jeder einen signifikanten Trend kreierten. Robert Altmans *M*A*S*H.,* eine grelle Groteske aus dem Koreakrieg, meint ganz offensichtlich Vietnam und inspirierte mit seiner Melange aus zynisch schwarzem Humor und rabiatem Klamauk mit Sicherheit Filme wie die 1970 entstandenen *Catch 22* von Mike Nichols und *Little Big Man* von Arthur Penn, in denen zwar ebenfalls nie direkt die Rede von Vietnam ist, aber deutlich erkennbare aktuelle Bezüge zu finden sind. Ursprünglich war auch *Patton* (1969), Franklin J. Schaffners episches Schlachtengemälde über den legendären General des Zweiten Weltkriegs, als kritischer Kommentar zum amerikanischen Militarismus angelegt, aber das Originaldrehbuch von Francis Ford Coppola wurde von den Produzenten entschärft und verwässert. Direkt wagte sich kein Studio an das Thema Vietnam, da kontroverse Sujets dieser Größenordnung kaum einen sicheren Profit versprachen. So mußte beispielsweise Elia Kazan seinen Film *The Visitors* (Die Besucher. 1971), eine Analyse der Verwüstungen und Verstörungen, die der Vietnamkrieg im amerikanischen Selbstverständnis geschaffen hatte, mit eigenen Mitteln finanzieren und als unabhängige 16mm-Außenseiter-Produktion drehen.

Mit Stuart Hagmans *The Strawberry Statement* (Blutige Erdbeeren) und Richard Rushs *Getting Straight* kamen 1969 die beiden ersten Filme über die Revolte an den amerikanischen Universitäten, in Berkeley und anderswo, auf den Markt. Rasch entstand eine Spezies von Campus Revolt Movies, die freilich politisch so unverbindlich blieben wie der deutsche Schlager »Ich mach' Protest« und sich den jugendlichen Zuschauern mit modischen Attitüden und Phrasen anzubiedern trachteten. Typisch sind in diesem Zusammenhang *Out of it* (Paul Williams, 1969), *The Magic Garden of Stanley Sweetheart* (Leonard Horn, 1970) und *The Revolutionary* (Paul Williams, 1970). Selbst ein so alter Problemstück-Spezialist wie Stanley Kramer witterte die Gunst der Stunde und hängte sich mit *R.P.M.* (1970) an den scheinbar kassenträchtigen Trend. In *R.P.M.* spielt Anthony Quinn einen Universitätsdirektor, der gegen die jugendlichen Unruhestifter auf seinem Campus die Polizei zur Hilfe holt.

1971 zog der linksliberale New Yorker Karikaturist und Autor Jules Feiffer eine erste Bilanz dieser Welle: »Die meisten Filme haben nur eine pseudorevolutionäre Show geboten, ohne auch nur den Versuch zu unternehmen, tiefer auf die einzelnen Probleme einzugehen: keine Untersuchung, wie diese Entwicklung zustande kam, was dieses ganze Jahrzehnt überhaupt bedeutet.

Sie alle sehen es nicht unter moralischen, sondern hauptsäch-
lich unter modischen Aspekten. Man macht wieder Filme für
ein junges Publikum, das amerikanische Filme sehen will, letztlich nationalistische Filme wie die, die es schon mal in den
fünfziger Jahren gab.«[4]
Folgenreicher als die Campus Revolt Movies, die mangels aus-
reichender Profite schon 1971 wieder verschwanden, erwies
sich der erste Film von Paul Mazursky, der ebenfalls 1969
entstand: in *Bob & Carol & Ted & Alice* untersucht Mazursky
den Verfall der amerikanischen Familie, die sogenannte neue

Bob & Carol & Ted & Alice

Moral, die sexuellen Frustrationen der Middle Class. Am Beispiel von zwei kalifornischen Ehepaaren und ihren vergeblichen Versuchen, über eine starre Zweier-Beziehung hinaus
emanzipatorische Modelle des Zusammenlebens ohne purita-
nische Schuldkomplexe zu entwickeln, entfaltet Mazursky eine
der subtilsten und präzisesten Sitten-Komödien des amerikanischen Films. Der Einfluß dieses mit leichter Hand inszenierten,
ironisch-lakonischen Films reicht bis zu Hal Ashbys *Shampoo,*
schließt so unterschiedliche Werke wie Irvin Kershners *Loving*
und Milos Formans *Taking off* ein, die ebenfalls die Demontage
familienbezogener Mittelstandswerte betrieben. Vom Ausein-
anderbrechen traditioneller Familienstrukturen und den gehei-
men Lüsten und Verklemmungen der White Collar Workers

38

handelten zwar schon Coppolas von Lesters *The Knack* (Der gewisse Kniff) überdeutlich geprägter *You're a Big Boy Now* (Big Boy, jetzt wirst Du ein Mann. 1966) und *The Graduate* (1967) von Mike Nichols, aber diese Filme verschenkten ihr Thema noch zugunsten aufgesetzter formalistischer Effekte.

Woodstock von Michael Wadleigh initiierte 1969 eine Serie von enorm profitablen Rock-Dokumentarfilmen, George Roy Hills neoromantischer Männerfreundschafts-Hymnus *Butch Cassidy and the Sundance Kid* (Zwei Banditen) stand am Anfang einer bis heute erfolgreichen Welle von virilistischen Träumereien, die weniger latente Homosexualität indizieren als eine durchaus reaktionäre Sehnsucht nach einer intakten Männerwelt ohne Impotenz-Ängste und Kastrations-Komplexe: misogyne Pfadfinder-Mythen, die sich auch in John Schlesingers *Midnight Cowboy* (Asphalt-Cowboy), ebenfalls 1969, finden, der naturalistischen Variante von George Roy Hills mit Weichzeichner-Effekten geschönten Märchenwelt. Eine Sonderstellung nimmt *Alice's Restaurant* ein, Arthur Penns traurige Ballade über das Scheitern einer Hippie-Utopie.

Hollywoods »Nouvelle Vague«

Das klassische Hollywood plante, realisierte und vermarktete seine Erzeugnisse als rein kommerzielle Industrieprodukte, die ausschließlich der Profit-Maximierung zu dienen hatten. Wo dennoch ein künstlerischer, kultureller Anspruch seitens der Produzenten formuliert wurde, gerann er, wie bei Irving Thalberg oder David O. Selznick, meist zu bombastischen Manifestationen einer konsequent vulgarisierten »Kunst«-Prätention, die mit Vorliebe »große Stoffe« von Shakespeare bis Dreiser als filmische Meisterwerke auszugeben trachtete. Cineasten, die sich nicht den Entertainment-Standards der Industrie anpaßten und die jenseits handwerklicher Fertigkeiten das Medium als Ausdruck ihrer individuellen künstlerischen Visionen nutzen wollten, sind fast ausnahmslos in Hollywood gescheitert: von David Wark Griffith bis Josef von Sternberg, von Erich von Stroheim bis Orson Welles, von Val Lewton bis Preston Sturges. Das System, das andererseits – und hier erweist sich die Komplexität Hollywoods – eine Fülle von durchaus nicht naiven Meisterwerken hervorgebracht hat, hielt sich seine Rebellen und erklärten Nonkonformisten allenfalls für eine gewisse Zeit als bunt schillernde Hofnarren.

Eine Tradition des Autoren-Kinos, wie es die französische Nouvelle Vague Ende der fünfziger Jahre formulierte und zumindest partiell auch schuf, hat es in Hollywood nie gegeben, wenngleich auch die politique des auteurs in den Werken von Regisseuren wie John Ford, Howard Hawks, Alfred Hitchcock und anderer stilistische wie thematische Konstanten entdeckte, die in der Addition durchaus individuelle künstlerische Linien konstituieren. Die Meisterschaft von Ford, Hawks oder Hitchcock sprengt freilich nie die gesetzten Normen der Industrie, bleibt systemkonform. Vorhandene Irritationen, Abweichungen von tradierten Mustern oder subtile Subversionen hielten sich allemal im Rahmen des von der Industrie Tolerierbaren.

Die jungen Filmemacher, die in den Jahren nach *Easy Rider* in Hollywood offene Türen fanden, fühlten sich erheblich mehr der europäischen Tradition des Autoren-Films von Bergman und Fellini bis zu Godard und Resnais verpflichtet als dem klassischen amerikanischen Kino, dessen Qualitäten von Leuten wie Nicholson oder Hopper schlicht negiert wurden. Die Industrie selbst, nach den Pleiten der sechziger Jahre desperat genug, eine gewisse Selbstverleugnung nicht zu scheuen, witterte einen gewinnträchtigen Trend und suspendierte vorerst die alten Methoden. Die Initiative in Hollywood sei von den Business-Leuten zu den Kreativen übergegangen, sagte 1970 der Universal-Produzent Ned Tanen. Unter der Aufsicht von Tanen erhielten bei Universal junge Außenseiter eine Chance, mit Budgets zwischen ein und zwei Millionen Dollar vom Studio-Einfluß weitgehend unabhängige Filme zu realisieren. Im Rahmen dieses Programms entstanden unter anderem Monte Hellmans *Two-Lane Blacktop,* Peter Fondas *The Hired Hand* und Douglas Trumbulls *Silent Running:* kreative Anstrengungen mit ungewöhnlichen Themen und zum Teil experimentellen ästhetischen Mitteln.

»Ich glaube«, sagte Tanen im Juni 1971, als der *Easy Rider*-Rausch noch nicht verflogen war, »daß Filme heute von einer einzigen Person gemacht werden müssen . . . Man kann heute keine einfallslosen Genre-Filme oder B-Picture-Programme oder Filme wie *Love Story* machen. Ein Film muß einfach von der Vision eines Individuums geprägt sein. Und unter den

40

Two-Lane Blacktop

heutigen Bedingungen ist das das Endziel, das wir erreichen wollen. Oder es sollte das Endziel eines jeden sein, der heute in dieser Industrie arbeitet. Ich glaube nicht, daß Executives Filme machen können. Ich glaube, daß Regisseure Filme machen können. Gut oder schlecht.«[5]

Dieses enthusiastische Credo aus der Chefetage eines der wichtigsten Hollywood-Studios demonstriert exemplarisch die Stimmung jener Jahre. Eine amerikanische Neue Welle schien sich auf breiter Basis anzudeuten, und Dutzende von jungen Filmemachern mit neuen oder auch nur halbwegs neu klingenden Ideen erhielten Produktionsmittel: clevere Chaotiker wie Michael Sarne (*Myra Breckinridge*) ebenso wie Filmschul-Absolventen wie Bill Norton (*Cisco Pike*). Mit den unterschiedlichen formalen Mitteln von explosiven Stakkato-Montagen über elliptische Raffungen bis zu godardschen Verfremdungen versuchten sie die klassische, funktionalistisch-lineare Sprache des amerikanischen Kinos zu überwinden. Sie verblüfften das Publikum mit an Alain Resnais geschulten Aufhebungen des Raum-Zeit-Kontinuums (Henry Jagloms *A Safe Place*), mit Tricks und Techniken, die das Interesse des Zuschauers von handfesten, nacherzählbaren Geschichten abzulenken versuchten. Die meisten dieser Filme blieben epigonale Experimente, die über eklektizistische Stilübungen nicht hinauskamen. »Jeder Regisseur wollte ein amerikanischer Ingmar Bergman

A Safe Place

sein«, bemerkte Steven Spielberg, der Regisseur von *Jaws* (Der weiße Hai), mit lakonischem Zynismus zur Situation von 1971. Klassische Genre-Formen ließen die jungen Filmemacher der *Easy Rider*-Generation links liegen, benutzten sie allenfalls als Folie zum Transport kritischer Ideen: so demontierten James Frawley (*Kid Blue* mit Dennis Hopper) und Stan Dragoti (*Dirty Little Billy*. Dreckiger kleiner Billy) die alte Western-Romantik, betrieben die Denunziation amerikanischer Mythen durch die Konfrontation mit der sozialen Realität der Pionierzeit.

Die meisten dieser jungen Regisseure hatten kein theoretisches Konzept jenseits einer vagen, oft naiven Lust an der Imitation europäischer Filme, wobei besonders der hektische Montage-Stil des frühen Richard Lester einen verhängnisvollen Einfluß ausübte. Dennoch bleibt die Ernsthaftigkeit zu rühmen, mit der viele der bereits erwähnten Filme um 1971 dem amerikanischen Kino Sujets erschlossen, die zuvor von den Major Studios kaum je angerührt worden waren. Neues fand sich allerdings – gegen den äußeren Anschein – weniger in den Campus Revolt Movies, denn die ersetzten im Grunde nur den stoischen Westernhelden im Kampf gegen die Outlaws durch langmähnige Pseudo-Hippies à la Elliott Gould, die eine schicke Rebellion gegen ein karikaturistisch verharmlostes Establishment führ-

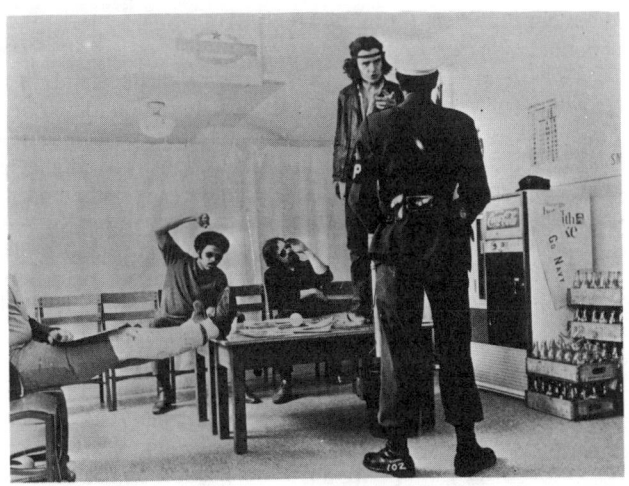

Drive, He Said

ten; mit neuen Sujets beschäftigten sich primär Rafelson, Hopper, Hellman, Jaglom, Fonda und einige andere.

Doch die kreative Euphorie des Jahres 1971 verflog schnell. Das amerikanische Publikum stand der disparaten Nouvelle Vague aus Hollywood eher hilflos gegenüber, zumal weil die Filmgesellschaften zwar jungen Regisseuren Produktionsmittel überließen, aber zum Beispiel an ihren alten Werbestrategien festhielten. So wurde Henry Jagloms *A Safe Place* (1971), ein schwer zugänglicher Essay über die emotionale Qualität von Träumen und Erinnerungen, vom Verleih zunächst als Antwort auf *Love Story* offeriert: »Die jungen Typen in New York, die auf den Film angesprochen hätten, haben wegen der Werbung nie von ihm erfahren. Ich wäre nicht einmal selbst in meinen eigenen Film gegangen, wenn ich vorher diese Anzeigen gelesen hätte«, sagte Jaglom später.[6] Ein ähnlich trauriges Schicksal wurde auch dem ersten und bislang einzigen Film von Jack Nicholson zuteil: *Drive, He Said,* eine Universitätsgeschichte ohne den wohlfeilen Schein-Radikalismus etlicher anderer Filme dieser Spezies, kam in Los Angeles ausgerechnet während der sommerlichen Semesterferien 1971 heraus, aber selbst zu diesem schlecht gewählten Zeitpunkt nicht in einem Kino im Studentenviertel Westwood, sondern in Hollywood, wo es kaum ein Publikum für intellektuelle Außenseiter-Produktionen gibt.

So war es denn eine Mischung aus Ungeschicklichkeit und allzu spekulativen Versuchen der zynischen Imitation des *Easy Rider*-Flairs, die der Neuen Welle rasch den Garaus machte. Als die Studios, die mit unüblicher Ware kaum etwas anfangen konnten, gemerkt hatten, daß sich ihre massive Spekulation auf den Youth Market nicht auszahlen würde, zogen sie die Konsequenzen. Die gleichen Regisseure, die kurz zuvor noch als Retter Hollywoods gefeiert worden waren, standen nach den finanziellen Pleiten ihrer ersten oder zweiten Filme wieder draußen vor der Tür. In keiner Phase traute sich die Industrie mehr als einen kurzatmigen Anlauf zum Erproben neuer Leute und Ideen zu. Daß nicht jeder oder doch zumindest fast jeder Film der Newcomers über die unterschiedlichsten Aspekte der aktuellen jugendlichen Gegenkultur ein *Easy Rider*-Erfolg wurde, verbitterte einige Studio-Bosse offenbar derart, daß sie nie darüber nachdachten, daß es viel Mühe und auch etwas Zeit erfordern würde, ungewöhnliche Produkte durchzusetzen.

Auf der Strecke blieben junge Regisseure wie Charles Eastman (*The All-American Boy*) und Stan Dragoti (*Dirty Little Billy*), Milton Ginsberg (*Coming Apart*) und Bill Norton (*Cisco Pike*), Paul Sylbert (*The Steagle*) und Douglas Trumbull (*Silent Running*). Keiner von ihnen bekam eine zweite Chance, und ihre Filme wanderten zum Teil schon nach einer erfolglosen Laufzeit von einer oder zwei Wochen in die Archive. Selbst für Dennis Hopper, den Regisseur von *Easy Rider*, bedeutete sein zweiter Film mit dem prophetischen Titel *The Last Movie*, ebenfalls von 1971, bereits das Aus.

Wenn man ein Fazit dieser kurzen Phase des Aufbruchs ziehen will, fällt auf, daß die Filmemacher von 1970/71 mit einer wichtigen Ausnahme nie den Versuch machten, über einzelkämpferische Aktivitäten hinaus eine Solidarität zu entwickeln und ein verbindliches Konzept zu finden, vergleichbar etwa dem der Gruppe um die »Cahiers du Cinéma« im Frankreich der späten fünfziger Jahre. Zudem scherten sie sich alle, die modischen Plagiatoren wie die ernsthaften Erneuerer, allzu wenig um den Bewußtseinsstand des amerikanischen Publikums, machten Filme radikal für sich selbst, ohne die vorgefundene Sehgewohnheit und ihre nur allmählich erreichbare Veränderung in das Kalkül einzubeziehen.

BBS: Anatomie der Entfremdung

In dieser Situation gelang es nur einer einzigen Gruppe, gewisse Merkmale eines eigenständigen, unverwechselbaren Stiles zu entwickeln, der freilich weniger mit formalen als mit thematischen Gemeinsamkeiten zu tun hat. Die Gemeinsamkeiten reichen allerdings weit über die beliebige Verwendung von attraktiven Versatzstücken der Gegenkultur hinaus, die immer mehr zum kommerzialisierten Spekulationsobjekt verkommen war; der gemeinsame Ansatz findet sich vielmehr in der Fixierung auf die geistigen Defekte der amerikanischen Gesellschaft im Zeichen von Vietnam und einer zunehmenden innenpolitischen Verhärtung während der Nixon-Administration. Stellvertretend für viele andere amerikanische Künstler und Intellektuelle der frühen siebziger Jahre formulierte Jules Feiffer in einem Gespräch über die Verfilmung seiner Horror-Paranoia-Farce *Little Murders* (Alan Arkin, 1970) die Malaise so: »Es ist der Widerspruch zwischen dem amerikanischen Traum und der amerikanischen Realität. Die erste wirklich internationale Generation Amerikas, die jungen Leute, die in der Welt herumgereist sind, haben plötzlich herausgefunden, daß der amerikanische Mythos nicht mehr stimmt. Plötzlich waren wir nicht mehr nur die good guys, Kriege wurden nicht mehr automatisch gewonnen, Konflikte nicht mehr selbstverständlich zugunsten Amerikas gelöst. Besonders problematisch war natürlich der zweifache Krieg: das Rassenproblem im Inneren und der Vietnamkrieg haben die ganze Nation aus dem Gleichgewicht geworfen. Hier in Amerika kam plötzlich ein Punkt, an dem alles auseinander zu brechen schien. Der Glaube an die Religion brach auseinander, die alte Familienstruktur, vor allem auch die eigene nationale Identität.«[7]

Das jähe Ende des amerikanischen Traums zwischen der Ermordung der Kennedy-Brüder sowie Martin Luther Kings und dem Massaker von My Lai schuf ein kollektives Klima einer tiefgreifenden Verunsicherung. Daraus entstand als Reaktion die jugendliche Gegenkultur mit ihrer Mischung aus resignativem Rückzug in eine neue Innerlichkeit (Drogen-Kultur, fernöstliche Religionen, Hermann-Hesse-Renaissance) und aktivem politischem Protest. Die meisten Filme der *Easy Rider*-Ära beschäftigten sich mit den spektakulären äußeren Ausprägungen der amerikanischen Krankheit, aber nur wenige versuchten, die psychischen Defekte aufzuspüren, die das erschütterte Vertrauen in die alten amerikanischen Ideale im Bewußtsein der Zeitgenossen zwangsläufig erzeugt hatte.

Der Begriff der Entfremdung deckt nur unzureichend einen existentiellen Zustand, den der Yale-Professor Charles Reich in seinem Buch *The Greening of America* als »Verlust des eigenen Ichs« beschreibt: »Von sämtlichen Verarmungserscheinungen, die in Amerika sichtbar und fühlbar sind, bleibt der Verlust der eigenen Persönlichkeit, das Lebend-Totsein, sicherlich die verheerendste. Weit mehr als im Militärdienst und im Vietnamkrieg liegt hier die Quelle der Unzufriedenheit und des Zornes der neuen Generation. Spätestens bei Beginn der Schulzeit werden dem einzelnen systematisch Phantasie, schöpferische Fähigkeiten, geistiges Erbe, Träume und persönliche Eigenart geraubt, um ihn zu einem produktiven Baustein der technischen Massengesellschaft umzuformen. Durch überwältigend starke äußere Kräfte werden Instinkt, Gefühl und Spontaneität geknebelt.«[8] Daß es sich bei solchen Analysen nicht um reine Pop-Soziologie handelt, belegt zum gleichen Thema der Historiker Arthur M. Schlesinger jr., sicher kein Mann hymnischer Verallgemeinerungen. In einem »Die Anatomie der Entfremdung« überschriebenen Kapitel seines Buches *Das erschütterte Vertrauen* (The Crisis in Confidence) schreibt er: »Demzufolge ist heute in Amerika kein Gefühl gegenüber der Gesellschaft stärker ausgeprägt als das der persönlichen Hilflosigkeit, Nutzlosigkeit und Ohnmacht. Man nimmt immer gern an, dieses Gefühl der Machtlosigkeit sei auf die eigene Person beschränkt . . . Dieser Eindruck der Machtlosigkeit des einzelnen ist ständig gewachsen angesichts einer Entwicklung, in der Wissenschaft und Erfindungen das Leben entpersönlichen, organisieren, mechanisieren und jetzt automatisieren. Jeder hat mehr oder weniger stark das Bewußtsein, im Schatten gewaltiger unkontrollierbarer Strukturen zu leben, denen menschliche Wünsche oder Bedürfnisse fremd sind.«[9]

Dieses erdrückende, zutiefst pessimistische Bewußtsein findet seinen filmischen Ausdruck am prägnantesten in den von Bob Rafelson, Henry Jaglom und Jack Nicholson gedrehten Filmen der BBS-Produktion. Die Buchstaben BBS stehen für die Vornamen von Bob Rafelson, Bert Schneider und Steve Blauner. Die beiden ersten Filme der BBS, die offiziell noch als Raybert-Produktionen firmierten, waren *Head* und *Easy Rider*. Nach

Easy Rider gab die Columbia Rafelson, Schneider und dem minder wichtigen Blauner praktisch carte blanche. Anstatt nun in fieberhafte Produktionsaktivitäten zu verfallen, suchte sich die Gruppe ihre Projekte äußerst sorgfältig aus. Zwischen 1970 und 1972 entstanden insgesamt nur fünf Filme: *Five Easy Pieces* (1970) und *The King of Marvin Gardens* (1972) von Bob Rafelson, *Drive, He Said* (1971) von Jack Nicholson, *A Safe Place* (1971) von Henry Jaglom und *The Last Picture Show* (Die letzte Vorstellung. 1971) von Peter Bogdanovich, der etwas aus der Reihe fällt.

A Safe Place: der Titel von Henry Jagloms Film benennt ein zentrales Motiv der BBS-Filme. Sie alle sind auf der vergeblichen Suche nach einem »sicheren Ort«, einer menschenwürdigen Umgebung: Robert Eroica Dupea, der entwurzelte Sohn einer Musiker-Familie, versucht den Rückzug in familiäre Bindungen in *Five Easy Pieces* und scheitert ebenso wie die Brüder David und Jason Staebler, die im winterlich verlassenen Atlantic City in *The King of Marvin Gardens* von einem fernen Insel-Paradies träumen. Verfallende Familienstrukturen kennzeichnen auch *The Last Picture Show,* den konservativsten Film der Gruppe. Die Heldin von Jagloms *A Safe Place* flüchtet aus der Realität in eine von infantil-regressiven Erinnerungsfetzen bedrohte Phantasiewelt. Der mörderische Druck der gesellschaftlichen Zustände treibt den studentischen Revolutionär in Nicholsons *Drive, He Said* von der Auflehnung geradewegs in den Irrsinn.

Es sind verstörte, kranke, kaputte, nicht mehr »funktionierende« Menschen, die in den Filmen der BBS gleichsam somnambul nach einer Zuflucht fahnden und deren Ausbruchsversuche aus einer erstickenden Normalität in delirischer Verzweiflung enden. Es gibt keinen sicheren Ort, weder für Robert Eroica Dupea (Jack Nicholson), der in *Five Easy Pieces* wenigstens noch auf eine ungewisse Reise entlassen wird, noch für David Staebler (ebenfalls Nicholson), der sich nach dem Tod seines Bruders in sein intellektuelles Schneckenhaus zurückzieht. Anarene, Texas, das staubige Nest in *The Last Picture Show,* ist ebenso von einer omnipräsenten Untergangsstimmung gezeichnet wie das in tausend disparate Realitätspartikel aufgelöste New York in *A Safe Place.*

Ohne Rücksicht auf dramaturgische Konventionen spüren Rafelson, Jaglom und Nicholson die Erschütterungen in der fragi-

A Safe Place

len Innenwelt ihrer Figuren auf, die von der Erfahrung einer totalen Entfremdung geprägt sind. Mit Ausnahme von Bogdanovich, den Rafelson wegen seines Erstlings *Targets* in die Gruppe einlud, interessieren sich die Filmemacher der BBS erheblich mehr für die insistierende Beschreibung emotionaler Probleme als für handfeste, nacherzählbare Kinogeschichten. *The King of Marvin Gardens* – Marvin Gardens ist eine Straße im amerikanischen Monopoly-Spiel – beginnt mit einer vier Minuten langen Großaufnahme: zögernd, stockend, nach Formulierungen suchend, erzählt Jack Nicholson eine traumatische Erfahrung aus seiner Kindheit. Am weitesten entfernt sich Jaglom in *A Safe Place* vom konventionellen Erzähl-Kino. Der Film springt scheinbar ziellos zwischen Vergangenheit, Gegenwart und Traum hin und her, Raum und Zeit überwindend wie der alte Magier (Orson Welles), der es dennoch nicht schafft, reale Gegenstände verschwinden zu lassen. Im New Yorker Zoo steht er allerlei Viehzeug gegenüber, aber seine beschwörende, flehende Formel »Disappear!« richtet gegen die Realität nichts aus.

»Der Film ist sehr persönlich, er ist so persönlich, wie ein Film nur sein kann. Ich benutze Bilder, die sehr privat sind, persönliche Bilder, um die privaten Bilder des Publikums zu erproben und auszulösen, weniger um eine universelle, objektive Reali-

48

Drive, He Said

tät herzustellen, mit der wir uns zwar alle identifizieren können, mit der wir aber nichts mehr zu tun haben.«[10] Diese Absage Henry Jagloms an das Erzähl-Kino, an die plane Rekonstruktion einer scheinbar objektiven, gültig beschreibbaren Realität, betrifft mit ihrer Forderung nach »privaten, persönlichen Bildern« auch die übrigen Filme der BBS. Ganz ähnlich sagt es zum Beispiel Bob Rafelson: »Ich kann nur einen Film machen, wenn er ganz meinen eigenen Gefühlen entspricht. Es gibt eine sehr enge Verbindung zwischen meinen individuellen Ansichten und meinen Filmen. Ich brauche immer viel Zeit, um herauszufinden, was ich wirklich machen will.«[11]

Die Filme der BBS reflektieren radikaler als die meisten anderen amerikanischen Filme der siebziger Jahre autobiographische Erfahrungen. Stellvertretend für die Gruppe formulierte Jaglom: »Als wir erwachsen wurden, waren die wenigen von uns, die fühlten, daß wir unterdrückt wurden, Freaks. Wir waren tatsächlich isoliert, weil die Mehrheit brav auf Eisenhower stand, Leute mit kurzen Haaren, wirklich Verrückte, so schien es uns, während für sie wir die Verrückten waren . . . Uns verband ein gemeinsames Gefühl, in unserer Umgebung die Isolierten, die Fremden zu sein. Wenn wir heute unsere Filme machen, so versuchen wir tatsächlich, diese Sensibilität zu reflektieren, und zum erstenmal haben wir jetzt ein Publikum.«[12]

Die erdrückende Erfahrung von Isolation und Entfremdung findet in den Filmen der BBS ihren filmischen Ausdruck nicht zuletzt in einem von elliptischen Raffungen und Auslassungen gekennzeichneten Stil. Robert Eroica Dupea in *Five Easy Pieces*, David Staebler in *The King of Marvin Gardens*, Gabriel in *Drive, He Said* und Susan/Noah in *A Safe Place* begreifen ihre Umwelt nicht mehr als sinnvolles Kontinuum, sondern als disparaten Trümmerhaufen. Figuren verschwinden unversehens aus der Handlung, Entwicklungen werden jäh unterbrochen, eine Stabilität stellt sich nicht her. Dabei lassen sich auch die Cineasten der BBS von literarischen und filmischen Einflüssen europäischer Provenienz inspirieren: in *Drive, He Said* heißt eine der Hauptfiguren nicht zufällig Bloom; Bob Rafelson, dessen Filme gelegentlich an Antonionis *La notte* und *L'eclipse* erinnern, bezeichnet *The King of Marvin Gardens* selbst als »kafkaesken Alptraum«.

Doch diese Einflüsse bleiben nicht vordergründig epigonal, sondern gehen überzeugend in amerikanische Krankheits-Geschichten, amerikanische Verfallsstudien auf. Da zudem auch nicht der Anspruch erhoben wird, hier sollten abgeschlossene Meisterwerke produziert werden, bleibt viel Spielraum für experimentelle Improvisation. »Mein Stil ist sehr eklektisch«, sagte Jack Nicholson zu *Drive, He Said*, »ich gehöre nicht zu denen, die sagen, man muß in Augenhöhe fotografieren, keine

Kamerawagen, man muß immer die Kamera bewegen, wenn sich etwas bewegt ... Wenn ich über einen Film nachdenke, denke ich über Stile nach, welchen man benutzen kann und welchen nicht, über neue Stile, oder wo man einen ausprobieren und sprengen kann.«[13]

Bei der amerikanischen Kritik, die zur gleichen Zeit auf breiter Front das klassische Kino von Ford, Hawks, Hitchcock usw. entdeckte, stießen die BBS-Filme mit Ausnahme der klassizistischen *Last Picture Show* weitgehend auf Unverständnis und Ablehnung. Selbst Pauline Kael, die etwa Robert Altmans *McCabe and Mrs. Miller* mit einer aufsehenerregenden Kritik entscheidend unterstützte und zu Recht als wahrscheinlich einflußreichste Förderin des neuen amerikanischen Films gilt, sprach von den »talentierten Leuten, deren Filme chaotische Desaster« gewesen seien und meinte in diesem Zusammenhang vor allem *Drive, He Said.* Aber sie verteidigte immerhin die

Tracks

»unordentlichen, halb-langweiligen, verheißungsvollen Fehlschläge«[14] gegen den zynischen Konformismus der restlichen Produktion und richtete ebenso böse wie zutreffende Vorwürfe an die Adresse der großen Studios: »In den Tagen der Filmin-

The Last Movie

dustrie verstanden es die Studio-Bosse, wie man akzeptabeln Abfall machte; heute versuchen die Geschäftsleute, den modernen, freien und avantgardistischen Film zu imitieren. Sie engagieren Lohnschreiber, um Künstler zu imitieren, und schieben der kreativen Freiheit die Schuld für die Resultate in die Schuhe.«[15]

Aus dieser Masse der Mittelmäßigen, die sich als Künstler ausgeben, ragt die BBS-Produktion als die wahre Avantgarde des amerikanischen Films heraus. Mit ihr verbunden sind – im Bewußtsein und stilistisch – Peter Fondas *The Hired Hand,* Monte Hellmans *Two-Lane Blacktop* und Dennis Hoppers *The Last Movie;* auch ihr Thema ist Entfremdung, Isolation, Paranoia, und auch sie nehmen Abschied von herkömmlichen Erzählweisen. Hopper etwa geht in seinem kommerziellen Fiasko *The Last Movie* so weit, daß er Zwischentitel wie »Scene missing« (Szene fehlt) benutzt, um den Eindruck einer homogen-linearen Erzählung zu zerstören.

Im Zeichen der Restauration

Bezeichnenderweise ist Peter Bogdanovich der einzige Regisseur der BBS, der keine Schwierigkeiten hatte, nach dem Zusammenbruch der Gruppe Ende 1972 neue Produktionsmöglichkeiten zu finden. Während Jack Nicholson, der an fast allen BBS-Produktionen beteiligt war und mit seinem vitalen Enthusiasmus als treibende Kraft, wenn nicht als Mentor der Gruppe angesehen werden muß, eine glänzende Star-Karriere begann, die ihn bis in die Niederungen von *The Fortune* (Mitgiftjäger. 1974. Regie: Mike Nichols) und *One Flew over the Cuckoo's Nest* (Einer flog über das Kuckucksnest. 1975. Regie: Milos Forman) führte, konnte er weitere Filme nicht mehr selbst realisieren. Fonda (*Idaho Transfer.* Expedition in die Zukunft. 1973), Hellman (*Born to Kill.* 1975), Bob Rafelson (*Stay Hungry.* 1975) und Henry Jaglom (*Tracks.* 1975) konnten seitdem nur noch je einen Film machen, Hopper überhaupt keinen mehr.

»Diese Leute waren von künstlichen Stimulantien beeinflußt. Wahrscheinlich ist ihnen inzwischen das Rauschgift ausgegangen. Auch Hippies werden alt«[16]: John Milius, der knapp dreißigjährige Autor von *Jeremiah Johnson* (Regie: Sydney Pollack. 1971) und *The Life and Times of Judge Roy Bean* (Das war Roy Bean. Regie: John Huston. 1972), der Regisseur von *Dillinger* (Jagd auf Dillinger. 1972) und *The Wind and the Lion* (Der Wind und der Löwe. 1975), hat für die Filmemacher der *Easy Rider*-Generation nurmehr Verachtung übrig. Und sein Freund Steven Spielberg, Jahrgang 1948, das jüngste Wunderkind des ganz neuen Hollywood, sieht die Zeichen der Zeit so: »Heutzutage tritt doch niemand mehr an, um einen Film zu machen, der nur ein paar Verwandte und Nachbarn anspricht. Kino ist ein Kommunikationsmittel, und ich will Filme für Millionen von Zuschauern machen: Filme für ein großes Publikum.«[17]

Nur sieben Jahre nach *Easy Rider* ist der Traum von einer amerikanischen Nouvelle Vague endgültig vorbei. Mit der weltweiten Rezession, die, wie schon in den dreißiger Jahren, einen stimulierenden Einfluß auf den Kinobesuch ausübt, hat sich Hollywood wieder einmal dem totalen Eskapismus verschrieben. Als erster Film überhaupt erzielte *Jaws* von Steven Spielberg Profite von über 200 Millionen Dollar. Schon 1974 wurde mit rund 1,75 Milliarden Dollar erstmals wieder der Kassenrekord von 1946 erreicht, nachdem beispielsweise 1964 nur noch 904 Millionen eingespielt worden waren. Der rasante ökonomische Boom, den die amerikanische Filmindustrie damit in den letzten Jahren zu verzeichnen hatte, ging Hand in Hand mit einem Abbau der kreativen Unabhängigkeit. Die Regisseure wurden wieder in die strenge Zucht der Studios genommen, für künstlerische Experimente wird kaum noch Geld zur Verfügung gestellt.

ROY SCHEIDER ROBERT SHAW RICHARD DREYFUSS

DER WEISSE HAI

Mitte der siebziger Jahre gleicht das sogenannte New Hollywood mehr denn je dem ganz alten. Und auch und zumal junge Regisseure wie Spielberg und Milius haben sich dem restaurativen Trend angepaßt und liefern marktkonforme Ware für ein vollends konfliktmüdes Publikum, das nach Vietnam und Watergate mit Vorliebe den Rückzug in bunte Illusionen sucht. Zwar zeichnen sich Filme wie die von Bogdanovich, Spielberg und Milius durch bewunderswerte handwerkliche Perfektion aus, doch darüber hinaus folgen sie Formeln und Rezepten der klassischen Dream Factory. John Milius will es gar nicht anders: »Meine Filme sehen aus wie die Filme, die ich als Halbwüchsiger gesehen habe: ein bißchen wie John Ford, ein bißchen wie David Lean, ein bißchen wie Kurosawa.«[18] Und Spielberg bezieht sich, wenn auch nicht ganz so fanatisch wie Bogdanovich, auf »die klassischen Geschichtenerzähler wie John Ford, Frank Capra und Howard Hawks. Ich bewundere diese Art des linearen Geschichtenerzählens: ein wunderbarer Anfang, eine aufregende Mitte und ein tolles Ende.«[19]

Paul Schrader, ein junger Filmkritiker, der sein erstes Drehbuch *Yakuza* (Regie: Sydney Pollack. 1974) für 300 000 Dollar verkaufen konnte, sieht den Hang zum Bewährten realistischer: »Es gibt viele fröhliche Huren hier in Hollywood, junge Burschen, die sich damit brüsten, keinen Verstand zu besitzen. So nach dem Motto: ich habe nichts zu sagen, ich habe keine Botschaft, mir geht es nur um den Spaß. Alle Welt versucht, die alten kommerziellen Formeln neu zu verpacken. Die Studiobosse wissen vom Filmgeschäft auch nicht mehr als andere Leute. Sie werden nur besser bezahlt. Und weil sie auch keine Ahnung haben, kaufen sie am liebsten Filme in der Art, wie sie sie früher selbst angeschaut haben. Man hört immer diesen Unsinn, sie wollten Filme machen, die so aussehen wie die ihrer eigenen Kindheit. Aber irgendwie müssen die Filme ja neu sein. Deshalb wickeln sie einfach den Fisch von gestern in die Zeitung von heute. Das meiste, was man jetzt so neu nennt, ist nichts anderes.«[20]

Fast alle Erfolgsfilme jüngerer Regisseure in den Jahren 1972 bis 1976 sind wieder Genre-Stücke, wobei am oberen Ende der Skala die komplexen Gangster-Epen und Familienchroniken Francis Ford Coppolas, *The Godfather* (Der Pate) und *The Godfather – Part Two* (Der Pate – Teil II), rangieren und am unteren der spekulative Horror von William Friedkins *The*

Exorcist (Der Exorzist). Die immerhin präzis beobachtete Nostalgie-Chronik *American Graffiti* von George Lucas weist ebenso in die Vergangenheit wie der sich seit 1975 andeutende Trend zu romantisierenden, heroisierenden Verklärungen der Geschichte von Hollywood selbst: Peter Bogdanovich, der die Genre-Renaissance mit *What's Up, Doc?* und die Nostalgie-Hausse mit *Paper Moon* kreieren half, dreht zum Beispiel einen Film mit dem Titel *Nickelodeon* über das Hollywood der Stummfilmzeit.

Coppola, Milius, Lucas, die Drehbuchautoren Gloria Katz/ Willard Huyck (*American Graffiti,* Donens *Lucky Lady.* Abenteuerer auf der Lucky Lady) und David S. Ward (George Roy Hills *The Sting.* Der Clou) kommen von den Filmabteilungen der beiden großen Universitäten in Los Angeles, UCLA und USC. Dort lernten sie das klassische amerikanische Kino kennen und schätzen. Inzwischen werden Filmkurse an mehr als zweihundert amerikanischen Universitäten angeboten. Die Folge dieser akademischen Film-Explosionen war weniger ein kritisches Bewußtsein für die Möglichkeiten des Mediums, als eine weitgehend unreflektierte Liebe für das klassische Hollywood, dem die jungen Konservativen nacheifern. Willard Huycks schlicht-naives Glaubensbekenntnis »We want to make good films, to entertain people«[21] ist symptomatisch für das New Hollywood des Jahres 1976.

Dieses neue Hollywood wird beherrscht von einer kleinen Clique von einflußreichen Agenten und Studio-Chefs, die vor ihrer Beförderung ebenfalls Agenten waren: Columbia-Präsident David Begelman, Mike Medavoy von United Artists und Alan Ladd jr. von Twentieth Century-Fox, um nur drei der wichtigsten zu nennen. Die zentrale Rolle der Agenten beschreibt Paul Schrader, der wie einige andere junge Drehbuchautoren den Sprung zur Regie schaffte, indem er ein teures Drehbuch (Skriptpreise um eine halbe Million Dollar sind keine Seltenheit mehr) für wenig Geld verkaufte, unter der Bedingung, selbst inszenieren zu dürfen: »Jeder neue Film heutzutage ist ein Paketgeschäft, zusammengestellt aus verschiedenen Elementen. Für jeden Film wird eine eigene Struktur geschaffen. Früher war das anders: die Filme gingen aus der Gesamtstruktur eines Studios hervor. In der heutigen Situation sind die Agenten sehr mächtig, weil sie es sind, die die Elemente zusammenbringen. Ein Agent bekommt ein Drehbuch und

Three Days of the Condor

überlegt sich: vielleicht wäre das der richtige Stoff für Steve
McQueen, vielleicht möchte Hal Ashby das inszenieren. Auf
diese Weise entsteht ein Paket. Nur wenige Drehbücher werden noch kalt verkauft. Insofern sind Agenten oft direkt für das
Zustandekommen von Filmen verantwortlich.«[22]
Riesige Talent-Agenturen wie International Creative Management (ICM) und William Morris, welche die Interessen von
Regisseuren, Autoren und Stars vertreten, haben sich in den
letzten Jahren zu den Schaltstellen der Macht in Hollywood
entwickelt. Die Agenturen interessieren sich freilich ohne
Rücksicht auf künstlerische Belange allein für die kommerziell
»richtige« Kombination von attraktiven Namen. Auf diese
Weise werden Fiaskos wie *Lucky Lady* programmiert: man
nehme einen etablierten Regisseur (Stanley Donen), »neue«
Autoren (Gloria Katz/Willard Huyck) und drei Superstars
(Liza Minnelli, Gene Hackman, Burt Reynolds). Das Ergebnis
ist fast zwangsläufig ein blutleerer Computer-Film.
In diesem Hollywood flinker Package-Künstler und smarter
Business-Jongleure haben es Filmemacher, die sich nicht den
nivellierenden Standards der Industrie unterordnen wollen, na-
türlich besonders schwer. Wirtschaftlich unabhängig ist allein
Francis Ford Coppola, der sich ein riskantes Projekt wie *The
Conversation* (Der Dialog. 1973) aufgrund der Millionenprofi-

Taxi Driver

te des ersten *Godfather* erlauben konnte. *The Conversation* ist einer der wenigen politischen Hollywood-Filme der letzten Jahre, ein Versuch, das moralische Klima der Nixon-Administration zu analysieren, ähnlich wie noch Alan J. Pakulas *The Parallax View* (Zeuge einer Verschwörung. 1973), Hal Ashbys *Shampoo* (1974), Sydney Pollacks *Three Days of the Condor* (Die drei Tage des Condor. 1975) und Robert Altmans *Nashville* (1974).

Selbst Kultfiguren wie Altman und Ashby können sich kommerzielle Fehlschläge auf die Dauer kaum erlauben. Jeder neue Film wird zu einer Existenzfrage, die künstlerische Reputation spielt dabei keine Rolle. Nach dem kommerziellen Erfolg von *Alice doesn't Live Here Anymore* mußte Martin Scorsese erfahren, daß nur ein Super-Hit wie *The Godfather* oder *Jaws* eine gewisse Unabhängigkeit garantiert: »Mein neuer Film *Taxi Driver* ist ein riskantes Projekt. Wir alle haben an diesen Film geglaubt und für sehr wenig Bezahlung mit einem sehr knappen Budget gearbeitet. Nun könnte man meinen, daß wir aufgrund des Erfolgs von *Alice* und der vorherigen Erfolge von Paul Schrader und Robert de Niro mehr Freiheit haben würden. Leider ist genau das Gegenteil der Fall. Das Studio braucht dringend Filme, muß sie schnell auf den Markt werfen. Ich mußte diesmal sogar drei Cutter beschäftigen, um innerhalb von sechs Wochen einen Rohschnitt zu schaffen. Alles geschieht in irrsinniger Hetze. Außerdem gibt es eine gewisse Einmischung von Seiten des Studios.«[23]

Es scheint, als wolle Hollywood auch weiter sein Publikum mit bombastischen Sensationen, synthetischen Star- und Desaster-Filmen unterhalten, mit leerer Nostalgie und fadem Glamour. Cineasten wie Altman, Ashby, Scorsese, die Filme mit einer eigenen, eigenwilligen Handschrift machen, sind selten geworden. Es gibt immer noch ein großes Reservoir an talentierten Regisseuren, von Brian de Palma (*Sisters; Phantom of the Paradise*) bis zu den in San Francisco lebenden John Korty (*The People*), Phil Kaufman (*The White Dawn*) und Michael Ritchie (*Smile*). Zur Zeit aber dominieren die perfekten Handwerker der neuen Restauration. Erst eine Krise wie die in den späten sechziger, frühen siebziger Jahren könnte das Blatt wohl wieder wenden.

1 Wim Wenders: »Texte zu Filmen und Musik«. Berlin 1975, S. 11. Zuerst erschienen in: Filmkritik, 11/69.
2 Zitiert nach Wenders, a. a. O.
3 Pauline Kael: »Deeper into Movies«. New York 1974, S. 119. Das Buch enthält Miss Kaels Filmkritiken für die Zeitschrift »New Yorker« von September 1969 bis März 1972.
4 Gespräch mit dem Autor, New York, März 1971.
5 Gespräch mit dem Autor, Hollywood, Juni 1971.
6 Robert David Crane/Christopher Fryer: »Jack Nicholson – Face to Face«. New York, 1975, S. 96. In dieser Nicholson-Monographie finden sich viele ausführliche Gespräche mit neuen amerikanischen Cineasten.
7 Gespräch mit dem Autor, New York, März 1971.
8 Charles Reich: »Die Welt wird jung – The Greening of America«. Wien-München-Zürich 1971, S. 14.
9 Arthur M. Schlesinger: »Das erschütterte Vertrauen«. Bern-München-Wien 1969, S. 210f.
10 Crane/Fryer, a. a. O., S. 102.
11 Gespräch mit dem Autor, Hollywood, Dezember 1975.
12 Crane/Fryer, a. a. O., S. 97.
13 Crane/Fryer, a. a. O., S. 22.
14 Kael, a. a. O., S. 371.
15 Kael, a. a. O., S. 370f.
16 bis 20 Gespräche mit dem Autor, November/Dezember 1975 in Hollywood. Sind enthalten in der Fernseh-Dokumentation »Gruppenbild mit Haifisch – Wie neu ist das Neue Hollywood?«, WDR Köln, 1976.
21 Axel Madsen: »The New Hollywood – American Movies in the '70s«. New York 1975, S. 55.
22 Gespräch mit dem Autor, Hollywood, Dezember 1975.
23 Gespräch mit dem Autor, Hollywood, Dezember 1975.

Robert Altman
Der Unterschied zwischen einem Hasen

Von Heinz Ungureit

44 Jahre war Robert Altman, als er (1969) eigentlich begann, Filme seiner Wahl zu machen. Vorher hatte er zehn Jahre für Fernseh-Serien gearbeitet, darunter *Alfred Hitchcock Hour, Bonanza, The Roaring Twenties, The Millionaire, Bus Stop.* In den Serien mußten Geschichten linear, Personen festumrissen, Reaktionen schematisch (vorhersehbar) sein. Altman bekennt, daß er hier Erfahrungen gesammelt und sein Handwerk gelernt habe. Gleichzeitig entstanden in ihm Gegenbilder und Gegenfilme zu den »festumrissenen«, wuchs das Bedürfnis, gegen die einengenden Regeln zu verstoßen.

Die elf Filme, die dann folgten, waren fast ausschließlich Regelverstöße, ironische Reflexe auf immer deutlichere Widersprüche und Brüche der Realität wie auf die phantastische Einseitigkeit eines bestimmten amerikanischen Kulturbetriebs. Die Show, zu der Krieg, Tod, Krankheit, Mord, Politik, Gangsterei, Erfolgsstreben um jeden Preis in den Medien gerieten, gewann bei Altman ihre absurde, nun doch wohl notwendige Dimension hinzu. Seine Bilder wurden zu illusionslosen Spiegelbildern in Wahrheit zerrissener, kranker, degenerierter Show-Spiele. Die Wirklichkeit ließ sich kaum noch als Linie oder Entwicklung ausmachen, sondern als gebündelter Widerspruch. Das Astrodom von Houston, die Spielhallen von Reno, die Luxuswelt Hollywoods, ein fahrbares Hospital im Koreakrieg, Cape Kennedy, die kalte Pionierstadt im Nordwesten, das ländliche Gangster-Idyll im Süden, das Pantheon von Nashville: diese »Schauplätze« in Altman-Filmen sind Synonyme dafür.

Wer freilich versucht, den filmischen Kosmos Altmans mit europäischem Interpretationseifer schnell auf einen Punkt zu bringen, gar als einfache Protest-Ideologie festzumachen, wird nicht weit kommen. Altman stülpt seinen Filmen kein fertiges Weltbild über, er lädt vielmehr ein zu Entdeckungen und Einsichten in einen Mechanismus, der gleicherweise zärtlich und

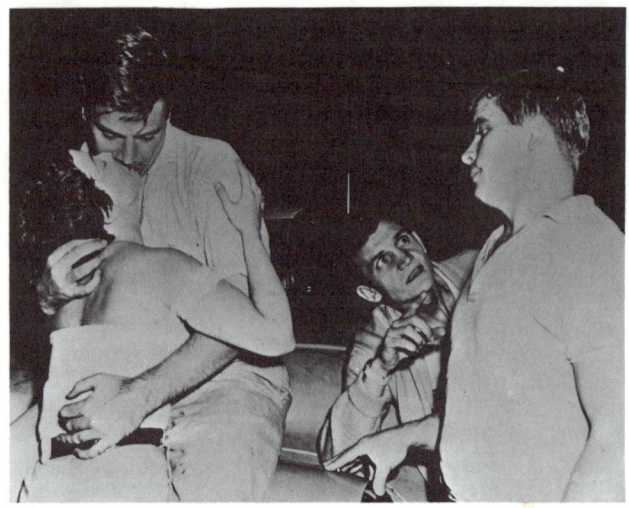

The Deliquents (1955)

kritisch gesehen wird. Wo zynische Abziehbilder nahelägen, malt er eher in Pastelltönen, weich, liebevoll, von innen her beleuchtet. Personen bekommen ebenso wenig ihren moralischen oder soziologischen Stempel aufgedrückt, ihnen wird Spontaneität und Widersprüchlichkeit des Handelns zugestanden. Was freilich nicht heißt, daß Wertungen unterbleiben und alles sich beliebig in ein spinnertes Panoptikum fügt. Es geht schon um Erfahrungen und Erkenntnisse.

So entschieden Altman leugnet, mit seinen Filmen eine bestimmte Philosophie ausdrücken oder durch sie etwas zielgerichtet verändern zu wollen[1], so bekennt er sich doch zu einer Art inhaltlichem Generalnenner seiner Filme: dem Wahnsinn, den Personen, die außer sich geraten sind, den Einsamen und Entfremdeten. Und dies sind schon Gegenentwürfe zum offiziellen amerikanischen Traum vom Gesunden, Erfolgreichen, der, wenn er gestört sein sollte, immerhin durch Psychoanalyse wieder repariert werden könne. Altmans Krankheitsbilder sind dagegen allgemeiner und tiefer zugleich, erscheinen als Spiegelverkehrungen des Gesunden, das so, wie es mancherorts und speziell in Amerika gepriesen wird, schon auf dem Wege zur Deformation ist. Vor allem die Bündelung des Erfolges und Glückes – in Reno, in Hollywood, in Nashville, im Goldenen

60

Westen – bringt die Verkehrung jeweils mit hervor. Seine Filme, die das belegen, erzählen keine einfachen Geschichten, sondern sind ihrerseits Bündelungen von Geschichten, von Parallel-, Konträr- und Quer-Geschichten; vergangenen, gegenwärtigen und visionären; archaischen und technologischen, vorerzählten und überraschenden.

Der Weg nach Nashville

Die meisten Filme Altmans erscheinen einzeln und erst recht zusammengenommen als lose strukturierte Fresken, detailfreudig und reich an Arabesken, variations- und ergänzungsfähig.

THE JAMES DEAN STORY (Die James Dean-Story. 1956) ist eine Dokumentation über das Phänomen James Dean, seinen Erfolg, seine mythische Kraft, seine krankhafte Verschlossenheit und seinen frühen, fast zwangsläufigen Tod bei einer Porsche-Raserei.

COUNTDOWN (Countdown: Start zum Mond. 1966) ist die Geschichte eines wahnsinnigen Wettflug-Unternehmens der Amerikaner zum Mond, weil die Russen etwas eher zum bemannten Mondflug gestartet sind. Der vorbereitete Militär-

Countdown

Astronaut wird schnell gegen einen unvorbereiteten Zivilisten ausgetauscht. Die Vorbereitungen sind mörderisch, außerdem von ständigen Rivalitätskämpfen durchsetzt. Privatleben und Ehe des neuen Mond-Aspiranten werden brüchig. Die Rakete, mit der gestartet werden soll, ist zu klein; sie kann nur jemanden hinauf- aber nicht herunterbringen. Ein Versorgungsbiwak wird zuerst abgeschossen, nur in dessen Sichtweite soll der Astronaut landen und sich dort so lange aufhalten, bis die größere Rakete fertig ist, die auch vom Mond zur Erde zurückfliegen kann. Start und Landung auf dem Mond gelingen, aber der Funkkontakt nach Houston reißt ab, das Versorgungsbiwak wird nicht gesichtet, die Russen des ersten Mondlande-Unternehmens liegen tot auf dem Mond. Wenn bei dieser Sachlage trotzdem ein glückliches Ende (das einzige in einem Altman-Film) durch Auffinden des Biwaks auf dem Mond sinuiert wird, so hat das alle Anzeichen des Märchenhaften.

THAT COLD DAY IN THE PARK (Ein kalter Tag im Park. 1968) ist – wie später MCCABE AND MRS. MILLER – im kanadischen Vancouver gedreht, berichtet von den wahnhaften Versuchen einer einsamen unverheirateten Frau in einer großen Wohnung, endlich Erfolg bei einem Mann zu haben. Sie holt ihn sich von einer

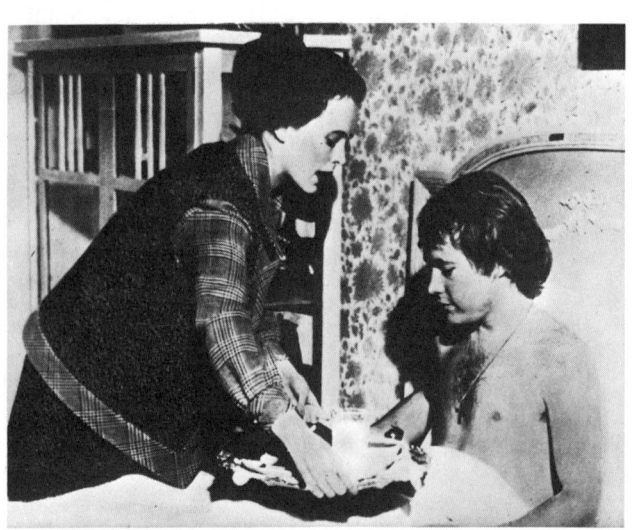

That Cold Day in the Park

Parkbank gegenüber, schließt ihn ängstlich für sich ein, besorgt ihm sogar ein anderes jüngeres Mädchen, als er ihr vorhält, sie sei zu alt für ihn; sie ersticht aber dann dieses Mädchen mit dem Brotmesser und nimmt sich den Jungen endgültig mit der Versicherung, nun werde alles gut. In der ersten halben Stunde des Films redet die Frau unaufhörlich allein – eine der Ersatzhandlungen, denen man bei den ängstlichen, erfolgssüchtigen Altman-Helden häufig begegnet.

M*A*S*H. (M*A*S*H. 1969) bezeichnet die Abkürzung für Mobile Army Surgidal Hospital (fahrbares Armeelazarett), heißt als Wort für sich aber auch Mischung oder zerquetschen. In der Tat wird in einer Mischung aller denkbaren Widersprüche in einem Armeehospital drei Meilen vor der koreanischen Front farcenhaft zerquetscht, was nur geht. Da haben dienst-

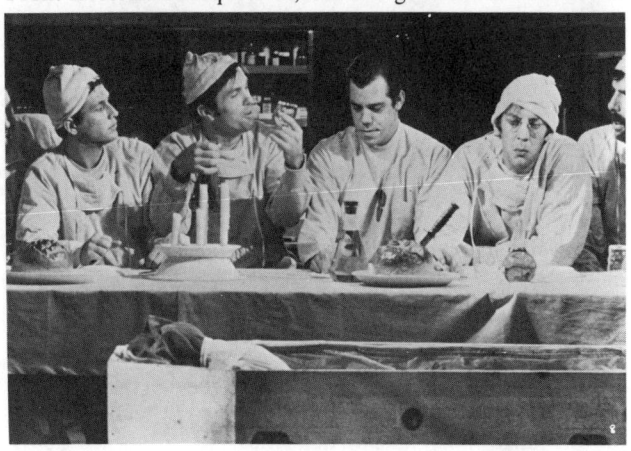

M*A*S*H

verpflichtete Ärzte den Auftrag, wieder zusammenzuflicken, was andere Dienstverpflichtete unter demselben Auftrag kaputt machen mußten: Menschen. Alles gerät bei dieser Schlachterarbeit aus den Fugen, die militärische Ordnung, die Umgangsmoral, die Sprache. Die drei dienstverpflichteten Ärzte drehen alles um; sie flicken und heilen zwar, aber im Jux; sie sind Soldaten, haben aber nichts im Sinn mit den Regeln der US-Army; sie schäkern, feixen, bekehren auch andere zu ihrem fröhlichen Anarchismus und tun so, als wären sie auf einem College zu Übungszwecken, im Spiel. Die Hospital-Opera-

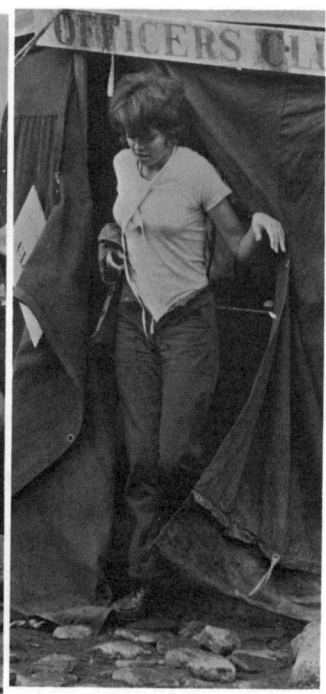

M ∗ *A* ∗ *S* ∗ *H*

tions-Show ist natürlich zynisch. Die Frage bleibt, wo der Ursprung des Zynismus angesetzt werden muß, bei den juxenden Show-Ärzten oder dem Autor des Films oder bei denjenigen, die erst junge Amerikaner in den Krieg nach Korea und gleichzeitig junge Ärzte zum Flicken der Kriegsverletzten dienstverpflichten.

BREWSTER MCCLOUD (Auch Vögel können töten. 1970) ist das erste Beispiel für Altmans vollendeten metaphernreichen Gesamtblick auf die spürbaren Zeitstürze Amerikas um die Wende der siebziger Jahre. Eine Geschichte ist kaum auszumachen, dafür Geschichten, Episoden, Arabesken, eine Leitfigur vielleicht und sonst ein Figuren-Arsenal, das für die geschichtlichen und aktuellen Verkehrungen steht, die die amerikanische Szene um 1970 beherrschten. In den Katakomben des Astrodoms von Houston, Texas, bastelt »Babyface« Brewster

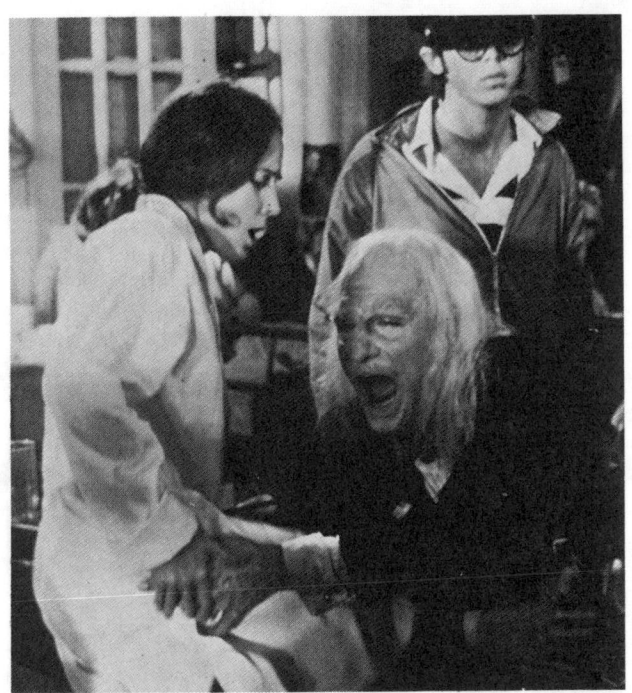

Brewster McCloud

McCloud, ein naiver junger Erfolgs-Aspirant, an einem Flügel-Apparat, mit dem er wie Ikarus fliegen möchte. Drei junge Damen betreuen ihn, Inbegriffe der americangirls, darunter die geheimnisvolle Luise, die immer in Begleitung eines schwarzen Raben auftritt, ein gefallener Engel, der mit Dievereien und Einflüsterungen arbeitet und auf dessen Schultern noch Reste ehemaliger Flügel zu erkennen sind. Zum Schluß fliegt Brewster tatsächlich einige qualvolle Runden durch die Kuppel des Astrodoms, dann stürzt er sich krachend zu Tode. Die Zuschauer auf den Rängen klatschen Beifall, weil für sie auch der Sturz zur Show gehört. Nebenbei gibt es einige merkwürdige Vogeldreck-Morde: an der rassistischen Sängerin Daphne Heap, an dem ausbeuterischen uralten Abraham Wright, an einem korrupten Rauschgift-Spezialisten und einem um sein öffentliches Ansehen besorgten homosexuellen Politiker. Ein

Exkrementen-Spezialist, der den Vogeldreck auf den Leichen untersucht, heißt Agnew. Den ganzen Film begleitet ein Ornithologe mit einer Vorlesung über die gefiederte Welt. Währenddessen verwandelt er sich selbst immer mehr in einen Vogel. Zum Schluß tauchen alle Beteiligten wie in einem Geisterreigen maskiert und kostümiert in der Arena des Astrodoms auf – ähnlich manchen Schlußbildern in Fellini-Filmen.

MCCABE AND MRS. MILLER (McCabe & Mrs. Miller. 1970) variiert das Western-Genre und führt parodistische Abziehbilder von Pionieren und Glücksrittern in einem kaltblauen Schlamm-

McCabe and Mrs. Miller

städtchen des Nordwestens vor, genannt »Presbyterian Church«. Dorthin kommt der vermeintlich kaltschnäuzige Pokerspieler McCabe und will als Parasit vom Aufbau des Bergarbeiterstädtchens profitieren. Er macht einen Saloon, ein Waschhaus und schließlich ein Bordell auf, als dessen gewieftere Geschäftsführerin sich allerdings die professionelle Dirne Mrs. Miller erweist. Nun zeigt sich, daß der zynische Erfolgsritter und ehemalige Killer mit zweierlei nicht fertig wird, der käuflichen Liebe der Mrs. Miller (weil er sie echt liebt) und den Anforderungen der mächtigen Bergwerksgesellschaft (weil die nicht mit sich pokern läßt). Die Killer der Bergwerksgesellschaft schießen ihn schließlich wie einen Hund ab; er bleibt im

Schnee liegen, während die Dorfbewohner die brennende Kirche löschen und Mrs. Miller sich in einer Opiumhöhle berauscht.

IMAGES (Spiegelbilder. 1971) spielt in und um Dublin, vor allem in dem mit Gewehren, Messern, Kameras, Telefonen, Mobiles und Jagdtrophäen überladenen Landhaus eines Dubliner Geschäftsmannes und Hobby-Fotografen. Dessen Frau Cathryn, die viel allein ist, von Wahnbildern und Schreck-Telefonaten heimgesucht wird, schreibt an einem Buch mit dem Titel »In Search of Unicorns« (»Auf der Suche nach Einhörnern«). Die

McCabe and Mrs. Miller

Suche nach Identität – ein irisches Phänomen – spaltet sie immer mehr, bis sie doppelgängerisch sich selbst begegnet. Sie hat es mit einem imaginären ehemaligen Liebhaber zu tun (der in Wahrheit seit drei Jahren tot ist) und mit einem realen, der ihr plump nachstellt. Sie erschießt den imaginären und trifft dabei die Kamera ihres Mannes. Sie ersticht den realen Liebhaber – dies aber nur in der Vorstellung und im Traum. Ihre Doppelgängerin fährt sie eines Tages in den Abgrund, begegnet ihr aber in der Dubliner Wohnung wieder, während am Abgrund die Leiche ihres Mannes gefunden wird. Hier wird die Verlängerung des Realen mit Hilfe von Spiegelbildern, Kameras, Vorstellungskraft buchstäblich (titelbildlich) ins Imaginäre

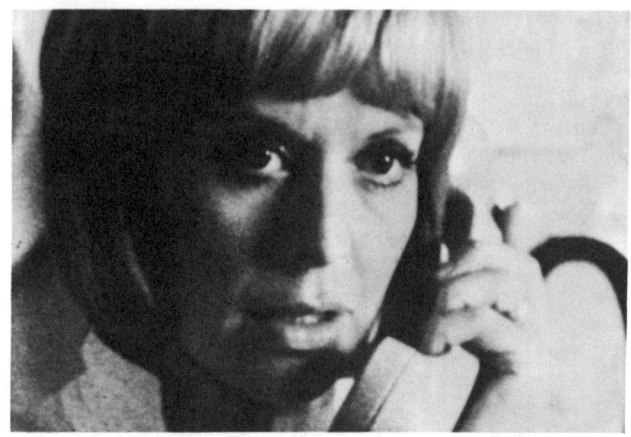

Images

vollzogen, dorthin, wo die Perspektiven verschwimmen und schemenhafte Doppelbilder bleiben. Der Befreiungsversuch endet im Wahn und im Tod.

THE LONG GOODBYE (Der Tod kennt keine Wiederkehr. 1972) verstößt massiv gegen die Vorstellung von Chandler-Romanen, wie man sie aus dem Bogart-Film *The Big Sleep* (Tote schlafen fest) hat. Altman transponiert Chandler und seinen Detektiv Philip Marlowe ins Hollywood der siebziger Jahre, wo Chandlers verwickelte Geschichten noch ein paar Volten mehr schlagen müssen, um wieder zu stimmen. Die offizielle Polizei, Marlowes Freund Terry, ein reicher Schriftsteller und dessen Luxusfrau, ein Psychiater und ein Gangsterboß sind die kruden (verkehrten) Spielfiguren – wie aus Gangsterfilmen oder Comics, aber so degeneriert wie wahr. Davor wird fast zur nebensächlichen Arabeske, daß Marlowe, der vielfach Hereingelegte, ein Stück Gerechtigkeit nur wieder herstellen kann, indem er Selbstjustiz übt und seinen Freund tötet. Bei soviel Widersinn ist es kein Wunder, wenn auch Marlowes Katze verrückt genug ist, daß sie nur noch Harry's Katzenfutter aus der Dose frißt und beleidigt verschwindet, als Marlowe sie einmal hereinlegt. Und ein Hund bleibt hartnäckig vor Marlowes Auto auf der Straße sitzen. Und nackte Yoga-Mädchen auf der Terrasse vor Marlowes Wohnung wollen weiter nichts als entspannen, in sich kehren, nackt sein . . .

68

The Long Goodbye

THIEVES LIKE US (Diebe wie wir. 1973) spielt während der Depression der dreißiger Jahre in der idyllischen südlichen Mississippi-Landschaft, wo der, der »arm war, eben arm war, da half nichts. Banken auszurauben, war alles, was diese armseligen Verzweifelten mit einiger Aussicht auf Erfolg tun konnten. Sie

Thieves Like Us

wollten und brauchten Geld. Sie glaubten wirklich, daß Stehlen nur dann schlimm wäre, wenn sie geschnappt würden« (Altman).[2] Das Gangster-Trio, ausgebrochene Sträflinge, zählt die Überfälle und hört davon im Radio, als wären es Nachrichten aus einer anderen Welt. Man spielt auch mit Kindern Banküberfall und möchte eigentlich weiter nichts als Häuslichkeit, Liebe, Ruhe, Auskommen. Der Jüngste des Trios, Bowie, findet eine Weile Geborgenheit bei dem hilfsbereiten und hilfebedürftigen Landmädchen Keechie, wobei sie die rührende Geschichte von »Romeo und Julia« aus dem Radio hören. Aus dem Radio tönen auch Gangstergeschichten (fiktive und wahre), Predigten, Konsum-Werbung und eine glückversprechende, aufbauende Rede Roosevelts. Coca-Werbung ist überall, auch vor dem Staatsgefängnis von Mississippi. Das Gangster-Pärchen könnte Bonnie und Clyde sein, wäre es strahlender, attraktiver, weniger depressiv. Das Ende ist ähnlich: Bowie wird von ganzen Salven aus Polizeigewehren in seiner armseligen Hütte durchlöchert. Man zerrt ihn in den Rinnstein und läßt ihn achtlos liegen.

CALIFORNIA SPLIT (California Split. 1974) führt in die Welt des kalifornischen Glücksspiels, in die eigens zum Zweck des Spiels in die Wüste gebaute Erfolgs-Stadt Reno, wo Sucht gebündelt auftritt, Rausch, Erfolg, Mißerfolg, Pression, Depression ... Zwei unterschiedliche Glücksritter, der geborene und der ge-

California Split

Nashville

wollte, sind auf dem großen Spiel-Trip. Alles gerät ihnen automatisch zur Wette, zum Spiel, bei dem etwas herauskommen muß, zum Poker. Auch wenn sie von Gangstern niedergeschlagen werden oder wenn sie zu Mädchen gehen. Bill tut es mit dem Ziel besseren bürgerlichen Auskommens, Charlie aus Selbstzweck. Wobei auch Bill längst den Trip als solchen braucht – als Ersatzhandlung für fehlende Liebe, kaputte Ehe, langweiligen Beruf. Der Liebesversuch mit einem Mädchen scheitert kläglich. Zum Schluß hat er tatsächlich 82 000 Dollar gewonnen, trennt sich von Charlie und will aufhören. Dabei sieht das Ende ganz traurig aus, und der Zuschauer darf zweifeln, ob das gutgeht.

NASHVILLE (Nashville. 1974) ist – anstelle des Pandämoniums Glücksspiel in der Wüste – das Pandämonium Folk- und Western-Song in Nashville, auf jeden Fall auch gebündelt, eine

71

ganze Stadt voll davon, Tag und Nacht, ein Mekka des Erfolgs-
strebens durch Singen. Wieder gibt es – wie in BREWSTER
MCCLOUD – eine Leitfigur, den kleinen glitzernden Star der
Stadt, Haven Hamilton, aber sonst hat man es mit 24 Hauptper-
sonen und 27 Songs zu tun. Ein weiblicher Star macht eine
Show aus ihrem Krankenhausaufenthalt, zur Show wird eine
Autokarambolage auf der Straße, und bei der gemeinsamen
Super-Show, zu der sich Song und Trivial-Politik vereinigen,

Nashville

wird auch die Erschießung eines Stars nur zur Show. Ein Mädchen, das bisher nie die Chance hatte, bekommt sie unvermittelt und singt: »It don't worry me«. Die Show geht weiter. Im
Pantheon wird schließlich alles zur Geister-Show wie zum
Schluß von BREWSTER MCCLOUD, diesmal unter einem überdi-
mensionalen Sternenbanner, nachdem der wahlwerbende Politiker zuvor genügend Sprüche gemacht hatte, die sich in ihrer
Banalität nicht von den Song-Texten unterscheiden. Und wie in
BREWSTER MCCLOUD der Ornithologe vorlesend, so geht hier

72

eine BBC-Kommentatorin fragend und kommentierend durch den Film, die freilich auch nur redet und phrasiert und dabei im Grunde wird wie die anderen . . .

BUFFALO BILL AND THE INDIANS (1976), angelehnt an Arthur Kopits Bühnenstück *The Indians,* ist auch ein Stück verdrängten schlechten Gewissens der Amerikaner. Altman wollte es in der Form eines großen Zwiegesprächs zwischen dem Trapper

Nashville

William F. Cody, alias Buffalo Bill, und dem Sioux-Häuptling Sitting Bull hervorholen.[3] Doch der Film läßt es zu diesem Zwiegespräch gar nicht erst kommen. Eine Verständigung über Amerikas Geschichte kann nicht stattfinden, weil diese Geschichte von Anfang an als Legende kolportiert wird, und Buffalo Bill ist nur ein Teil von ihr. Altman läßt ihn als cholerischen Alkoholiker und Weiberhelden auftreten, unfähig, seinen eigenen Mythos zu durchbrechen. Die Indianer bleiben im Film die exotischen, unbegreiflichen und unbegriffenen Wesen, die sie für die weißen Usurpatoren stets waren: Altmans Blick auf sie ist, ganz gegen die Erwartung, durch jene Perspektive bestimmt; die Indianer sind, streng genommen, nur dazu gut, weißes Bewußtsein und weiße „Kultur" zu karikieren. Wie in NASHVILLE ist auch in BUFFALO BILL AND THE INDIANS die Einheit von Ort und Zeit so gut wie möglich gewahrt; was dort die Stadt der Country Music war, ist hier das große Wildwestspektakel; nur innerhalb dieses Zirkus ereignet sich der Film: die Show als Geschichte, die Geschichte als Show. Von der Spannung aus Faszination und Kritik (NASHVILLE) ist nur noch zuweilen sarkastische Kritik übriggeblieben. Daß die Show ein Vorläufer Hollywoods war, findet keine Beachtung.

Altman hat sich wegen BUFFALO BILL mit dem Produzenten Dino de Laurentiis überworfen, weil der Film z. B. in der Bundesrepublik nur in einer vom Regisseur nicht genehmigten gekürzten Fassung verliehen wird. Wegen dieser Auseinandersetzung ist ein Projekt gescheitert (*Ragtime,* nach einem Buch von E. L. Doctorow), das Altman parallel zu *Breakfast of Champions,* nach einem Buch von Kurt Vonnegut Jr., realisieren wollte. Geplant waren zwei Drei-Stunden-Filme, die spiegelbildlich ein Porträt des beginnenden 20. Jahrhunderts in Amerika zeigen sollten – mit dem Pianisten Coalhouse Walker als Leitfigur und Zeitgenossen wie Houdini, Freud, Jung, Emma Goldman, Henry Ford, Evelyn Nesbit. Freud und Jung sollten als Tourführer fungieren: „Freud, der die New Yorker Kultur jener Zeit zum erstenmal sieht, wird ein Sprungnetz, ein Spiegel für uns werden."[4] Altman arbeitet unterdessen (Sommer 1976) an einem Originalmanuskript mit dem Titel *Three Women;* der Film, dessen Realisierung mit Sissy Spacek und Shelly Duval für 1977 geplant ist, soll einen „Schuß schizophrener Arithmetik" enthalten.[5] Der Kreis zu IMAGES scheint sich zu schließen.

Filmische Paradoxien

Es ist die Gespaltenheit des einen Menschen (oder Vorgangs), die Doppelbödigkeit, die eine doppelte Sicht erfordert. Man muß zwei Straßen gehen: die vielbegangene, die in die historische Dimension zu erweitern ist, und die niebegangene, die es zu entdecken gilt. In CALIFORNIA SPLIT gerät ein Mädchen am

Buffalo Bill and the Indians

Boxring schreiend völlig außer sich, während ein anderes die Augen schließt und in sich kehrt. Diese Insichgekehrte, eine Dirne, ist unfähig zu ihrem Beruf, weil sie sich immer gleich in die Männer verliebt. Das Widerstreitende ist eben oft genug in einer Person, zum Beispiel der Doppelgängerin Cathryn aus IMAGES, ebenso in Situationen, Ereignissen und Handlungen. Das führt zu Paradoxien von der Art, wie sie in IMAGES mit einem Rätsel bezeichnet werden: »Was ist der Unterschied zwischen einem Hasen? Es gibt keinen. Sie sind beide derselbe.« In MCCABE AND MRS. MILLER wird gefragt: »Wie macht man einen Kreis eckig?«

Die Fragen, an die Filme direkt gestellt, könnten heißen: Wie heilt man im Krieg? Wie fliegt man in einem Käfig? Wie kommt der Arme durch die Depression? Wie findet man Gerechtigkeit unter Gangstern? Wie kommt man zum Spiel in einer Spieler-Stadt? Wie kommt man zum Singen in einer Song-Stadt? Wie erfüllt sich der Western-Bordellbesitzer Liebe in seinem Bordell? – Die Altman-Helden haben es sämtlich mit derlei Absurditäten zu tun. Sie müssen daran scheitern, aber zunächst bekommen sie die Möglichkeit, es zu schaffen. Ihr Handlungsspielraum ist weit, und das Netz des Absurden erscheint keineswegs von vornherein so engmaschig, daß sie sich darin verfangen müßten. Dumpfer Fatalismus geht jedenfalls kaum von den Filmen aus.

Altman führt meist in die Filme ein als in etwas Bekanntes oder doch als etwas, das man kennen könnte. Ein Westerner reitet in eine Western-Stadt. Song-Stars kommen am Flughafen an mit dem üblichen Rummel. Detektiv Marlowe tut sich schwer, seiner Katze das richtige Futter zu besorgen. Eine Frau, allein in ihrem großen Haus, wird von Telefonaten heimgesucht, als begänne ein Psycho-Drama oder ein Krimi. Zwei Spieler treffen sich, pokern mit anderen, streiten. Entsprungene Häftlinge suchen in der schönen, idyllischen Mississippi-Landschaft unterzutauchen. – Dann allerdings beginnen die bekannten Genre-Figuren nicht, wie vermutet, mit einer bekannten Genre-Handlung. Sie verwandeln sich stattdessen, ihre Reaktionen werden ungewöhnlich und lassen eine geordnete, übliche Handlung nicht zu. Strukturen und Situationen öffnen sich, andere Personen oder vermeintlich nebensächliche Gegebenheiten werden unverhältnismäßig lange festgehalten. Die Kamera beginnt zu wandern oder zu schweifen. Es entsteht – nicht ohne frühzeitige Irritationen – eine gelöste, oft komisch-heitere Atmosphäre. Die beiden Spieler aus CALIFORNIA SPLIT zeigen sich nach ihrem ersten Niederschlag als sympathische Spaßvögel, auch der Detektiv Marlowe und der Cowboy McCabe sind die etwas lässig abgewandelten, gleichwohl fröhlichen Prototypen ihrer jeweiligen Genres.

NASHVILLE ist in der ersten Stunde das lockere, weit ausholende Porträt einer singenden Stadt. Freilich, je offener und perspektivenreicher sich die meist zahlreichen zum Vergleich angebotenen Personen in ihrer Umgebung zeigen, desto mehr erscheinen sie eingefangen in einer Show- und Fun-Fassade, die in Wahrheit bröckelt und schließlich zerfällt. Ein komplexer dialektischer Prozeß führt dahin, der klarmacht, daß überall Unpassendes aufeinanderstößt, daß die Dinge nicht zusammengehören, daß das herzhaft Ausladende, Image- und Erfolgsuchende nicht korrespondiert mit dem Hang nach Intimität und Identität, der fast allen Personen ebenso eigen ist. Hier entstehen die Risse – nicht nur in den Fassaden, sondern in den Menschen.

Philip Marlowe ist nur der äußerlich souveräne Detektiv, dessen lässiger Habitus (Kettenrauchen etc.) nicht mehr wie bei Bogart Zeichen von Männlichkeit ist, sondern von Unsicherheit. Er liebt seine Katze und glaubt noch altmodisch an Freundschaft. Eben damit gerät er in die Bredouille, sowohl bei der Katze als bei dem Freund. Die Luxuswelt eines alkoholisierten Schriftstellers und seiner mondänen Frau, die Korruptheit von Polizei, Psychiatern, Freunden, Gewohnheitsgangstern haben Marlowe weit hinter sich gelassen. Er erscheint altmodisch angesichts der modernen Welt von Malibu Bay, wo schließlich auch der alternde Schriftsteller nur im Alkohol und dann im Meer untergehen kann.

McCabe, der Killer und Cowboy und parasitäre Bordell-Unternehmer einer schäbigen Westernstadt, wird ebenso von den Ereignissen überholt. Weder der professionellen Dirne Mrs. Miller, die er liebt, noch der mächtigen Bergwerksgesellschaft, die sein Unternehmen kaufen will, ist er gewachsen. Er kennt keine Sprache und keine Gesten für seine Liebe. Sein Showdown, bei dem er neben drei Killern auf der Strecke bleibt, geht unbeachtet im Schnee unter.

Der Glücksspieler Bill, ein Gescheiterter im Privatleben und im Beruf, betreibt das Spiel als Ersatzhandlung und Ersatzleben. Auch sein Liebesversuch bei einem Mädchen scheitert, weil schon das Ausziehen Schwierigkeiten macht. Und das Spielen wird schließlich doch zum selbstzweckhaften Ego-Trip, auch wenn er nach dem Gewinn von 82000 Dollar zum Schluß (vorübergehend?) aufhört.

Der Gangster Bowie liebt das Mädchen Keechie wirklich und kann zeitweise echte (wenn auch durch Gangsterwunden etwas beeinträchtigte) Zärtlichkeiten austauschen. Aber der Drang nach dem vermeintlich letzten Coup, der alles bessert, die Solidarität mit den beiden Mitgangstern treiben ihn weiter – in den Untergang.

Brewster McCloud ist ein ebenso naiver, fast archaischer Erfolgsstreber, ein Ikarus, der auch das intime Glück und Liebe möchte, aber ob seines wahnhaften Höhentriebs im Astrodom von Houston nicht dazu kommt. Übrigens hat auch er damit zu tun, Licht in den spießig-korrupten modernen Dschungel Houstons zu bringen. Er zerstört, was ihn stört.

Die irische Cathryn aus IMAGES, die keinen Vater hatte und als Kind oft in einem Treppenverschlag eingesperrt wurde, ist von so mächtigen Angst- und Wahnbildern besessen, daß jede tatsächliche oder imaginierte Liebesszene für sie zur Schreckensszene wird, zu Kampf und Vergewaltigung mit austauschbaren,

wechselnden Liebhabern. Sie hat keinerlei Halt, sieht keine
Konturen, für sie ist nicht nur die Umwelt gespalten, sie wird
sich selbst zur Doppelgängerin.

Haven Hamilton und Linnea Reese sind zwei der 24 Prototypen aus NASHVILLE, Haven, der Middle-West-Demagoge des
Trivialsongs mit chauvinistischen Beiklängen (»We must do
something right to last 200 years«), der in seinem clownesken,
sternenübersäten Hemd insgeheim davon träumt, Gouverneur
von Tennessee zu werden, und Linnea, die Hausfrau mit zwei
behinderten Kindern, die die Song-Welt als gefallener Engel
begleitet, als Chorsängerin, Mutter, Missionarin, Sexobjekt,
Liebesgeschädigte. Doppelungen, Spiegelungen, Verkehrungen auch hier, wenngleich auf andere Weise als in IMAGES.

Unterscheidungen in gute Geschädigte und böse Verursacher
gibt es so einfach nicht. Auch die Verursacher sind Mitgeschä-
digte und die Guten sind Mitverursacher. Freilich zeigt Altman
reichlich Showmacher, die skrupelloser und vermeintlich unge-
brochener an der Fassade und ihrem Erfolgsimage bauen als
andere. Sie erscheinen besonders zahlreich als Prototypen der
durchschnittlichen amerikanischen Gesellschaft. Politiker, Polizisten, Sänger, Stars, Werbeleute und Entertainer sind mit
Vorliebe darunter zu finden.

Die Rolle der Stars

Altman hat gern einen Clan von Schauspielern um sich, mit
denen er immer wieder arbeitet, die er viel von sich selbst
improvisierend in die Filme einbringen läßt. Er sagt, sie kenn-
ten meist mehr von ihren Rollen als er selbst. Als kleine, mittlere oder große Stars sind sie ihrerseits Prototypen der Erfolgs-
und Image-Sucht, und sie wissen schon etwas von ihrer prägen-
den Wirkung auf andere, die Zuschauer und Zuhörer. Ihnen ist
die Show berufsmäßig zueigen, und sie haben mitgeholfen, das
sonstige Leben zur Show zu machen. Deshalb können sie auch
helfen, durch ihre frei improvisierenden Zutaten, durch die
Mischung aus vorgegebener Rolle und Eigen-Spiel oder Eigen-
Sein das besonders authentisch zu präsentieren, was Altman
anstrebt: die Doppelbödigkeit des amerikanischen Erfolgsle-
bens, das ohne Show nicht geht und mit der Show zergeht.

Die bekannten Stars Elliott Gould, George Segal, Warren

Beatty, Julie Christie, Susannah York, zuletzt Burt Lancaster und Paul Newman sind ebenso beteiligt wie die weniger bekannten oder zunächst sogar unbekannten René Auberjonois, Shelley Duvall, John Schuck, Bert Remsen, Keith Carradine, Ronee Blakely, Ned Beatty, Bud Cort. In NASHVILLE demonstriert Altman das Gemachte der umjubelten Stars dadurch, daß er sie durch eine mittlere Schauspieler-Garde spielen und sogar die 27 Songs, die sogenannten Hits, durch diese Schauspieler selbst kreieren läßt. Geraldine Chaplin spielt nicht nur die BBC-Reporterin, sie improvisiert die ganze Rolle. Nashville erscheint dadurch um so mehr als künstlich hochgezüchteter Star- und Kunstrummel.

Elliott Gould hat als Detektiv Marlowe und als Spieler Charlie zwei äußerlich verschiedene Rollen. Einmal ist er der verwundbare Verlierer und dann der lässige, geborene Spieler. Aber auch hier erkennt man bei genauem Hinsehen Spiegelbilder ein und desselben Charakters. Shelley Duvall ist einmal die schutz- und liebebedürftige Keechie (in THIEVES LIKE US), dann das ebenso berechnende wie erdgebundene Texasmädchen (in BREWSTER MCCLOUD) und schließlich ein superheißes Groupie auf der ewigen Jagd nach wechselnden männlichen Stars (in NASHVILLE).

In IMAGES sind die Namen der Rollen zugleich Spiegelbild-Namen der Darsteller: Susannah York spielt die Cathryn, während Cathryn Harrison als kleine Susannah auftritt. René Auberjonois spielt den Ehemann Hugh, während Hugh Millais die Rolle des früheren Liebhabers René hat. Cathryn schreibt ein Buch, das identisch ist mit Susannah Yorks eigener phantastischer Poesie »In Search of Unicorns«.

Spiegelbilder

Sind die Schauplätze wie im Brennglas gebündelte und als prismatisch zerlegte Mikrokosmen größerer Zusammenhänge zu sehen, die Personen als gebrochene und verkehrte Prototypen und die Schauspieler als die improvisierenden Spiegelbilder ihrer Rollen, so weiß Altman auch den Bildern selbst mehrere Dimensionen zu geben: konkrete, spiegelbildlich verkehrte und metaphorisch zugespitzte. Beispielhaft ist in IMAGES jene Sequenz, in der Cathryn sich zum erstenmal von ihrem Haus

aus selbst auf der Klippe über einem Wasserfall stehen sieht. Dann schwenkt die Kamera, und sie sieht ihr zweites Ich vom Fuß des Wasserfalls am Haus stehen. Sie wird also gleichzeitig mit ihrer Vergangenheit und ihrer Zukunft konfrontiert – dazwischen, wie von zwei Spiegeln gesehen, die Unendlichkeit der zeitlichen und räumlichen Bilder.

Diese Identität von Raum und Zeit, von Geschichte und Gegenwart, von Ruhe und Bewegung, von Äußerem und Innerem, von Handlung, Parallel- und Gegenhandlung ist es, die Altman immer wieder anstrebt. Das geht oft nur in weiten, vieles umfassenden Panoramabildern und -Sequenzen, dann aber auch in intimsten, fast magisch beleuchteten, wie gemalt wirkenden Innenbildern, die zwar mehr andeuten als offenbaren, aber kennzeichnend für das Imaginative und Atmosphärische der altmanschen Filme sind. BREWSTER MCCLOUD und CALIFORNIA SPLIT leben vom Kontrast zwischen schmutziger oder schreiender Außenwelt und der gelbblauen Künstlichkeit magischer Innenwelt. In IMAGES ist jeweils beides unvermittelt gegenwärtig, die helle Ruhe des Innenraums und sofort die dunkle Bedrohung eines nah gesehenen Raumteils, in dem Interieurs wie Messer, Kameras, Jagdgewehre, Mobiles, Käfige und Puzzle-Spiele zu Metaphern der Angst werden. BREWSTER MCCLOUD zeigt den Kontrast der Riesenkuppel des Astrodoms, der Astroworld in Houston und der mysteriösen Katakomben unter dem Astrodom, in denen Brewster an seinen archaischen Ikarus-Flügeln bastelt. In NASHVILLE gibt es einen bezeichnenden dialektischen Schnitt von Haven Hamiltons schreiender Song-Show zu einem schwarzen Gospel-Chor. In THE LONG GOODBYE sieht Marlowe einen heftigen Streit beim Schriftsteller Wade nicht direkt, sondern gebrochen auf der riesigen Fensterwand der Wohnhalle.

Die dramaturgische Struktur, die nicht nach dem Muster normaler Geschichten verläuft, sondern immer offen ist für alles Hör-, Seh-, Fühl- und Vergleichbare, deshalb oft einem Strom von Bildern, Signalen, Figuren, Tönen (und überall Songs, nicht nur in NASHVILLE) gleichkommt, läßt doch deutliche Markierungen und einen spürbaren Rhythmus erkennen. Schematisiert könnte man sagen, daß die meisten Filme vom einzelnen ausgehen, sich zu einem weiten Panoramablick öffnen, auf vieles einzelne und viele einzelne Personen zurückgehen, dann in einer Art fellinischer Arena (Panoptikum, Spiegel, Pantheon) alles Gebrochene, Verdoppelte, Surreale, Imaginäre zusammenfassen.

Die Methode funktioniert. Sie führt tatsächlich auf bekannte Straßen, die neue (geschichtliche, soziale, politische, psychologische) Dimensionen eröffnen, und auf unbekannte Straßen, die man bisher nicht gegangen ist. Die literarischen Gesamtsichten von James Joyce, Walt Whitman, Dos Passos finden hier vermutlich zum erstenmal ihre wahre filmische Entsprechung. Altmans Spannungsfeld ist freilich noch größer. Es kann die Vorprägungen durch Film, Fernsehen, Radio, Elektronik nicht auslassen. So gehört es zum Beispiel mit ins Spiel von CALIFORNIA SPLIT, Disney-Figuren zu raten, und in LONG GOODBYE werden fortwährend bekannte Stars imitiert (der Wärter vor der Wadeschen Luxusvilla öffnet das Tor nur dem, der bestimmte Schauspieler-Parodien identifiziert). CALIFORNIA SPLIT beginnt mit einem Lehrfilm über das Pokerspiel. Keechie in THIEVES LIKE US hat die Coca-Werbung so verinnerlicht, daß sie wie süchtig nach der Coca-Flasche greift. Das Radio berichtet, kommentiert, erzählt, predigt und wirbt fortlaufend. Die elektronische Tonkulisse beherrscht NASHVILLE. Altman hat zur Realisierung dieser Vielfach-Tonebenen eigene, leicht handhabbare Aufnahmeverfahren entwickelt.

Das Bemühen um simultanes Aufgreifen vieler Tonquellen korrespondiert mit dem Bestreben um Gleichzeitigkeit vieler Bildvorgänge. Altman arbeitet gern mit mehreren Kameras auf einmal, um nicht nur soviel wie möglich von einem Vorgang mitzubekommen, sondern auch mehrere Perspektiven ein und derselben Sache. So erreicht er einen besonders plausiblen Wechsel vom Totalen zum jeweils einzelnen. NASHVILLE war auf diese Weise in der ersten Fassung elf Stunden lang geworden, die dann auf gut zweieinhalb Stunden reduziert werden mußten. Bei RAGTIME denkt er daran, das aufgenommene Material später zu einer zehnteiligen Fernsehserie zu montieren. Lange Einstellungen und oftmals komplizierte Kamerabewegungen in Form innerer Montagen wechseln mit dialektischen (nie hektischen) Schnitt-Montagen.

Es wird der Blick in eine Welt getan, die fast alles gleichzeitig hat und gleichzeitig verfügbar macht und doch auseinanderzulaufen scheint. Weil Gefühle der Menschen, intime Bedürfnisse, individuelle Regungen und kommunikative Bestrebungen der Veräußerlichung und dem Totalitätsdrang nach Erfolg entgegenstehen. An diesem Zwiespalt werden die Menschen offensichtlich krank und geraten außer sich. Auch die Politik ist längst mitbetroffen von der krankmachenden Zerreißprobe solcher Gegenläufigkeit. NASHVILLE zeigt insbesondere (aber zum Beispiel auch BREWSTER MCCLOUD), wohin amerikanische Durchschnittspolitik heute gekommen ist: auf provinzielles Schlager-Niveau.

Altman sagt, die Zuschauer müßten seine Filme für sich beenden, emotionale Antworten darauf finden und Entdeckungen in ihnen machen.[6] Mit dem Erzähler aus Vonneguts *Breakfast of Champions* könnte man sagen, daß Altman nichts daran liegt, Ordnung in ein Chaos zu bringen, sondern Chaos in eine vermeintliche Ordnung.[7] Das ist das Überraschende, oft Düpierende in seinen Filmen, die weder mit den Genres, die sie aufgreifen, noch anderen Vorprägungen oder einem vorgegebenen Bild von (bekannten) Personen in Deckung gebracht werden. Das Puzzle aus heterogenen Partikeln ist für den Zuschauer nicht leicht in ein passendes Bild zu fügen. Aber mit Entdeckerfreude und Phantasie macht man vielleicht neues aus in der Vorstellung vom – sofern es das gibt – amerikanischen Volkscharakter und der amerikanischen Volksseele. Altman lotet derzeit beide am tiefsten aus. Er stößt auf viel Talmi und schwankende Bilder und bei allen Bemühungen auch auf Unerklärliches wie den Mord an einer Sängerin in Nashville.

Der Zuschauer wird sich, bevor er zu voreiligen Schlüssen kommt, damit trösten können, daß es wirklich viel Unglaubliches gibt, das trotzdem wahr ist. Dafür zeigen Altman-Filme auch viel Unglaubliches, das wahr ist und erklärlich wird.

1 Dialogue on Film: Robert Altman. in: The American Film Institute, Volume 4, Nr. 5, S. 9.
2 Produktionsnotizen zu THIEVES LIKE US.
3 Dialogue on Film, a. a. O., S. 9.
4 Mel Gussow: Altman goes by the book – his way. in: The New York Times, 24. 2. 76.
5 nach Andrew Sarris: Bottom line Buffalo's Altman, in: Village Voice, 5. 7. 76.
6 Dialogue on Film, a. a. O., S. 2.
7 Robert Benayoun: Altman, USA. in: Positif, Nr. 176, S. 31.

Hal Ashby
Erschütterung zum Leben

Von Hans Günther Pflaum

Von außen betrachtet mag es so aussehen, als habe er als Regisseur eine Blitzkarriere gemacht, doch Hal Ashby, so alt wie Truffaut oder Malle, war – als Cutter – schon lange im Filmhandwerk beschäftigt, ehe er 1969 seinen ersten Spielfilm inszenieren konnte: THE LANDLORD, ein Projekt, das ursprünglich Norman Jewison realisieren sollte, für den Ashby lange Zeit gearbeitet hatte; er war Chefcutter bei *In the Heat of the Night* (In der Hitze der Nacht. 1966) und *The Thomas Crown Affair* (Thomas Crown ist nicht zu fassen. 1967) und bezeichnete Jewison später als seinen großen Förderer.

Schon mit seinem Debutfilm, den er mit einem Budget von 2,4 Millionen Dollar realisieren konnte, zeigte Ashby seine Entschlossenheit, mit forschem Sarkasmus in die Fettnäpfchen der USA zu treten. Da geht es um Rassenprobleme, Militarismus, Korruption, inhumane Besitzverteilung, Getto-Bildungen, um die Übermacht des Matriarchats und neurotisch gewordene Söhne. »That's what comes across the screen: honesty«, so definierte Ashby sein künstlerisches Programm – freilich noch zu einem Zeitpunkt, als er gerade THE LANDLORD fertiggestellt hatte und sein späterer Publikumserfolg mit SHAMPOO (1974) noch in weiter Ferne stand.

THE LANDLORD kam nie in die Kinos der Bundesrepublik; erst zur Zeit des Überraschungserfolgs von HAROLD AND MAUDE (1971) hat das ZDF den Film gekauft. Auch HAROLD AND MAUDE schien ganz und gar nicht in die kommerzielle deutsche Kinolandschaft zu passen; die Paramount als Rechteinhaber wollte den Film hierzulande nicht herausbringen und überließ seine Auswertung der AG Kino. In kleineren Häusern gut untergebracht, wurde HAROLD AND MAUDE ein sensationeller Erfolg. In München beispielsweise haben ihn während einer Laufzeit von 70 Wochen fast 100 000 Zuschauer gesehen. Von solchen Zahlen offensichtlich beeindruckt, änderten auch die Amerikaner ihre Meinung von der Verwertbarkeit der Ashby-

The Landlord

Filme. Warner-Columbia startete, mit über einem Jahr Verspätung, THE LAST DETAIL (1973) in den Kinos der Bundesrepublik, doch ohne nennenswerten Erfolg. Erst Ashbys vierter Film wurde ein wirklicher Hit, hierzulande ebenso wie in den USA; dabei ist SHAMPOO keinesfalls die gelungenste unter den Arbeiten Ashbys – aber die marktkonformste.

Mit Ausnahme von SHAMPOO sind Ashbys Geschichten weit entfernt von dem, was heute im internationalen Kino gängig ist. Die Qualität seiner Arbeiten hängt (vorläufig) sicher mehr als bei vielen seiner Kollegen von der Qualität des vorgegebenen Materials ab: von Drehbuch, Darstellern und Kamera. Ashby ist kein Regisseur, der, wie Ford oder Hitchcock, auch aus einem schwachen Szenarium noch einen starken Film entwikkeln könnte.

Das Land, wo die Neurosen blühn

In THE LANDLORD entschließt sich ein verwöhnter Millionärssohn im Alter von 29 Jahren, dem protzigen Elternhaus und seinem Terror zu entfliehen; seine erste eigene, trotzige Tat

Harold and Maude

84

indes ist schon so absurd, daß von einem reflektierten Schritt in die Freiheit nicht die Rede sein kann: Edgar Enders kauft sich ein Haus – ausgerechnet in einem Neger-Getto. Ebenso aussichtslos ist der Emanzipationsversuch eines jungen Mannes in HAROLD AND MAUDE, der Liebesgeschichte zwischen einem 18-jährigen und einer 80-jährigen. Eine Liebesgeschichte ohne Chancen erzählt Ashby auch in THE LAST DETAIL; in der dem Hollywoodfilm eigenen Tradition der Männerfreundschaften beschreibt Ashby die wachsende Zuneigung zweier Marineinfanteristen zu einem Häftling, den sie von Norfolk nach Portsmouth zu bringen haben. Wie besorgte Eltern kümmern sie sich um ihn und feiern mit ihm die Rituale des Erwachsenwerdens, vom Besäufnis bis zum ersten Besuch im Freudenhaus.

Hatte Ashby in seinen ersten Filmen immer »positive« Hauptfiguren, so erzählt er in SHAMPOO nur noch von jenen, die den Helden seiner früheren Stories das Leben schwer machten. Opfer sind auch diese; da gibt es keine funktionierende menschliche Beziehung mehr, nur noch eine heillose Promiskuität. George, Friseur in Hollywood, schläft mit allen seinen Kundinnen, mit deren Töchtern und Freundinnen. Im Hintergrund steht Nixons Wahl zum Präsidenten im November 1968. SHAMPOO beschreibt die USA als einen einzigen Jahrmarkt der Eitelkeit, in dem nur die Fassaden noch zählen – und auch Ashbys Protagonist ist nichts anderes als ein oberflächlicher Fassadenpfleger.

Ob Edgar Enders, Larry Meadows (THE LAST DETAIL), Harold oder George, sie sind alle Neurotiker, und Ashby geizt in keinem seiner Filme mit Hinweisen auf die Entstehung der Neurosen. Die Familien sind es, besonders die Mütter, die ihre

Söhne auf dem Gewissen haben. Edgar flieht von Long Island nach Harlem – ein Weißer, der sich schließlich einen Mischling nennt, ausgestoßen von seiner Familie, aber von den Farbigen nicht anerkannt. Er wird zum Grenzgänger, zum Heimatlosen, wie der weinerliche, kleptomane Junge in THE LAST DETAIL, der seine Neurosen ebenfalls den Eltern zu verdanken hat, oder wie Harold, der durch Spielereien mit dem Tod etwas über sein Leben und dessen Wert für seine Mutter herauszubekommen versucht. Selbst George, der superpotente Figaro, ist weit davon entfernt, gesund zu sein, auch er leidet an seiner seelischen Impotenz, genießt Frauen wie ein Frühstück.

Ashby zeigt keine abstrakte Gesellschaft, die für die psychischen Defekte seiner Helden verantwortlich wäre, sondern konkrete, faßbare Menschen, die einer anderen, älteren Generation angehören. Die kaputten Ehen und Kinder in seinen Filmen haben offensichtlich ihre Parallelen in Ashbys Biographie. »Ich kam nie klar mit meiner Familie«, gestand er, und »bevor ich 21 war, war ich schon zweimal verheiratet und wieder geschieden.«

Ashbys Skepsis gilt freilich nicht nur den Institutionen Ehe und Familie. Zahlreiche Stellen in seinen Filmen belegen, daß er ein überzeugter Anti-Militarist ist. Harolds Onkel etwa, der aus dem sensiblen Jungen blindwütig und fanatisch einen »richtigen Mann« machen möchte, gehört zu den makabersten Soldaten-Figuren des amerikanischen Kinos überhaupt. Nicht minder drastisch verläuft die Exposition von THE LAST DETAIL: acht Jahre Haft erhält Meadows wegen 40 Dollar, die er aus einer Sammelbüchse geklaut hatte – doch die gehörte der Frau des Chefs, damit pflegte sie ihre Wohltätigkeit zu organisieren. Auch das ist ein Motiv, das bei Ashby häufig anklingt: der selbstgefällige, peinlich eitle Wohltätigkeits-Fimmel des reichen Amerika. Für THE LANDLORD inszenierte er eine widerwärtige Party, Wohltätigkeit wird zum Gesellschaftsspiel, aus dem die Beteiligten sofort aussteigen, wenn echtes, selbstloses Engagement gefragt ist. In SHAMPOO schließlich erzählt ein Millionär von einer Wohltätigkeitsveranstaltung für blinde Kinder: man ließ sie aus dem Haus ins Freie laufen, wo man Matratzen aufgestapelt hatte. Die Kinder seien darübergestürzt, allesamt, und sie hätten sich köstlich amüsiert. In SHAMPOO übrigens scheint es keinen einzigen Menschen mehr zu geben, von dem man annehmen müßte, Ashby könnte sein Freund sein.

Der Weg ins Leben

Die Fluchtbewegungen aus dem Elternhaus führen Ashbys Helden schnurstracks in die Heimatlosigkeit, alle erscheinen sie obdachlos: Edgar (THE LANDLORD), der plötzlich zwischen zwei Fronten steht, Harold, der vor seiner alptraumhaften Mutter auf Friedhöfen Zuflucht sucht, und seine Freundin Maude, die bezeichnenderweise in einem Eisenbahnwaggon haust, oder die drei Soldaten von der US-Navy auf dem Weg nach Portsmouth in THE LAST DETAIL, und selbst George in SHAMPOO, den man vorwiegend in den Wohnungen anderer oder auf seinem Motorrad sieht – sie sind durchwegs unstete Typen, immer unterwegs, aber ohne Vorstellung vom Ziel.

Ashbys Filme beginnen in Innenräumen und enden im Freien, unsichere und vor allem ungeschützte Menschen zurücklassend. In THE LAST DETAIL mutmaßt der Marineinfanterist Buddusky über seinen Gefangenen: vielleicht will der gern in den Knast, denn da drinnen ist er sicherer. Bezeichnenderweise endet der Film noch nicht in dem Moment, als sich hinter Meadows die Gefängnistüren schließen; Ashby zeigt seine zwei Begleiter, die ratlos eine Straße entlang gehen und sich bewußt werden, wie schwierig es nun ist, mit dieser Erfahrung weiter in der Navy zu arbeiten. Am Ende von Ashbys Filmen sieht man Menschen, die wenigstens soweit gekommen sind, daß sie ihre eigene Isolation erkennen können und in der Lage sind, über den Verlust einer menschlichen Beziehung Schmerz zu empfinden. Ihre Bewegung führt von drinnen nach draußen, von der eigenen, bewußtlosen Egozentrik zu Möglichkeiten der Kommunikation und zur Bereitschaft, Verantwortung zu übernehmen. Die Erfahrung der Einsamkeit ist Grundlage für deren Überwindung. Da steht Edgar Enders mit seinem Kind auf der Straße, ratlos, aber bereit, sich der Verantwortung zu stellen. Harold schlendert allein über die Klippen am Meer, zum erstenmal hätte er durch den Freitod Maudes ein Motiv, sich selbst zu töten – doch genau in dem Moment beginnt er zu leben. Das Märchenmotiv kehrt sich um: die Hexe erlöst den verwunschenen Prinzen.

Erschütterung zum Leben – das ist ein Grundmotiv in Ashbys Filmen, selbst noch in SHAMPOO, wenn George am Ende die Abreise einer Frau beobachtet, der er kurz vorher einen Heiratsantrag gestellt hat. Die Erfahrung der Einsamkeit bedeutet schließlich auch, daß man das Gegenteil begriffen hat, den Sinn und die Möglichkeiten menschlicher Bindung.

»Die Sprache reicht zur Verständigung nicht aus« – Ashby nimmt Brecht beim Wort: kaum ein anderer Filmregisseur der Gegenwart vertraut so sehr der Gestik seiner Figuren; Körperhaltungen drücken bei Ashby nicht weniger aus als die Dialoge. Mitunter entsteht dadurch eine sehr sorgfältig aufgebaute dialektische Spannung. Buddusky in THE LAST DETAIL spielt auf der verbalen Ebene den starken Mann, aber diese Attitüde wird durch viele seiner Bewegungen, vor allem durch die keineswegs souveräne Art, zu gehen, immer wieder energisch in Frage gestellt. Selbst Harolds fingierte Selbstmorde (HAROLD AND MAUDE) sind noch verzweifelte Versuche, sich durch den Körper der Umwelt mitzuteilen – entsprechend spektakulär wählt

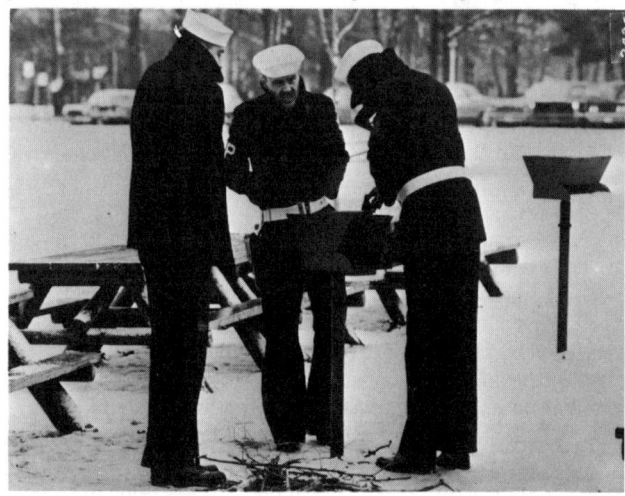

The Last Detail

er auch seine »Todesarten« aus. Und der Hollywood-Friseur George verrät mit jeder seiner Bewegung, wo bei ihm der eigentliche Lebensnerv sitzt; einmal hat er einen Föhn in der Hand, läßt ihn sinken, blickt in den Spiegel, hält für einen Moment inne und betrachtet sich – und man weiß nicht, ob er selbst die Phallus-Symbolik erkennt.

An einigen Stellen konkretisiert Ashby die Mitteilungsfähigkeit des Körpers noch stärker und läßt fest kodierte Botschaf-

ten übermitteln: etwa mit der mechanisch salutierenden Arm-
prothese, mit der Harolds militaristischer Onkel so zackig ope-
riert, oder durch das Winkeralphabet, das Buddusky seinem
Gefangenen Meadows beizubringen versucht – und dieser ver-
abschiedet sich mit den neu gelernten Zeichen später vor seinem Fluchtversuch.

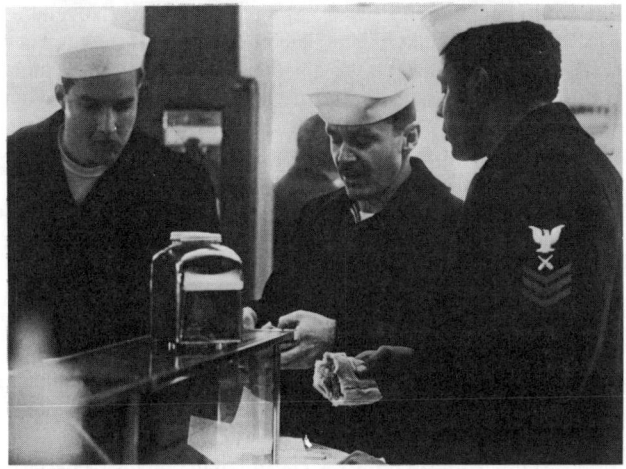

The Last Detail

Geschichten aus dem Niemandsland

Auf den ersten Blick sind Ashbys Filme viel zu verschieden und
eigenwillig, als daß sich da ein spezifischer Stil oder eine unver-
wechselbare Handschrift feststellen lassen könnten. Dennoch
deutet sich eine durchgehende Tonart an, ein gewisser »touch
of humour«; Ashby selbst sprach von seiner Vorliebe für
»laughter in a dead end situation«, alle seine Späße weisen
Spuren bitterer Erfahrung und Verzweiflung auf. Zumindest in
den ersten drei Filmen bringt er es fertig, jede Komik freizuhal-
ten von bloßer Schadenfreude; gleichzeitig stellt er immer wieder ein irritierend unklares Einverständnis zwischen seinen
Protagonisten und dem Zuschauer her. Bud Cort als Harold
läßt er sogar mehrfach verstohlen in die Kamera lächeln.
Während Ashbys Kollegen ihre Kritik an den USA mit Vorliebe in Vergangenheitsform erzählen und sie mit historischem

Kolorit der Vermarktbarkeit öffnen und sich der Analogiefreu-
digkeit der Zuschauer anbiedern, bleibt Ashby in der Gegenwart, erzählt direkt und unverblümt. Allerdings verfährt er nie
sehr konkret bei der örtlichen und zeitlichen Fixierung seiner
Geschichten; sie wirken alle etwas zeit- und geschichtslos – am
störendsten vielleicht sogar da, wo Ashby besonders konkret
sein wollte, in SHAMPOO, dessen Story jenen Tag im November
1968 zum Mittelpunkt hat, an dem Nixon zum Präsidenten der
USA gewählt wurde – eine Wahl, der das Debakel von Watergate folgen sollte, mit dem Amerikas Kursverfall auch vom
überzeugtesten Patrioten nicht mehr übersehen werden
konnte. Diese historische Fixierung stellt Ashby mit den denk-
bar billigsten Mitteln her: er läßt die Wahl im Dialog anspre-
chen und bringt das Ereignis über ein laufendes Fernsehgerät
im Hintergrund einiger Einstellungen unter. Vom wirklichen
Klima jener Zeit wird dadurch nichts vermittelt.

Ashbys Geschichten funktionieren dann am besten, wenn sie in
ein geschichtsloses Niemandsland plaziert werden und allenfalls geografisch die Möglichkeit zur Fixierung andeuten. Das
wird am deutlichsten sichtbar in HAROLD AND MAUDE, obgleich
gerade hier wieder Anspielungen und Verweise auf eine konkrete Vergangenheit angebracht wurden (etwa die im Arm
Maudes eintätowierte Zahl, die Harold sieht und nicht begreift;
es muß die Registrationsnummer aus einem Konzentrationsla-
ger sein). THE LANDLORD spielt offensichtlich in Long Island und
Harlem – aber auch hier sind die Orte kaum präsent, sie ließen
sich austauschen, ohne daß es dem Film schaden müßte. In
SHAMPOO schließlich wirkt die Verbindung zwischen privatem
Vordergrund und politischem Hintergrund bis zuletzt aufge-
setzt; zwischen den beiden Ebenen besteht keine mehr als
zufällige Verbindung. Auch die Figuren in Ashbys Filmen sind
historisch kaum fixierbar, und man sucht vergeblich eine unmit-
telbare Beziehung (wie etwa im Western oder im Gangsterfilm)
zwischen den Charakteren und den Landschaften. Ashbys Helden, fremd in Raum und Zeit, werden vielmehr determiniert
von ihren zwischenmenschlichen Erfahrungen, von Elternhaus
und Familie, von ihrer sozialen Herkunft; und Ashbys Schauplätze meinen die USA der Gegenwart schlechthin, Villen und
Slums, Bahnhöfe und Friedhöfe, Bars und Parks.

Wenn Ashby nach seinen bisherigen Arbeiten auch kaum er-
warten läßt, daß er den Film um wichtige Innovationen berei-

COLUMBIA FILM zeigt
WARREN BEATTY
JULIE CHRISTIE GOLDIE HAWN in
SHAMPOO
Produziert von WARREN BEATTY, Regie: HAL ASHBY
Im Verleih der WARNER-COLUMBIA

chern wird, so widersetzt er sich doch deutlich den Stereotypen
des zeitgenössischen Kommerzfilms. Geradezu außergewöhn-
lich ist sein Scharfblick für psychosomatische Zusammenhänge.
Deshalb wohl hält er seine Figuren ständig in Bewegung, und
die Kamera hat sich diesen Bewegungen anzupassen, notfalls
auch in komplizierteren Plansequenzen; der Zuschauer regi-
striert das kaum, so konsequent ordnet Ashby Kamerafahrten
und Schwenks seinen Darstellern und ihren Wahrnehmungen
unter. Richtige Totalen, weit sich öffnende Szenerien, Bilder,
die Distanz zwischen den Personen und dem »Erzähler« herstellen, sind in Ashbys Filmen selten – dann aber um so intensiver. In HAROLD AND MAUDE berichtet Maude von ihrer Vorliebe
für alles Wachstum, und eine der nächsten Einstellungen ist
dann eine ganz langsam sich weitende Totale von einem Solda-
tenfriedhof: er gleicht einem Feld, auf dem in Reih und Glied
Grabsteine wachsen. Ähnlich funktioniert in THE LAST DETAIL
jener langsame Schwenk über die drei Marineinfanteristen, die
sich in einem verschneiten Park Würstchen braten: schwarze
Uniformen, das Graubraun der Bäume, die frierenden Männer,
die wissen, daß ihre Reise bald zu Ende ist – ganz behutsam und
weich schwenkt die Kamera diese Szene ab, darüber liegt eine
Musik von einer überraschend friedlichen, fast feierlichen Me-
lancholie, und einen Moment lang sind die Figuren ganz still, als
fürchteten sie sich vor der Entweihung des Augenblicks, die

früh genug kommt – weil keine Brötchen da sind, um hot dogs zu machen. Die Szene ist typisch für Ashby: gefühlsbetonte Momente hebt er immer wieder ironisch auf; er versteht es, zwischen grimmigem Ernst und angedeutetem Pathos, zwischen Satire und Tragödie auszubalancieren; immer wieder scheint eine neue Sequenz die vorausgehende zu relativieren – jedoch nie ganz zu verleugnen.

Man sieht es den Filmen von Ashby an, daß ihr Regisseur lange als Cutter gearbeitet hatte. Während er in THE LANDLORD noch nicht ganz auf einige überflüssige Kür-Nummern vom Schneidetisch verzichten kann, entwickelt er seit HAROLD AND MAUDE eine sehr ökonomisch funktionierende elliptische Erzählweise. Er spielt eine Szene an, bis er sicher sein kann, daß der Zuschauer begriffen hat und sie selbst, mit seinen eigenen Erfahrungen, fortzusetzen in der Lage ist. Dazu wird parallel ein zweiter Handlungsstrang montiert, ebenfalls in Form einer kleinen Exposition, an deren Ende wieder zu der ersten Szene zurückgeschnitten und kurz, wie zur Bestätigung, das Ergebnis angedeutet wird. Höchst virtuos wird dieses Montageprinzip in SHAMPOO gehandhabt, besonders bei jener schrecklichen Party, die schließlich zur Auflösung der ganzen Geschichte führt.

Anfangs sehr aufdringlich, doch allmählich immer zurückhaltender und souveräner, läßt Ashby Schnitte mit Farbwechseln korrespondieren. Ganz hart etwa setzt er in THE LANDLORD die Welt, aus der Edgar kommt, gegen seinen Fluchtort ab. Hell und kalt, lichtdurchflutet, aber steril wie Werbespots für Deodorants, so präsentiert sich die Welt der Weißen; warm, schwer und düster, ein Klima der Armseligkeit, aber eben auch Geborgenheit evozierend, sind dagegen die Farben des Negergettos. Viel differenzierter arbeitet er in THE LAST DETAIL: da herrscht in jener Parkszene eine ergreifende Tristesse, drei frierende Typen stehen um ein kleines, dürftiges Feuer, aber es ist ein warmer Lichtpunkt in der kalten Landschaft, ein Moment der Hoffnung. Auf diesen Moment der Hoffnung zielen die ersten drei Filme Ashbys: auf den Augenblick, in dem Menschen zu begreifen beginnen, in dem sie Verantwortung entdecken und akzeptieren. SHAMPOO führt nicht mehr so weit: hier wird nur noch unerbittlich tabula rasa gemacht. SHAMPOO ist die Arbeit eines zynisch gewordenen Individualisten. Ihr kommerzieller Erfolg könnte verheerende Auswirkungen auf die weitere Entwicklung Hal Ashbys haben.

Peter Bogdanovich
Die Zeit der Anpassung

Von Martin Ripkens

Als alle zweifeln, bleibt er gläubig. Als Hollywood Ende der sechziger Jahre den Höhepunkt seiner Krisen erlebt, blickt der junge Bogdanovich unerschüttert zu jenen großen alten Männern auf, die für ihn die Fixsterne des amerikanischen Filmhimmels sind. Er blickt auf Hitchcock, Welles und Lubitsch und vor allem auf Hawks und Ford, die er in zwei Fernsehfeatures liebevoll porträtiert. Der Jünger macht darin seinen Meistern klar, wie gut er sie begriffen hat, mit Ausschnitten aus den meistbewunderten Werken wird nicht gegeizt, und es versteht sich, daß bei soviel Idolatrie für bedrängende Fragen kein Platz ist.

Wie alle wahren Jünger bleibt Bogdanovich bei der Verehrung natürlich nicht stehn. Schon 1967, noch vor den Regisseurporträts, hat er seinen ersten Spielfilm gedreht. Um ihn realisieren zu können, bescheidet er sich mit einem Budget von 125 000 Dollar, und so entsteht TARGETS, der originärste Film des damals 28jährigen. Formale Eckigkeit, thematischer Eigensinn lassen aufhorchen, doch was nach aufsässiger Auseinandersetzung (auch mit dem geliebten Medium) aussieht, wird schon mit THE LAST PICTURE SHOW, dem nächsten Film, wieder ins wehmütige Sichdreinfinden abgewandelt. Der Geschichte vom kaputten Killer Bobby, der mit seinem tödlichen Nein zu den bestehenden Verhältnissen diese Verhältnisse als fragwürdig durchschaubar macht, folgt die Geschichte vom peinvoll pubertierenden Sonny, für den das Erwachsenwerden mit der Einsicht ins unabänderlich Begrenzte der menschlichen Möglichkeiten zusammenfällt. Es führt kein Weg zurück zum Traum der Jugend, zum Aufstand gegen die Welt der Väter, zum Widerspruch gegen die tradierten Normen des amerikanischen Kinos. Doch anders als George Webber in Thomas Wolfes *You Can't Go Home Again* antwortet Peter Bogdanovich auf diese Einsicht. Was den Helden Wolfes empört, wird für Bogdanovich, je länger je mehr, zur Richtschnur seiner Selbstverwirklichung. Er richtet sich ein im Vorgefundenen, er spielt mit dem Gegebenen, und wie die altkluge kleine Addie in PAPER MOON hat auch Bogdanovich sein Kistchen, in dem obenauf das Passepartout für unsre Welt liegt, nämlich Geld; darunter aber liegt das Spielzeug, liegen die Reste von Aufstand, Erinnerung und Traum.

Auf THE LAST PICTURE SHOW, diesem letztlich doch mehr kulinarischen als kritischen Abschied vom Traum der Jugend, folgen Filme die allemal mit Witz oder Wehmut oder auch gleich kräftig mit beidem gewürzt sind, und scheinbar ganz nebenbei produziert Bogdanovich auch noch Schallplatten und schreibt für Zeitungen. Er gewöhnt sich an Plaza-Suiten, Lincoln-Limousinen und teure Zigarren, und seine Bewunderer (jene zumeist, die einst er bewunderte) nennen ihn »the hope of a dying industry«. Sein Aufstieg scheint unaufhaltsam, und selbst der Umstand, daß sein letzter Film, das Musical AT LONG LAST LOVE, trotz eines Einsatzes von 6 Millionen Dollar zum Flop wird, bringt seinen Stern nicht zum Sinken.

»Two birds with one stone«

All das kommt natürlich nicht von ungefähr. Bogdanovich, jugoslawischer Abstammung und 1939 in New York geboren, hat seinen amerikanischen Traum eben niemals nur geträumt, sondern schon sehr früh und zäh zu leben versucht. Mit 15 Jahren schwänzt er die Turnstunden und nimmt Schauspielunterricht bei Stella Adler. Gleichzeitig schreibt er für Schülerzeitungen Kritiken über Theater und Film. Um auch ältere Filme sehen zu können und um sie möglichst umsonst sehen zu können, schlägt er dem Besitzer eines Studio-Kinos vor, für ihn hektografierte Einführungen zu schreiben. Dem Kinobesitzer gefällt die Idee, die Sache läßt sich gut an, und bald verlangt Bogdanovich für jede Einführung 5 Cents. »I'm always trying to kill at least two birds with one stone«, schreibt er dazu, und die Geschichte ist typisch für ihn.

Gerade zwanzig, treibt er genügend Geld auf, um eine eigene Off-Broadway-Produktion starten zu können. Es ist Clifford Odets' *The Big Knife,* jene sarkastische Hollywood-Story, die Robert Aldrich schon 1955 fürs Kino adaptiert hatte. Und zur gleichen Zeit arbeitet Bogdanovich sich mit seinen Filmkritiken in die Zeitschriften »Frontier«, »Film Culture« und »The Village Voice« vor. Immer hat er die Nase im Wind, und als die Paramount 1962 zum Start von Howard Hawks' *Hatari* eine große Werbekampagne plant, sieht er seine Chance. Er ruft den Publicityman der Paramount an und fragt ihn, ob er die Unkosten zahle, falls das Museum of Modern Art bereit sei, anläßlich der Premiere von *Hatari* eine Hawks-Retrospektive zu bringen. Und Dick Griffith, den Leiter der Filmabteilung des Museum of Modern Art, fragt er dann, ob er eine Retrospektive von Hawks-Filmen machen und ihm zugleich eine Monographie in Auftrag geben wolle, falls die Paramount dafür zahle. Die Nummer läuft zur Zufriedenheit aller, und ein Jahr später, anläßlich der Premiere von Hitchcocks *The Birds,* wiederholt Bogdanovich sie. Schon früh hat der damals 23jährige begriffen, daß ein Macher heute tunlichst auch sein eigener Manager ist.

Knowhow statt Engagement

Auch seine erste Begegnung mit Hollywood hat Bogdanovich zu diesem Zeitpunkt schon hinter sich. Allerdings ist diese Begegnung nicht eben erfolgreich verlaufen. Anfang 1961 sucht er in Los Angeles Clifford Odets auf, um die Aufführungsrechte für *Night Music* zu erwerben. Zugleich will er sich bei einigen Filmleuten vorstellen, um entdeckt zu werden oder um wenigstens einige der Traumhelden seiner Kindheit kennenzulernen. Und nicht zuletzt plant er, über seine Reise einen Bericht für »Harper's Magazine« zu schreiben. Aber alles läuft schief. Clifford Odets verweigert ihm die Rechte, niemand ist da, der den Schauspieler und Regisseur Bogdanovich entdecken will, und sein Bericht »Notes on a Maiden Voyage« findet nicht die Gunst von »Harper's Magazine«.

Doch Bogdanovich bleibt am Ball. Er kürzt und überarbeitet seinen Bericht und bringt ihn auch an den Mann, an der Herausgeber von »Esquire« nämlich. Mit dem Auftrag in der Tasche, auch weiterhin für »Esquire« zu schreiben, kauft er sich einen alten Ford und siedelt nach L. A. über. »It was the beginning of many good things for me«, schreibt er darüber in der Einleitung zu seinem Buch *Pieces of Time* (Delta Books, Dell Publishing, 1974), das eine Auswahl jener Beiträge ent-

hält, die er für »Esquire« geschrieben hat. Liest man die einzelnen Beiträge dieses Buches, so gewinnt man den Eindruck, daß
der Schreiber Bogdanovich auf verblüffende Art mit dem Filmemacher Bogdanovich identisch ist, ja, daß er als Schreiber
Meinungen über ihn als Filmemacher bestätigt, die man vielleicht gerne als Vorurteil abgewehrt hätte. Es formt sich nämlich unterm Lesen die Vorstellung von einem Jäger und Samm-
ler, der mit Besessenheit Bilder und Informationen speichert –
er soll über 45 000 der etwa 60 000 Hollywood-Filme gesehen
haben –, um sie bei Bedarf mit dramaturgischem know-how
und viel Gefühl zu verwerten.

Der Gegenstand der Untersuchung ist ihm meist auch ein Gegenstand der Verehrung, dem er sich oft bis zur Selbstaufgabe
anverwandelt, zumindest will er in jedem Fall die Sympathie
derer auf sich ziehen, über die er berichtet. Das spricht nicht nur
aus seinen minutiösen Reportagen über die Filmhelden seiner
Kindheit, das wird auch deutlich, wenn er über eine Einladung
bei Richard Nixon berichtet (»I wasn't endorsing anyone«)
oder über eine zufällige Begegnung mit der Dietrich. Nixon wie
auch die Dietrich zeigen sich zunächst gleichgültig ihm gegenüber, er muß sich erst einprägsam vorstellen, um diese Barriere
des Desinteresses zu durchbrechen, aber natürlich schafft er
das, und so endet der Bericht über die Begegnung mit dem
Ex-Präsidenten gar wie ein showdown zwischen zwei befreun-
deten Western-Helden: »I haven't won over, but it's been a nice
party.« Über Politik fällt kein Wort, alles bleibt im Psychologi-
schen stecken, und so verwundert es nicht, daß aus der Begegnung mit der Dietrich gar eine Art Melodram wird. Man glaubt,
geniale Skizzen eines möglichen Drehbuchs vor sich zu haben,
und wenn Bogdanovich nicht ohne Stolz berichtet, wie er von
Nixon Manschettenknöpfe mit dem Siegel des Präsidenten erhält und von der Dietrich ein handgeschriebenes Goethe-Zitat
(»Ach, Du warst in längst vergangenen Zeiten meine Schwester
oder meine Frau«), dann ist das der Stolz eines Filmemachers,
der weiß, wie man dramatische Akzente setzt.

Doch die kürzeste Brücke zu den Filmen Bogdanovichs schlägt
wohl sein Aufsatz über den frühverstorbenen Preston Sturges.
Hier spiegelt sich Bogdanovich in einem Talent, das unter allen,
die Hollywood prägten, dem seinen wohl am nächsten kommt.
Denn Sturges verstand sich ebenso selbstverständlich als Sze-
narist wie als Inszenator, und er fühlte sich in allen Filmgenres

gleichermaßen zuhause. Im Porträt von Sturges wird auch offenbar, daß Bogdanovichs immer wieder betonte Bewunderung für den total versatilen Künstler zusammengeht mit einer deutlichen Geringschätzung aller Originalität. »I'm afraid its largely a twentieth-century critical fashion to value originality as the main criterion of a work of art«, schreibt er. Aus einem solchen Satz mag zunächst nur das Mißtrauen des Handwerkers sprechen, der nicht Innovationen anstrebt, sondern in der Wiederholbarkeit des Überlieferten die höchste Kunst sieht; dennoch bleibt zu fragen, inwieweit sich hier ein Regisseur in der Absicht, Markenartikel zu produzieren, selbst zu einem Marktarfikel reduziert.

Ritornell und Ikebana

»It's still the same old story«, singt Barbra Streisand recht programmatisch in WHAT'S UP DOC?, und Bogdanovich will uns damit wohl bedeuten, daß er eigentlich nur Versatzstücke versetzt, etwas von Dur in Moll transponiert; aber, um im Lied zu bleiben, »the fundamental things« sind längst gesagt, gesungen und gefilmt. Da wird Film denn gleichsam als eine Kunst des Ritornells begriffen oder als eine Art Ikebana, und es zählt nicht mehr das persönliche Engagement, sondern die gewiefte Beherrschung der unterschiedlichen Genres. Folgerichtig erfahren wir, daß Bogdanovich uns auch längst seinen Western »Streets of Laredo« beschert hätte, wäre da nicht die Weigerung von John Wayne. Nun wäre die letzte Konsequenz einer solchen Haltung ein Kino der leeren Formelhaftigkeit, und in der Tat gibt es Kritiker, die dies dem jüngsten Film Bogdanovichs nachsagen, AT LONG LAST LOVE. Feststeht, daß er wirklich in der Form von Film zu Film gefälliger, in der Sache ausweichender geworden ist. Das wird umso deutlicher, da er keineswegs ganz auf Konfliktstoffe verzichtet, ja, in DAISY MILLER greift er sogar wieder nach einem Thema von hoher Relevanz. Er erzählt die Geschichte eines Nichtangepaßten in einer angepaßten Welt, doch aus der naiv-aufsässigen Daisy des Henry James ist ein Gänschen geworden, und an die Stelle der oft schroffen Erzählweise in TARGETS tritt hier ein sattes Schwelgen in Kostümen und Dekor. Die eigentliche Auseinandersetzung geht in Seufzern und Getändel unter. Ein Satz aus der Erzählung von James trifft ziemlich genau das Klima dieses Films der halbherzigen Kühnheiten, und was James da über den verunsicherten Liebhaber Daisys sagt, kommt der Haltung Bogdanovichs durchaus nahe. »Er fragte sich«, heißt es bei James, »ob er wohl zu weit gegangen sei, beschloß aber, statt sich zurückzuziehen, einen galanten Angriff zu wagen.«

Von der Auflehnung zur Anpassung, von der offenen Wut zur versteckten Wehmut führt der Weg dieses Filmemachers, der so perfekt zu inszenieren versteht und doch zugleich zaudert, wenn es darum geht, seinen selbstgewählten Themen wirklich kritisch auf den Leib zu rücken. TARGETS, sein Erstling, scheint mir in diesem Sinne denn auch immer noch sein zupackendster

Targets

Film, und zwar nicht trotz, sondern wegen seiner Disparatheit und einer gewissen Grobschlächtigkeit. Horror-Star Byron Orlok alias Boris Karloff weigert sich konsequent, noch einen weiteren Film zu drehn, und stolz spricht er seinen Schlüsselsatz: »Meine Art von Schrecken ist heute nicht mehr schrecklich.« Nur mit Mühe ist er zu bewegen, wenigstens noch der Premiere seines Films »The Terror« beizuwohnen. Und in eben dieses Drive-in-Kino hat sich Bobby geflüchtet, der Amokläufer, der sein braves Angestelltendasein abgestreift hat, um sich als Todesschütze zu realisieren. Hier nun berühren sich die beiden Ebenen, die Abdankung einer mythischen Figur, die zugleich die Abdankung eines Genres bedeutet, und der Auf-

Targets

bruch zu einem neuen Realismus, der die Verzweiflungstaten entfesselter Kleinbürger zu beschreiben versucht, konkret inspiriert übrigens vom Amoklauf des texanischen Studenten Charles Whitman, der 1966, scheinbar unmotiviert, vierzehn Menschen erschoß. Mit einem brillanten, wenngleich keineswegs zwingenden Einfall siegt der Mythos noch ein letztes Mal über die Realität, wenn Orlok-Karloff sich dem verwirrten Bobby im Wortsinne als Doppelgänger nähert. Von der einen Seite kommt er als Leinwandbild auf ihn zu, von der anderen in Person, und wie unter einem Zauber erstarrt Bobby, läßt sich ohrfeigen und abführen. Eine Totale des ausgestorbenen Drive-in-Kinos im Morgengrauen beendet den Film, eine Einstellung, die allzu trostlos ist, um als Reverenz vor dem Kino mißverstanden zu werden.

The Last Picture Show

Die Amalgamierung der beiden Ebenen ist mißlungen, ja, sie wird zum Teil bewußt verhindert. Als Schlüsselszene darf man verstehen, wenn Bobby von jenseits der Leinwand auf die Kinobesucher zu schießen beginnt, die monadenhaft eingekastelt in ihren Autos sitzen und sich dem Genuß des Leinwandhorros hingeben. »Macht doch die Fenster auf«, schreit jemand mehrmals. »Macht doch die Fenster auf, da schießt einer.« Film und Leben zersetzen sich wechselseits, erweisen gerade im Zusammenprall ihre Brüchigkeit, und die scheinbar lieblos und flüchtig fotografierten Bilder aus dem Kleinbürgeralltag bestechen durch eine Unmittelbarkeit, die Bogdanovichs nächster Film schon nicht mehr kennt. Hier, in ihrer postkartenbunten Schäbigkeit, erscheinen Wohnungen und Straßen noch nackt und grau, während die nostalgische Schwarzweißmalerei von THE LAST PICTURE SHOW und PAPER MOON alles im Lack elegischer Vergangenheitsbeschwörung strahlen läßt. Und Bobby, der eigentliche Held dieses kontradiktorischen Films, hat noch nichts zu tun mit den tragischen oder tragikomischen Figuren der kommenden Filme. Bobby ist kaputt, und es ist undenkbar, daß er nicht schon immer kaputt war oder einmal nicht mehr kaputt sein könnte. Für ihn gibt es keinen Kirchen-Himmel und keinen Kino-Himmel, und kein Zuschauer kann hier die Süße des

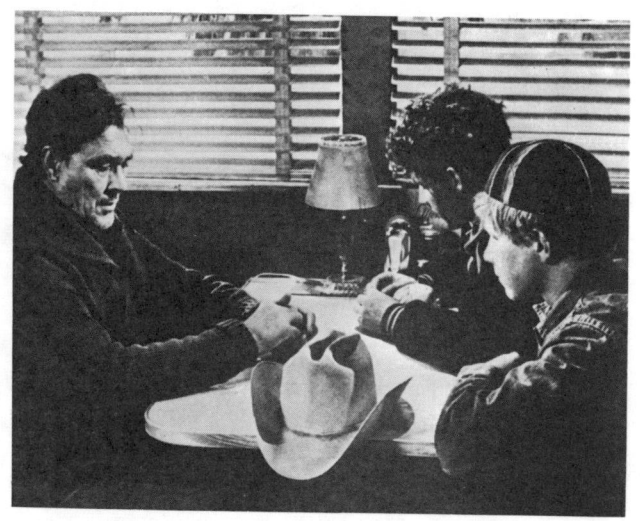

Mitleids schmecken. Die B-Picture-Qualität triumphiert, der Star und die Tragödie treten ab.

Brennt Bobby noch durch und brandmarkt so mit der eigenen Zerstörung das gesellschaftlich Zerstörerische, so macht Sonny (THE LAST PICTURE SHOW) nur noch eine Faust in der Tasche. Auch er kann der Anpassung nicht widerstehen, der die Jugendlichen in einer desolaten amerikanischen Kleinstadt des Westens vor dem Ausbruch des Korea-Krieges unterworfen sind. Schon zu Beginn wird durch langsame Schwenks ein Klima schierer Nostalgie beschworen, und beschworen wird auch immer wieder das Untergehen einer patriarchalischen Figur, der Figur des Kinobesitzers Sam der Löwe, der gegen Ende des Films stirbt und nicht nur die jungen Menschen rat- und führer- (und auch kino-)los zurückläßt. Nicht nur irgendeine Kinogeschichte, sondern ein Stück Geschichte des Kinos geht zu Ende, doch THE LAST PICTURE SHOW ist weit davon entfernt, Protest zu artikulieren. Der Film richtet sich ein in einer erstarrten Welt, wie die Jugendlichen das tun; er endet wie er begann, mit einem Blick auf das verwitterte Kino Royal, und nur die Richtung des Schwenks hat sich geändert. Die formale Harmonisierung des Konflikts ist vollkommen.

Siege der Ordnung

Unter der gelackten Lustigkeit von WHAT'S UP, DOC? sieht es im Grunde kaum anders aus. Die Geschichte vom zerstreuten Professor Ryan O'Neal, der mit der widerborstigen Barbra Streisand von einer Patsche in die andre gerät und zum Schluß doch noch klarkommt mit der Liebe und dem Leben, ist weniger ein Plädoyer für Aufstand und Anarchie als eine ins Komische verlagerte Aufforderung, nur ja nicht am endlichen Sieg der bestehenden Ordnung zu zweifeln. Gelacht wird schließlich nicht darüber, daß der Professor willentlich gegen geltende Spielregeln verstößt, sondern darüber, daß er unfähig ist, sie zu erkennen. Es ist bezeichnend für Bogdanovichs Haltung, daß er den Film nicht mit jener turbulenten Gerichtsverhandlung enden läßt, in der für Augenblicke echte Anarchie aufscheint, sondern daß er, wenn auch augenzwinkernd, ein happy end produziert. Wo bei Hawks in *Bringing up Baby,* dem erklärten Vorbild von WHAT'S UP, DOC?, noch das Lebenswerk des Professors, das rekonstruierte Gerippe eines prähistorischen Tieres, polternd zusammenbricht (und damit eben auch ein Teil der Ordnung), wäre es ein Widerspruch gegen sich selbst, wenn Bogdanovich Rekonstruiertes zugrunde gehen ließe. Mehr als an Hawks scheint Bogdanovichs Humor an disneyschen Stehaufmännchen orientiert zu sein, und Barbra Streisand erinnert zuweilen durchaus an Bugs Bunny.

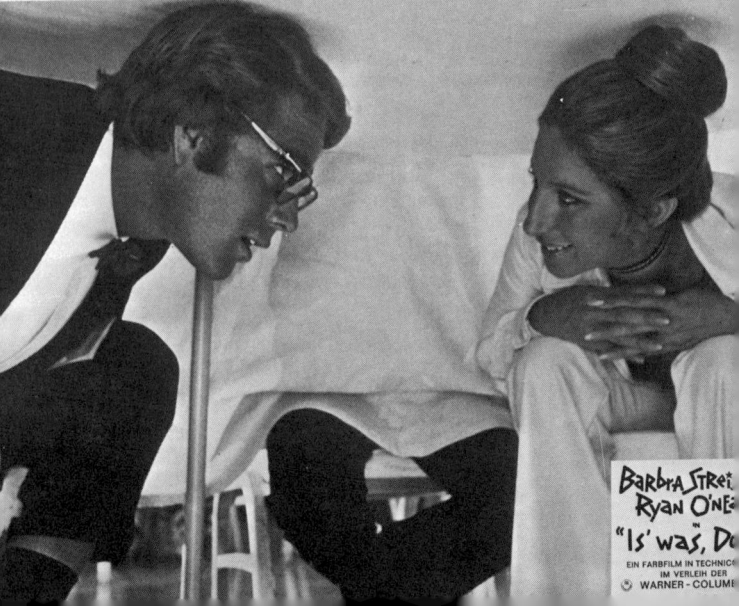

Paper Moon

Nicht Auflehnung, sondern Einübung in die tradierten Normen heißt also die Botschaft, noch wenn sie im Kleid der Komödie daherkommt, selbst wenn die Geschichte scheinbar andersherum verläuft. Das gilt auch für PAPER MOON, die Geschichte von der kleinen Waise Addie, die auf der Beerdigung ihrer

Paper Moon

Mutter den trickreichen Bibelverkäufer Mose kennenlernt, sich ihm unaufgefordert anschließt und mit ihm gemeinsam bald ein Gaunerduo bildet, dem auf eher erschreckende als belustigende Weise die perfekte Verinnerlichung jenes Systems von Betrug und Übervorteilung gelingt, das in den Börsengewittern

Daisy Miller

jener (der dreißiger) Jahre weltweit offenbar wurde. In der zumindest um Zartheit bemühten Zeichnung dieses Verhältnisses liegt gewiß eine Qualität des Films, der ein recht rührendes Plädoyer für Solidarität unter Außenseitern ist. Doch selbst der demonstrativ Chaplins *Modern Times* zitierende Schluß kann kaum vergessen machen, daß die Quelle der Fröhlichkeit trüb ist. Denn Addie verbannt nicht nur ihre Kindheit in eine Zigarrenkiste, sie trickst auch Miss Trixie aus, ihre erotische Rivalin bei Mose, und sie soll dem Zuschauer nicht zuletzt dadurch imponieren, daß sie die Gesetze der Erwachsenenwelt noch

104

besser begriffen hat als Mose. Der Chaplin zitierende Schluß ist, so gesehen, eher irreführend, denn anders als Charlie und Paulette Goddard laufen Mose und Addie nicht vor der Anpassung davon, vielmehr marschieren sie, mehr Komplicen als Kumpane, mitten in sie hinein.

Als sei er selbst erschrocken vor soviel Aufforderung zur Anpassung, wagte sich Bogdanovich mit seinem nächsten Film (DAISY MILLER) an eine Vorlage, die ihm jede Chance zur gründlichen Auseinandersetzung mit dem Generalthema seiner Filmarbeit (und seines Lebens) geboten hätte. Der Film erzählt

At Long Last Love

– nach der 1878 erschienenen Erzählung von Henry James – die Geschichte einer ungebundenen jungen Amerikanerin, die ihren schon in europäischen Konventionen erstarrten Landsmann Frederick Winterbourne schockiert und zugleich ungeheuer fasziniert. Frederick nimmt Daisy immer wieder gegen seine Freunde und vor allem seine Tante in Schutz, selbst als sie ihn bewußt durch einen Flirt mit einem römischen Papagallo provoziert. Zu einer wirklichen Aussprache zwischen Daisy und Frederick kommt es jedoch nicht, und erst als sie vom römischen Fieber dahingerafft wird, erkennt er an ihrem Grab: »Ich habe einen Fehler gemacht. Ich habe zu lange im Ausland gelebt.« Winterbourne, und in ihm inkarniert sich durchaus Bogdanovich selbst, ist nicht mehr in der Lage, zu unterscheiden, wieweit Daisys Verhalten nur Attitüde, wieweit es wirklicher Aufstand gegen nicht nur im Erotischen erstarrte Spielregeln ist. Doch Bogdanovich macht diesen Konflikt nicht transparent; er überläßt seine Heroine Cybill Shepherd vielmehr ungezügelt ihrem Drang zu outrierter Selbstdarstellung, während er selbst sich im Ablichten der teuren Interieurs verliert. Die anfangs mit Applomb gestellte Frage nach Daisys innocence dankt ab zugunsten eleganter Oberflächenbeschreibung, und damit entfällt auch die Herausforderung, die in der Figur der noch nicht total adaptierten Daisy für Frederick alias Bogdanovich liegt: ein Scheitern, das einem künstlerischen Offenbarungseid gleichkommt.

At Long Last Love

Francis Ford Coppola
Die Zerstörung der Persönlichkeit

Von Hans Peter Kochenrath

Francis Ford wurde als zweites von drei Kindern der Familie Coppola geboren. Kurz nach seiner Geburt (in Detroit) zog die Familie nach dem New Yorker Stadtteil Queens um, wo er aufwuchs. Sein Vater Carmine Coppola ist neapolitanischer Abstammung und Konzertflötist, Komponist, Dirigent und gelegentlich Arrangeur für die Radio City Music Hall in New York. Seine Mutter war Filmschauspielerin.

Schon frühzeitig entwickelte Francis Ford Coppola ein Interesse für die Technik des Films: mit einem 8-mm-Projektor und einem Tonbandgerät »synchronisierte« er die elterlichen Filme, die »Der reiche Millionär« oder »Die verlorene Brieftasche« betitelt waren. Als er Ende der vierziger Jahre fast ein Jahr wegen Kinderlähmung im Bett liegen mußte, begann er, mit einem Puppentheater zu spielen. Später erklärte er: »Das Interesse an technischem Spielzeug, am Schauspiel, an Puppen, Theater und Musical trifft sich im Film, der eine Art Spielwiese für alle diese Sachen ist.«

Coppola, heute ein ausgezeichneter Tuba-Spieler, besuchte die New York Military Academy zum Musikunterricht. Nach seinem Examen 1955 studierte er an der Hofstra University Theater. Als Verehrer Sergej Eisensteins lernte er Bühnenausstattung, Beleuchtung, Dramaturgie und Regie. Er wurde Leiter der studentischen Theatergruppe und des Musical Comedy Clubs. Unter seiner Leitung gab es jede Woche eine neue Aufführung, größtenteils von den Studenten inszeniert. Coppola selbst schrieb das Buch und die Liedtexte zu dem Musical *A Delicate Touch.* Er inszenierte mehrere Musicals und eine Aufführung von *Endstation Sehnsucht,* gründete den Cinema Workshop und schrieb Kurzgeschichten für die Studentenzeitung »The Word«. 1959 schloß er das Studium mit dem Bachelor of Arts ab und wechselte zur Filmklasse der University of California in Los Angeles (UCLA). Bereits während seiner Studentenzeit stand für ihn das Ziel fest: ein berühmter Regisseur in Hollywood zu werden, der sich kraft seiner künstlerischen Potenz gegen die Filmindustrie durchsetzt.

Vom Porno zum Produzenten

Neben seinem Studium an der UCLA drehte Coppola 1962 seinen ersten »kommerziellen« Film, den billigen, nur fünfzig Minuten dauernden Porno TONIGHT FOR SURE (Das gibt es nur im Wilden Westen), und er arbeitete als Assistent bei Roger Corman, dem unermüdlichen Produzenten billiger Horrorfilme. Als erstes schrieb er für Corman einen russischen Science-fiction-Film zu einem gewöhnlichen Horrorfilm um: *Battle Beyond the Sun*. Corman war beeindruckt von den Fähigkeiten seines neuen Mitarbeiters und beschäftigte ihn anschließend als Dialogregisseur bei *The Tower of London* (Der Massenmörder von London. 1962), als Tonmeister bei *The Young Racers* (1962) und als Produktionsleiter bei *The Terror* (1964).

Während der Dreharbeiten zu *The Young Racers* in Irland lernte Coppola nicht nur seine spätere Frau Eleanor Neil kennen, er konnte auch seinen ersten »richtigen« Film inszenieren. Corman, ein Meister der Sparsamkeit, war begeistert von seinem Vorschlag, mit der einmal versammelten Mannschaft gleich noch einen zweiten, billigeren Film zu drehen. In drei Tagen schrieb Coppola das Drehbuch zu DEMENTIA 13 (1962), die schauerliche Geschichte eines Axt-Mörders. Der Film erntete allgemein wohlwollende Kritik. Später erinnerte sich Coppola: »Das ist der einzige Film, an dem ich wirklich mit Spaß gearbeitet habe.« (Sight and Sound, Autumn 1972)

An der UCLA gewann Coppola den Samuel Goldwyn Award, einen Preis, der einmal jährlich für das beste Drehbuch an Studenten vergeben wird. Daraufhin warb ihn die Hollywood-Firma Seven Arts mit dem Auftrag an, aus dem Roman *Reflection in a Golden Eye* der Carson McCullers ein Drehbuch zu verfassen (Spiegelbild im goldenen Auge. 1966. Regie: John Huston). Zufrieden mit dem Ergebnis, beschäftigte ihn die Firma in den nächsten Jahren als Autor und Co-Autor zu rund einem Dutzend Filmen, darunter *This Property is Condemned* nach Tennessee Williams (Dieses Mädchen ist für alle. 1966. Regie: Sydney Pollack). Noch während Coppola »Haus-Autor« für Seven Arts war, schrieb er für Twentieth Century-Fox

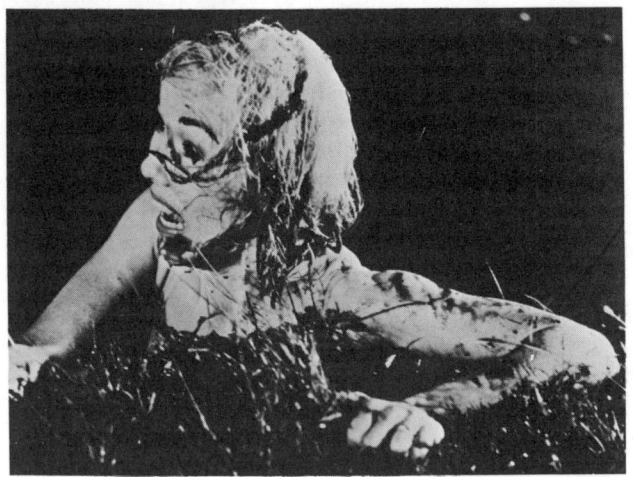

Dementia 13

das Drehbuch zu *Patton* (Patton – Rebell in Uniform. 1969. Regie: Franklin J. Schaffner). Seine Konzeption des amerikanischen Generals als »einen Menschen außerhalb seiner Zeit . . . eine Don Quichotte-Figur« brachte ihm 1970 zusammen mit seinem Co-Autor Edmund H. North den Oscar für das beste Drehbuch ein – der erste in Coppolas Karriere. George C. Scott, der Darsteller des Titelhelden, lehnte dagegen den ihm verliehenen Oscar ab.

Das Originaldrehbuch zu *Is Paris Burning?* (Brennt Paris? 1965. Regie: René Clement), das Coppola zusammen mit Gore Vidal geschrieben hatte, wurde nachträglich von französischen Autoren so verändert, daß die beiden ihre Namen zurückziehen wollten. Noch während der – für Coppola enttäuschenden – Dreharbeiten an diesem Film begann er mit einem neuen Drehbuch: YOU'RE A BIG BOY NOW nach einem Roman von David Benedictus. Diesen Film wollte Coppola unbedingt selbst inszenieren, und tatsächlich konnte Phil Feldman von Seven Arts für das notwendige finanzielle Backing sorgen. Später erzählte Coppola: »Die Art, in der wir vorgingen, war dieselbe, die ich noch heute praktiziere. Ich frage niemanden, ob ich einen Film machen darf. Ich konfrontiere sie einfach mit der Tatsache, daß ich einen Film drehen werde und daß sie klug beraten seien, sich zu beteiligen.« Der Film wurde im Sommer 1966 in Manhattan in zwei Monaten gedreht, während Coppola bei Seven Arts das Budget von 250000 Dollar auf eine Million hochtreiben konnte. Die Kritik nahm den Film sehr gut auf: »Niemals seit Welles noch ein Wunderknabe oder Kubrick ein Kind waren, hat ein junger Amerikaner einen solch originellen, zündenden und ganz einfach lustigen Film wie diesen gedreht«, schrieb »Newsweek« (20.2.1967). YOU'RE A BIG BOY NOW (Big Boy, jetzt wirst Du ein Mann) befriedigte auch die Prüfungskommission der UCLA: Coppola erhielt seinen Master of Arts.

Trotz öffentlicher Erklärungen, den Verlockungen der großen Hollywood-Studios zu widerstehen, akzeptierte Coppola ein Angebot von Warner Brothers, das Musical FINIAN'S RAINBOW (Der goldene Regenbogen. 1967) zu verfilmen. Da das Ergebnis nicht besonders zufriedenstellend ausfiel, schlug Coppola das nächste Regieangebot von Warner Brothers aus und kehrte mit THE RAIN PEOPLE (Liebe niemals einen Fremden. 1968) zur unabhängigen Filmproduktion zurück. Dieser Film festigte endgültig seinen Ruf als Regisseur.

Unzufrieden mit der finanziellen und organisatorischen Kontrolle der großen Hollywood-Studios, gründete Coppola 1969 in einem Lagerhaus in San Francisco ein Produktionszentrum für unabhängige Filmemacher: American Zoetrope, benannt nach einem optischen Spielzeug aus dem vergangenen Jahrhundert. Bereits im ersten Jahr produzierte diese Gesellschaft eine Unmenge Filme – Fernsehfilme, Werbefilme, Lehrfilme, Dokumentarfilme und vor allem Pornos. Bedeutend blieb nur eine Produktion: der Science-fiction-Film *THX-1138* von George Lucas. Trotz der gewaltigen Aktivitäten stürzte das Unternehmen den Gründer in Schulden.

»The wunderkind« und sein Pate

In dieser Situation erreichte ihn das Angebot von Paramount, die Regie für THE GODFATHER (Der Pate) zu übernehmen. Coppola erkannte seine Chance und verfolgte sie mit unglaublicher Hartnäckigkeit. Bereits 1967 hatte er in einem umstrittenen Interview seine Taktik gegenüber der Filmindustrie offengelegt: »In dieser Beziehung richte ich mich ganz nach Hitler. Er hat auch nicht einfach den Staat übernommen, sondern sich zuerst durch das bestehende System durchgearbeitet.« (»Newsweek«, 20. 2. 1967) Ein Jahr später präzisierte er: »Was ich sagen wollte war, daß, solange ich an den Film und das Filmemachen glaube, es keine Rolle spielt, ob ich ein Teil der Hindenburg-Regierung werde, denn die werde ich bald übernehmen. Der Weg, um an die Macht zu gelangen, liegt nicht immer in der bloßen Herausforderung des Establishments, sondern zunächst muß man einen Platz in ihm finden und dann erst das Establishment herausfordern und hintergehen.«

THE GODFATHER bot Coppola die Chance, seine Theorie in die Tat umzusetzen. Von Paramount war der Film als eine mäßig teure (2,5 Millionen Dollar), die üblichen Grenzen des Gangsterfilm-Genres nicht überschreitende Produktion geplant. So war auch das erste Drehbuch von dem Autor Mario Puzo angelegt, dessen Roman bereits in einer Auflage von 14 Millionen Exemplaren um die Welt verkauft war. Doch Coppola wollte mehr. Zusammen mit Puzo schrieb er ein neues Drehbuch. Gegen den Widerstand der Studio-Bosse erkämpfte er sich die Kontrolle über die Besetzung und konnte Marlon Brando als Vito Corleone und Al Pacino als dessen Sohn Michael verpflichten. Die Produktionskosten pokerte er auf 6,2 Millionen Dollar hoch. »Jede Woche wollte man mich einmal hinausschmeißen«, erzählte Coppola später. »Die Sachen, wegen denen man mich feuern wollte, waren genau die, die den Film von jedem anderen unterscheiden.« Doch nicht nur die Filmindustrie hatte er mit diesem Film herausgefordert, auch die Mafia meldete bereits frühzeitig ihre Interessen an. Über die Italian-American Civil Rights League drohte sie gegen den Produzenten Albert S. Ruddy handgreifliche Sabotageakte an. Ruddy einigte sich rasch mit der Mafia, indem er »Berater« akzeptierte, und Coppola beeilte sich zu erklären: »Es geht nicht tatsächlich um die Mafia. Es könnte auch um die Kennedys oder die Rothschilds gehen, um eine Dynastie, die persönliche Untertanentreue von der Familie fordert, die sogar die Verpflichtung dem Staat gegenüber übersteigt.«

Der kommerzielle Erfolg des Films war überwältigend. Über 200 Millionen Dollar hat er eingespielt, an denen Coppola mit 6% beteiligt ist. 1973 gewann der Film drei Oscars: bester Film, bester Darsteller (Marlon Brando), bestes Drehbuch nach einer literarischen Vorlage. Der Kassenerfolg trieb die Aktien von Paramount, die 1970 bei neun Dollar standen, Anfang 1973 auf 33$^{1}/_{4}$ Dollar hoch.

1972 produzierte Coppola den Film *American Graffiti* von George Lucas, dessen riesiger Erfolg sein Vermögen um weitere Millionen vermehrte. Für das American Conservatory Theatre in San Francisco inszenierte er das Theaterstück *Private Lives* von Noel Coward und für die San Francisco Opera Company die US-Premiere der Oper *Besuch einer alten Dame* von Gottfried von Einem.

Im September 1972 gründete er zusammen mit den Regisseuren William Friedkin und Peter Bogdanovich die Produktionsgesellschaft The Directors Company. An ihr sind je zur Hälfte die drei Regisseure und Paramount Pictures Corp. beteiligt, die eine Finanzgarantie von 31,5 Millionen Dollar zur Verfügung stellte. Dafür hat jeder der drei Regisseure sich verpflichten müssen, vier Filme in den nächsten zwölf Jahren zu drehen und über Paramount zu vertreiben. Die ersten Produktionen dieser Gesellschaft sind: *Paper Moon* (1973) von Peter Bogdanovich und *The Bunker Hill Boys* von William Friedkin.

Für The Directors Company drehte Coppola 1973 THE CONVERSATION (Der Dialog), an dessen Drehbuch er seit 1966 gearbeitet hatte. Im selben Jahr schrieb er das Drehbuch zu *The Great Gatsby* (Der große Gatsby. 1973. Regie: Jack Clayton) nach dem Roman von F. Scott Fitzgerald, und ebenfalls 1973 begann er mit den Arbeiten an einem zweiten Film über den Paten: THE GODFATHER, PART II (Der Pate – Teil II. 1974), diesmal auch als sein eigener Produzent. Übereinstimmend akzeptierte die Kritik, daß diese Fortsetzung nicht aus der bloßen Absicht motiviert wurde, den kommerziellen Erfolg des ersten Teils auszubeuten, sondern daß die Fortsetzung den ersten Teil künstlerisch übertrifft. Mit sechs Oscars wurde der Film 1975 geradezu überhäuft: bester Film, beste Regie, beste männliche Nebenrolle (Robert de Niro), beste Filmmusik (Nino Rota und Carmine Coppola), bestes Drehbuch nach einer literarischen Vorlage, beste Ausstattung. – Beide Paten-Filme will Coppola zusammen mit nicht verwendetem Material zu einer siebenteiligen Fernsehserie montieren, wobei, dem ursprünglichen Konzept folgend, die Handlung chronologisch ablaufen soll.

Francis Ford Coppola, »the wunderkind«, der »Film Director as a Superstar«, der »Sultan von San Francisco«, lebt als erfolgreicher Mann in einer 13-Zimmer-Villa auf einem Hügel San Franciscos, von dem er die ganze Bay übersehen kann. Um die Straßenecke besitzt er ein Theater, in dem er Filme vorführen und kleine Theaterstücke aufführen läßt. Sein Geld hat er zum großen Teil in Grundstücken investiert, darunter in Bürohochhäuser im Zentrum San Franciscos. In seinem Bestreben, aus seiner geliebten Stadt ein Kulturzentrum zu schaffen, hat er das San Franciscoer Wochenmagazin »City« aufgekauft und bis heute bereits eineinhalb Millionen Dollar darin investiert. Er ist an dem New Yorker Filmverleih Cinema 5 beteiligt, für den er während des New Yorker Filmfestivals 1975 Werner Herzogs Kaspar-Hauser-Film *Jeder für sich und Gott gegen alle* erworben hat. An diesem Film könne er lernen, so Coppola, wie man Landschaft fotografiere. Mit seinem Privat-Jet eilt er, rastlos wie immer, von einer Unternehmung zur anderen.

Das Vorbild Roger Corman

Die Bedeutung von Francis Ford Coppola für den modernen amerikanischen Film kann nicht hoch genug eingeschätzt werden. Dabei ist seine Tätigkeit als Produzent gleichermaßen wichtig wie die als Regisseur und Drehbuchautor. In dem Augenblick, in dem das alte Studio-System, das Produktionssystem der Major Companys, nicht mehr funktionierte, hat er mit seinen Arbeiten dem amerikanischen Film eine neue Richtung gewiesen.

Als Produzent verfolgt Coppola wie Roger Corman ein Prinzip rastlosen Tätigseins. Pausenlos produziert Corman mit kleinstem Budget seine Western, Gangster-, Rocker- und Horrorfilme, wobei er mit wahrer Besessenheit auf Sparsamkeit bedacht ist. Bei diesem Massenausstoß ist die künstlerische Qualität der Filme unwichtig. Was alleine zählt, ist, ob das Produkt auf dem Filmmarkt handelbar ist und sich möglichst rasch amortisiert. Kommt Qualität zustande, so ist es gut, wenn nicht, ist es kein Unglück. Dieses Produktionssystem gestattete es Corman, junge Talente zu beschäftigen, die bei ihm die Praxis des Filmhandwerks erlernen konnten. Leute wie Peter Fonda, Dennis Hopper, Jack Nicholson, Bruce Dern, Peter Bogdanovich, Monte Hellman und eben auch Francis Ford Coppola erhielten bei Corman ihre erste praxisnahe Chance. So wurde in den 60er Jahren Roger Corman neben dem Fernsehen zum wichtigsten Talentförderer jener Filmleute, die Ende der sechziger und Anfang der siebziger Jahre den neuen amerikanischen Film kreierten, den die Kritik dann New American Movie nannte – in Anlehnung an den Begriff New American Cinema für den amerikanischen Underground-Film.

Mit seinem Produktionszentrum American Zoetrope versuchte Coppola etwas Ähnliches wie Corman. Angefangen vom billigsten Porno wurde hier alles produziert, um jungen Talenten, unter ihnen George Lucas und John Milius, ein weiteres »wunderkind«, Gelegenheit zur praktischen Arbeit zu geben. Wenn dieses Unternehmen wegen finanzieller Schwierigkeiten auch nach kaum zwei Jahren schließen mußte, so ist Coppola dem Vorsatz, junge Talente zu fördern, auch später treu geblieben.

Mit THE RAIN PEOPLE revolutionierte er zudem die Drehtechniken. Der gesamte Film wurde »on location« gedreht, unmittelbar an den Originalschauplätzen, also größtenteils auf der Straße. Dazu hatte Coppola die technische Grundausrüstung verkleinert und in Autobussen installiert, die damit zu beweglichen Studios wurden. Diese »Cinemobile« ermöglichten eine kostensparende, jederzeit mobile Filmproduktion ohne das bis dahin übliche schwere technische Gerät. Dank der »Cinemobile« wurde der amerikanische Film auch technisch von den alten Studios unabhängig.

Trendsetter in Sachen Pop & Protest

Sieht man von den frühen Billigproduktionen ab, hat Francis Ford Coppola bis heute sechs Filme inszeniert, die auf den ersten Blick sehr disparat wirken. BIG BOY und FINIAN'S RAINBOW sind Anfangsarbeiten, die den Regisseur auf der Suche nach einem eigenen Stil zeigen. RAIN PEOPLE und THE CONVERSATION sind bereits voll ausgereifte Werke, beide auf Originaldrehbüchern von Coppola basierend, deren intimer, persönlicher und mitunter fast kammerspielartiger Charakter im Gegensatz zu den aufwendigen und verschwenderischen Inszenierungen der beiden Paten-Filme stehen.

BIG BOY, von dem damals 27jährigen gedreht, erzählt die Geschichte des sympathisch verwirrten 19jährigen Bernard Chanticleer (Peter Kastner), der mit Hilfe einer liebenden Freundin (Elizabeth Hartman) gegen die vertrottelten und exaltierten Eltern (Rip Torn und Geraldine Page) sein eigenes Leben durchsetzt. In einer Nebenrolle debütierte Karen Black, die

You're a Big Boy Now

später zu einem Star des New American Movie wurde. Bereits ein Jahr vor *The Graduate* (Die Reifeprüfung) von Mike Nichols gedreht, stand BIG BOY am Anfang einer ganzen Reihe von amerikanischen Filmen, die sich in schnodderigen Persiflagen für ein frisches, verpoptes Leben der Jugendlichen engagieren und sich über die Erwachsenen als überkanditelte, kranke und neurotische Spießer lustig machen.

Heute wirkt der Film trotz seines Charmes, seiner Gags und seiner rasanten Montage leicht verstaubt. Zu zeitbezogen erscheint das Lebensgefühl der Popjahre und vor allem zu oberflächlich: Händchenhalten im Central Park und auf das Leben scheißen, dahinter steckt eine nicht gerade umwerfende Philosophie. Das scheint auch Coppola selbst gemerkt zu haben: während sich das junge Paar am Ende endgültig trifft, sieht man in der ironischen Schlußeinstellung eine Maschine pausenlos genormte Brezeln formen. Hier klingt, wenn auch noch sehr zaghaft, ein Zentralthema der späteren Coppola-Filme an – die Zerstörung menschlicher Individualität.

Finian's Rainbow

Mit FINIAN'S RAINBOW konnte Coppola an seine Musical-Begeisterung aus der Studentenzeit anknüpfen. Das Stück, eine Mischung aus irischer Folklore, amerikanischem Unternehmungsgeist und Südstaaten-Rassismus, war 1947 auf der Musical-Bühne erfolgreich gewesen. Coppola brachte es ohne wesentliche Veränderungen und Aktualisierungen auf die Leinwand. Doch während 1947 das optimistische Märchen noch funktioniert hatte, in dem mit Hilfe von Geistern und dem guten alten Fred Astaire ein irisches Mädchen (Petula Clark), ein armer Tabakpflanzer (Don Francks), ein ehemaliger Kobold (Tommy Steele) und ein taubstummes Mädchen (Barbara Hancock) gegen kapitalistische Interessen und Rassismus-Hysterie ihr Glück finden, so war die Geschichte zwanzig Jahre später schon ziemlich antiquiert. Außerdem hatte Coppola Schwierigkeiten mit dem Produzenten. Während er in der freien Natur in Kentucky drehen wollte, beharrte Warner Brothers auf Studioaufnahmen – von dem Musical *Camelot* stand noch ein künstlicher Wald im Studio. Überhaupt sparte der Produzent so mit dem Geld, daß der Film fast wie ein Roger-Corman-Cheapie gedreht werden mußte. Zwar hatten Petula Clark und Fred Astaire (seine letzte Rolle als Tänzer) einige gute Nummern, auch war Al Freeman jr. als Erfinder einer neuen Tabakpflanze und als schwarzer Boy ganz lustig, ganz fehlbesetzt war jedoch

116

der langweilige, eckige Don Francks in der Rolle des jugendlichen Liebhabers, und insgesamt brachte der Film nicht den erwarteten Erfolg. Dank der bekannten gefühlvollen, zum großen Teil auf irischen Volksliedern basierenden Musik von Burton Lane (Lieder u. a.: »Look to the Rainbow«, »That Old Devil Moon«, »How Are Things in Glocca Morra?«) war er für Musical-Freunde immerhin eine angenehme Unterhaltung.

Mit seinem nächsten Film, THE RAIN PEOPLE (der deutsche Titel »Liebe niemals einen Fremden« ist unmöglich), erreichte Coppola endlich seinen eigenen Stil und individuelle Qualität, seinen künstlerischen Standard. Der Film basiert auf einer Kurzgeschichte, die er noch auf dem College in der Klasse für kreatives Schreiben verfaßt hatte. Die Handlung setzt dort ein, wo BIG BOY endet. Ohne Vorankündigung verläßt eines Morgens die schwangere Natalie (Shirley Knight) ihren noch schlafenden Mann und fährt mit dem Auto von New York in den Westen. Unterwegs trifft sie auf »Killer« (James Caan), einen durch einen Unfall psychisch geschädigten Ex-Football-Spieler, der in seiner hilflosen Gutmütigkeit mit dem Leben nicht mehr zurechtkommt. So gerät sie, die der Ehe und der Mutterschaft entfliehen wollte, wiederum in eine Situation, die eine soziale Verantwortung von ihr fordert. Und wiederum sträubt sie sich. Sie wirft »Killer« aus dem Auto, nimmt ihn wieder auf, versucht ihn wieder loszuwerden, schnappt sich schließlich vor seinen Augen in Nebraska einen Polizisten (Robert Duvall). Am Ende entladen sich die Konflikte in einer explosionsartigen Katastrophe.

Ungemein feinfühlig zeichnet der Film die seelischen Spannungen der Frau, ihre Flucht vor der Langeweile der mittelständischen Monotonie, ihre Furcht, durch die Geburt des Kindes ihre Unabhängigkeit zu verlieren und Verantwortung übernehmen zu müssen, ihren Versuch, Distanz zu gewinnen. Doch der Klärungsprozeß findet keine innere Lösung, sondern wird durch die äußere Gewaltentladung gestoppt. Schien zu Beginn der Ausbruch aus der Ehe immerhin noch die vage Hoffnung auf eine unbestimmte Freiheit auszudrücken, so zeigt das Ende die totale seelische Verstörung der Frau. Nicht einmal die Hoffnung eines Ausbruchs ist ihr geblieben. Seinen kritischen Pessimismus dem american way of life gegenüber formuliert Coppola mit leisen, nuancenreichen Tönen, die in einer fast musikalischen Weise strukturiert sind. Die Bilder von der Fahrt durch

The Rain People

das Land haben die poetische Sehnsuchtserwartung eines John-Ford-Western. Irritierend, wenn auch durchaus konsequent, dringt wie am Ende von THE CONVERSATION auch am Ende von RAIN PEOPLE als geplanter »Stilbruch« in die Zartheit der Beschreibung explosionsartig die grelle Brutalität als Signal äußerster Gefährdung ein.

War BIG BOY der Trendsetter für die verpopten Jugendfilme, so steht RAIN PEOPLE, nicht zuletzt wegen seiner neuen Aufnahmetechniken, am Anfang der Filmgattung, die für das New American Movie charakteristisch werden sollte: der Road Pictures. Erst ein Jahr später erschien *Easy Rider.*

Lange vor Watergate

Noch intensiver wandte Coppola musikalische Kompositionsformen in THE CONVERSATION an, den er zwischen den beiden GODFATHER-Filmen drehte. Mit dem Drehbuch hatte er bereits 1966 nach der Premiere von BIG BOY, also lange vor Watergate, begonnen. 1969 war ein erster Entwurf fertig. Ursprünglich, so Coppola, sollte dies ein Film werden »über Dinge, die unter unseren Augen geschehen, ohne daß wir sie sehen. Das Mit- und Abhören, das Telefonanzapfen . . . Denke ich heute dar-

The Rain People

über nach, sehe ich ein, daß ich nicht, wie ursprünglich geplant, einen Film über die ›Heimlichkeit‹ gemacht habe, sondern, wie mit THE RAIN PEOPLE, wiederum einen Film über die Verantwortlichkeit.« Gene Hackman spielt den Harry Caul, einen Meister unter den Abhörspezialisten. Für einen privaten Auftraggeber (Robert Duvall) belauscht er mit kompliziertem technischen Gerät in einem belebten Park San Franciscos ein Gespräch zwischen einem Mann (Frederic Forrest) und einer jungen Frau (Cindy Williams). Immer wieder spielt er in seiner Werkstatt das Band ab, um aus den Geräuschen die Stimmen der beiden herauszufiltern. Und aus dem scheinbar harmlosen Dialog vermeint er zunehmend Andeutungen einer Bedrohung und von Gewalt herauszuhören. Er, der noch kurz zuvor in einer Art Beichte jede Verantwortlichkeit für seine Tätigkeit von sich gewiesen hat, beginnt, sich um die Sicherheit des Paares zu sorgen. In panischer Stimmung will er helfen, bis er zu spät merkt, daß er den Dialog gründlich mißverstanden hat: nicht dem Paar, sondern seinem Auftraggeber galt der Anschlag. Am Ende wird Caul selbst abgehört, und als Fachmann weiß er, daß er wehrlos ist. Dem Wahnsinn nahe, sitzt er in seinem durch die Suche nach den Abhörgeräten total demolierten Zimmer.

Abseits der üblichen aktions-orientierten Rollen spielt Gene

Hackman einen äußerst komplizierten Charakter, den Coppola bis in die subtilsten Verästelungen sichtbar macht. Caul, der so meisterhaft die Intimsphäre anderer auszuspionieren versteht, hat in fast schon paranoider Angst seine eigene Intimsphäre mit einem dicken Panzer umgeben. Erst die Beschäftigung mit dem Dialog im Park, den Coppola in regelmäßigen Abständen auch

The Conversation

im Bild durch den ganzen Film hindurch wiederholt und dem er dadurch wie ein Komponist einem musikalischen Thema immer neue Bedeutungen abgewinnt, läßt allmählich diesen Panzer zerbröckeln und die sorgsame Distanz, die Caul zwischen seinem Beruf und seinem Gewissen eingehalten hat, verschwinden.

Eine Reihe irritierender Vorkommnisse deuten sich als Vorwarnungen dieses Zusammenbruchs an. So wird Cauls scheues

The Conversation

Geständnis, dieser intime Versuch einer Selbstrechtfertigung, von einem Kollegen abgehört, was für jenen ein Scherz war, aber Caul zutiefst erschreckt. Wenn Caul sich am weitesten in seinem Wahn, das Paar sei bedroht, gesteigert hat, visualisiert Coppola dessen Angstausbrüche durch optische Ausbrüche aus der strengen Struktur des Films. So zeigt sich der Film identisch mit dem Charakter seines Helden. Das Schlußbild, das Caul in seinem demolierten Zimmer zeigt, wie er in dem Moment äußerster Wehrlosigkeit und Gefährdung zum Saxophon greift und zu spielen beginnt, gehört zu den überzeugendsten Metaphern des modernen Films.

Ein identischer Autor

THE RAIN PEOPLE und THE CONVERSATION sind beide leise, zärtliche und poetische Beschreibungen komplizierter Charaktere, die einer bewußt gewordenen Unverbindlichkeit zu entrinnen versuchen und gleichzeitig die Verbindlichkeit scheuen. Es sind von der Realität geschundene Geschöpfe, psychisch fragil, stets vom Untergang umdroht. Mit diesen subtilen Kammerspielen scheinen die beiden aufwendigen GODFATHER-Filme im ersten Moment kaum etwas gemein zu haben. Doch hinter der vorder-

The Godfather

gründigen Fassade des Spektakulären verweisen die Details auf einen identischen Autor.

THE GODFATHER berichtet vom Aufstieg, der Macht und Behauptung der Mafia-Familie Corleone in den USA. Im Mittelpunkt des ersten Teils steht Don Vito Corleone (Marlon Brando), der im Stil eines feudalistischen sizilianischen Patriarchen die »Familie« regiert. Seine Weigerung, ins Rauschgiftgeschäft einzusteigen, führt zum Krieg mit den anderen »großen Familien«, dessen Opfer Vito selbst wird. Am Ende können die Corleones ihre Macht behaupten. Ihr neuer Chef ist Vitos Sohn Michael (Al Pacino), der Intellektuelle, dem ursprünglich eine mehr bürgerliche Existenz vorgeschwebt hatte. Der zweite Teil

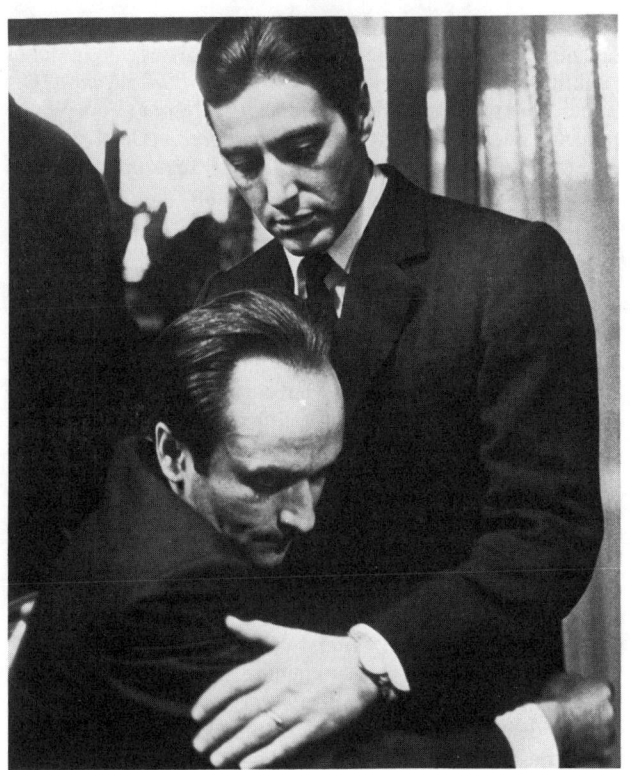

The Godfather Part II

bringt weniger eine Fortsetzung als eine Erweiterung des ersten
Teils. In langen Rückblenden erfährt man von dem Schicksal
der Familie in Sizilien, der Einwanderung Vitos in die USA und
seinem Aufstieg in New York, während sich Michael, nunmehr
in Nevada am Lake Tahoe residierend, gegen Intrigen und
Verrat innerhalb der eigenen Familie und gegen den jüdischen
Großgangster Hyman Roth (Lee Strasberg) behauptet. So
müßten, von der Handlung her gesehen, der erste Teil »Teil II«
und der zweite Teil »Teil I und III« heißen.
Beide Filme, 180 und 200 Minuten lang, liefern ein in dem
Zusammenhalt ihrer Einzelheiten erstaunlich ausgewogenes
und ausbalanciertes Panorama einer amerikanischen Realität.

Beide Filme sind – ihr großer Publikumserfolg beweist es – Zeugnisse eines nationalen Selbstverständnisses und in dieser Funktion vergleichbar Filmen wie *The Birth of a Nation* (Die Geburt einer Nation) oder *Gone with the Wind* (Vom Winde verweht) oder wie – in Italien – *Il gattopardo* (Der Leopard). Am griffigsten hat Jay Cocks im »Time«-Magazin (3. 4. 1972) seine Meinung über THE GODFATHER formuliert: »In der Verbindung einer neuen Tiefe mit einem alten Genre entsteht jene Seltenheit: eine Massenunterhaltung, die auch große Filmkunst ist.«

»I believe in America« (Ich glaube an Amerika) – dieser erste Satz des ersten Teils schwebt wie eine zynische Widmung über den Filmen, und es ist bezeichnend für die pessimistische Ernüchterung der Nixon-Ära, daß die unverhüllte Darstellung der dreifaltigen Unmoral aus Politik, Verbrechen und Profit nicht länger als ein nationales Sakrileg verbannt, sondern als eine – schandhafte – Realität akzeptiert wird.

Doch über die Darstellung eines nationalen Zustandes, über die bislang genaueste Zeichnung einer ethnischen Minderheit hinaus verweist Coppola in diesen Filmen immer wieder auf die psychischen und physischen Deformierungen, die das Individuum in dieser Gesellschaft erleidet. In die beiden breitgefächerten Sequenzen der Familienfeiern, mit denen die beiden Teile jeweils beginnen, sind bereits kleinere, intimere Dialogszenen eingeschachtelt. Diese Struktur läßt erkennen, daß im Gegensatz zu den Melodramen von Luchino Visconti oder Sergio Leone das Interesse des Italo-Amerikaners Coppola weniger auf das Zelebrieren eines bestimmten Weltgefühls gerichtet ist, als auf die Bewußtmachung kompliziert verschachtelter sozialer und psychischer Zusammenhänge. Sein Ansatzpunkt ist intellektueller. Konsequent spitzt er das Geschehen auf eine Figur hin. Was mit den Massenszenen der Familienfeiern beginnt, endet jeweils mit einer Einstellung auf Al Pacino. Hier zeigt sich die Nähe der »Großfilme« zu den »Kleinfilmen« Coppolas: wie Shirley Knight am Ende von THE RAIN PEOPLE und Gene Hackman am Ende von THE CONVERSATION, so sieht man am Ende von THE GODFATHER und THE GODFATHER, PART II Al Pacino – als eine gefährdete und schließlich als eine zerstörte Persönlichkeit.

Daten

Von Hans Helmut Prinzler

75 Namen in Hollywood

Der Datenteil enthält biografische, filmografische und bibliografische Angaben zu 75 ausgewählten Regisseuren, Darstellern, Autoren und Kameramännern des sogenannten New Hollywood Films. Die Auswahl der Namen folgt einer Absprache mit Hans C. Blumenberg. Der Verzicht auf einige Regisseure und Darsteller, die dem neuen amerikanischen Film zumindest nahestehen, ist im Zweifelsfall aus Platzgründen erfolgt.

Zu jedem Namen werden zunächst einige biografische Stichworte gegeben, soweit sie aus zugänglichen Quellen zu ermitteln waren: Auskünfte zum Ausbildungsgang, Notizen zu TV- oder Theaterarbeit und Hinweise auf Auszeichnungen. Auch Angaben zu Kurz- und Dokumentarfilmen sind in der Biografie zu finden.

Die Filmografie enthält bei den Regisseuren die notwendigsten Daten zu jedem realisierten Spielfilm. Fernseharbeiten werden hier nur berücksichtigt, soweit sie auch im Kino ausgewertet wurden. Bei den Darstellern, Autoren und Kameramännern werden die Originaltitel, gegebenenfalls die deutschen Titel und die Regisseure der Filme genannt, in/an denen sie mitgewirkt haben. Dies geschieht so vollständig, wie es die amerikanischen Quellen zulassen. Die Jahreszahlen verweisen auf das Produktionsdatum, d. h. es ist das Jahr genannt, in dem nach unserer Kenntnis der Film (zumindest überwiegend) gedreht wurde. Unstimmigkeiten müssen hier in Einzelfällen einkalkuliert werden, da die amerikanische Literatur in der Regel nur die release dates (Uraufführungsdaten) angibt, die z. T. erhebliche Zeit nach der Herstellung der Filme liegen.

1975 und 1976 hergestellte Filme werden mit dem Vorbehalt genannt, daß sich Originaltitel bis zur Uraufführung und deutsche Titel bis zur hiesigen Erstaufführung noch ändern können. Zum Teil sind hier die Stabangaben auch noch sehr fragmentarisch.

Als Abkürzungen werden verwendet: R = Regisseur (director), B = Drehbuchautor (screenwriter), K = Kameramann (director of photography), Sch = Schnittmeister/Cutter (film editor), M = Musikkomponist (composer), D = Darsteller (leading players), P = Produktion (production company), Pd = Produzent (producer), OL = Originallänge, DL = Länge der deutschen Kinofassung, U = Uraufführung, DE = Kinoerstaufführung in der Bundesrepublik, TV = Fernsehausstrahlungen in der Bundesrepublik, V = Verleih in der Bundesrepublik.

Die Literaturangaben zu einzelnen Namen mußten äußerst verknappt werden. Angegeben sind nur Bücher, größere Aufsätze und Interviews, nicht aber Kritiken einzelner Filme. Abkürzungen: FaF = Films and Filming, FC = Film Comment, SaS = Sight and Sound.

Für die biografischen, filmografischen und bibliografischen Daten wurden vor allem folgende Quellen benutzt: Richard Gertner (Hrsg.): International Motion Picture Almanac 1976. New York/London 1976. – Leslie Halliwell: The Filmgoer's Companion. 4th Edition. London 1974. – Théodore Louis/Jean Pigeon: Le cinéma américain d'aujourd'hui. Paris 1975 (enthält viele Fehlangaben). – James Robert Parish: Actor's Television Credits 1950–72. Metuchen, N. J. 1973. – James Robert Parish/Michael R. Pitts: Film Directors: A Guide to Their American Films. Metuchen, N. J. 1974. – David Thomson: A Biographical Dictionary of the Cinema. London 1975. – John T. Weaver: Forty Years of Screen Credits. Metuchen, N. J. 1970. – John Willis (Hrsg.): Screenworld. Vol. 23–26, o. O. 1972–1975. – Karen Jones/FIAF: International Index to Film Periodicals 1972 ff.. New York/London 1973 ff. – The New York Times Film Reviews 1959 ff. New York 1970 ff. – Die Zeitschriften Focus on Film (London), Monthly Film Bulletin (London), Variety (New York). – Die Handbücher der Katholischen Filmkritik, Bd. V–VIII. Düsseldorf und Köln 1959 ff. – Der Verleihkatalog 1975/76 von film-echo/Filmwoche, Wiesbaden 1976. – Die Jahreshefte und das Register 1966–1976 der ARD-Filmredaktion. – Die bei den einzelnen Namen zitierte Literatur.

Hilfeleistungen: Bibliothek der Deutschen Film- und Fernsehakademie Berlin, Deutsches Institut für Filmkunde (Wiesbaden), Peter Schulz.

Woody Allen

Regisseur, Autor, Darsteller (auch Komponist); geb. 1935 in Brooklyn (New York). Eigentlich: Allen Stewart Konigsberg. Mit 17 Jahren erste Veröffentlichungen (Stories, Witze) in Zeitungen. Arbeit als TV-Autor für Pat Boone, Gary Moore, Art Carney u. a. 1961 eigene Show in einem Nachtclub in Greenwich Village. Autor für »Life«, »Playboy«, »The New Yorker« (ausgew. Texte als Bücher: *Getting Even* und *Without Feathers*. New York: Random House o. J.). 1966 Bearbeitung eines japanischen Agentenfilms zu einer Parodie: *What's Up Tiger Lily*. Theaterstücke: *Don't Drink the Water* und *Play It Again, Sam*.

Als Darsteller: 1964   *What's New Pussycat?* (Was gibt's Neues, Pussy?), R: Clive Donner, B: Allen. – 1966   *Casino Royale* (Casino Royale), R: John Huston, Ken Hughes, Val Guest, Robert Parrish, Joe

McGrath. – 1971 *Play It Again, Sam* (Mach's noch einmal, Sam), R: Herbert Ross, B: Allen. – 1975 *The Front* (Woody – der Senkrechtstarter), R: Martin Ritt.

Als Regisseur: 1969 TAKE THE MONEY AND RUN. Woody – der Unglücksrabe. – B: Allen, Mickey Rose. – K: Lester Shorr. – Sch: P. Jordan, R. Kalish. – M: Marvin Hamlisch. – D: Allen, Janet Margolin, Marcel Hillaire, Jacqueline Hyde, Lonny Chapman. – P: Palomar Pictures. – Pd: C. H. Joffe, S. Glazier. – Farbe (Technicolor). – OL und DL: 85 min. – U: Aug. 69. – DE: Feb. 75. – V: Centfox (35 mm).

1970 BANANAS. Bananas. – B: Allen, Mickey Rose. – K: Andrew M. Costikyan. – Sch: R. Kalish. – M: Marvin Hamlisch. – D: Allen, Louise Lasser, Carlos Montalban, Natividad Abascal. – P: Rollins and Joffe. – Pd: J. Grossberg, C. H. Joffe. – Farbe (De Luxe). – OL und DL: 81 min. – U: Mai 71. – DE: Aug. 74. – V: United Artists (35 mm).

1972 EVERYTHING YOU ALWAYS WANTED TO KNOW ABOUT SEX * *BUT WERE AFRAID TO ASK. Was Sie schon immer über Sex wissen wollten, aber bisher nicht zu fragen wagten. – B: Allen, n. d. Buch v. David Reuben. – K: David M. Walsh. – Sch: E. Albertson. – M: Mundell Lowe. – D: Allen, John Carradine, Lou Jacobi, Louise Lasser, Anthony Quayle, Tony Randall, Lynn Redgrave, Burt Reynolds, Gene Wilder. – P: Rollins and Joffe, Brodsky/Gould. – Pd: C. H. Joffe, J. Brodsky. – Farbe (DeLuxe). – OL und DL: 87 min. – U: Aug. 72. – DE: Jan. 73. – V: United Artists (35 mm).

1973 SLEEPER. Der Schläfer. – B: Allen, Marshall Brickman. – K: David M. Walsh. – Sch: R. Rosenblum – M: Allen. – D: Allen, Diane Keaton, John Beck, Mary Gregory, Marya Small. – P: Rollins and Joffe. – Pd: J. Grossberg, C. H. Joffe. – Farbe (DeLuxe). – OL und DL: 88 min. – U: Dez. 73. – DE: April 74. – V: United Artists (35 mm).

1974 LOVE AND DEATH. Die letzte Nacht des Boris Gruschenko. – B: Allen. – K: Ghislain Cloquet. – Sch: R. Rosenblum. – M: Strawinsky, Prokofieff. – D: Allen, Diane Keaton, Henry Czarniack, Howard Vernon. – P: Rollins and Joffe. – Pd: C. H. Joffe, M. Poll. – Farbe (DeLuxe). – OL und DL: 85 min. – U und DE: Juni 75 (Berlinale). – V: United Artists (35 mm).

Lit.: Eric Lax: Woody Allen and His Comedy. London: Elm Tree Books 1975. – Aufsätze B. Weiner in: Take One, Dez. 72; R. Mundy und S. Mamber in: Cinema (Bev. Hills), Winter 72–73; Leonard Maltin in: FC, März–April 74. – Interviews S. Mamber u. R. Mundy in: Cinema (Bev. Hills), Winter 72–73; Larry Wilde in: L. W.: The Great Comedians. Secaucus: Citadel 1973.

John A. Alonzo
Kameramann.
1969 *Bloody Mama* (Bloody Mama), R: Roger Corman. –
1970 *Get to Know Your Rabbit,* R: Brian De Palma. *Vanishing Point*

(Fluchtpunkt San Francisco), R: Richard C. Sarafian. – 1971 *Harold and Maud* (Harold und Maude), R: Hal Ashby. *Sounder,* R: Martin Ritt. – 1972 *Lady Sings the Blues* (Lady Sings the Blues), R: Sidney J. Furie. *Peter 'n' Tillie* (Peter und Tillie), R: Martin Ritt. – 1973 *Hit!,* R: Sidney J. Furie. *Chinatown* (Chinatown), R: Roman Polanski. – 1974 *Once Is Not Enough* (Einmal ist nicht genug), R: Guy Green. *The Fortune* (Mitgiftjäger), R: Mike Nichols. – 1975 *Farewell, My Lovely* (Zum Abschuß freigegeben), R: Dick Richards. *The Bad News Bears,* R: Michael Ritchie.
Lit.: Bericht Alonzo über *Chinatown* in: American Cinematographer, Mai 75.

Robert Altman

Regisseur, Autor, Produzent; geb. 1925 in Kansas City (Missouri). Ingenieursexamen an der University of Kansas City. Kriegsdienst als B-24-Pilot. Magazinstories, Hörspiele und Drehbücher, u. a. (zus. mit George W. George) zu Richard Fleischers *Bodyguard* (1948). Von 1949 bis 1955 Regisseur von Dokumentar- und Industriefilmen in Kansas City. Nach einem ersten Spielfilm (THE DELINQUENTS) und einem langen Kompilationsfilm (THE JAMES DEAN STORY, 1957, 82 min., R, B, Sch und Pd gemeinsam mit George W. George) zehn Jahre TV-Arbeit als Regisseur u. a. für *Bonanza, Bus Stop, The Roaring Twenties* und *The Alfred Hitchcock Hour.* Goldene Palme für M*A*S*H in Cannes 1970, Goldener Bär für BUFFALO BILL in Berlin 1976.
1955 THE DELINQUENTS. – B: Altman. – K: Charles Poddock. – Sch: H. Turner. – D: Tom Laughlin, Richard Bakalyan, Peter Miller, Rosemarie Howard, Christine Altman. – P: Imperial. – Pd: Altman. – OL: 71 min. – U: März 57. – In der BRD nicht verliehen.
1966 COUNTDOWN. Countdown: Start zum Mond. – B: Loring Mandel, n. d. Roman v. Hank Searls. – K: William W. Spencer. – Sch: G. Milford. – M: Leonard Rosenman. – D: James Caan, Robert Duvall, Joanna Moore, Barbara Baxley, Michael Murphy. – P: William Conrad Prod. für Warner Bros. – Farbe (Technicolor), Panavision. – OL und DL: 101 min. – U: Feb. 68. – DE: März 68. – TV: 7. 8. 76 (ARD, geplant). – V: Warner-Columbia (35 mm).
1968 THAT COLD DAY IN THE PARK. Ein kalter Tag im Park. – B: Gillian Freeman, n. d. Roman v. Richard Miles. – K: Laszlo Kovacs. – Sch: D. Greene. – M: Johnny Mandel. – D: Sandy Dennis, Michael Burns, Susanne Benton, Luana Anders, John Garfield jr. – P: Factor-Altman-Mirell Films, Kanada. – Pd: D. Factor, L. Mirell. – Farbe (Eastmancolor). – OL: 115 min. – U: Juni 69. – TV: 19. 7. 76 (ZDF). – In der BRD nicht verliehen.
1969 M*A*S*H. M*A*S*H. – B: Ring Lardner jr., n. d. Roman v. Richard Hooker. – K: Harold E. Stine. – Sch: D. B. Greene. – M: Johnny Mandel. – D: Donald Sutherland, Elliott Gould, Tom Skerritt,

Sally Kellerman, Robert Duvall, Jo Ann Pflug, René Auberjonois, John Schuck, David Arkin. – P: Aspen für Centfox. – Pd: I. Preminger. – Farbe (DeLuxe), Panavision. – OL und DL: 116 min. – U: April 70. – DE: Mai 70. – V: Fox-MGM (35 mm).

1970 BREWSTER MCCLOUD. Auch Vögel können töten. – B: Brian McKay, Doran William Cannon. – K: Lamar Boren, Jordan Cronenweth. – Sch: L. Lombardo. – M: Gene Page u. diverse Songs. – D: Bud Cort, Sally Kellerman, Michael Murphy, William Windom, Shelley Duvall, René Auberjonois, Stacy Keach, John Schuck, Bert Remsen. – P: Adler-Phillips/Lion's Gate für MGM. – Pd: L. Adler. – Farbe (Metrocolor), Panavision. – OL: 105 min. – U: Dez. 70. – TV: 1977 (ARD, geplant). – In der BRD nicht verliehen.

1970 MCCABE AND MRS. MILLER. McCabe & Mrs. Miller. – B: Altman, Brian McKay, n. d. Roman *McCabe* v. Edmund Naughton. – K: Vilmos Zsigmond. – Sch: L. Lombardo. – M: Leonard Cohen. – D: Warren Beatty, Julie Christie, René Auberjonois, Hugh Millais, Shelley Duvall, Michael Murphy, Keith Carradine, Bert Remsen. – P: Altman-Foster für Warner Bros. – Pd: D. Foster, M. Brower. – Farbe (Technicolor), Panavision. – OL und DL: 121 min. – U: Juli 71. – DE: Dez. 71. – TV: 17. 9. 76 (ARD, geplant). – V: Warner-Columbia (35 mm).

1971 IMAGES. Spiegelbilder. – B: Altman; Märchentext v. Susannah York. – K: Vilmos Zsigmond. – Sch: G. Clifford. – Geräusche: Stomu Yamash-Ta. – M: John Williams. – D: Susannah York, René Auberjonois, Marcel Bozzuffi, Hugh Millais, Cathryn Harrison, John Morley. – P: Lion's Gate, Irland. – Pd: T. Thompson. – Farbe (Technicolor), Panavision. – OL: 101 min. – U: Dez. 72. – TV: 13. 8. 76 (ARD, geplant). – In der BRD nicht verliehen.

1972 THE LONG GOODBYE. Der Tod kennt keine Wiederkehr. – B: Leigh Brackett, n. d. Roman v. Raymond Chandler. – K: Vilmos Zsigmond. – Sch: L. Lombardo. – M: John Williams. – D: Elliott Gould, Nina van Pallandt, Sterling Hayden, Mark Rydell, Henry Gibson, David Arkin. – P: Lion's Gate. – Pd: J. Bick. – Farbe (Technicolor), Panavision. – OL und DL: 112 min. – U: März 73. – DE: Nov. 73. – TV: 25. 9. 76 (ARD, geplant). – V: United Artists (35 mm).

1973 THIEVES LIKE US. Diebe wie wir. – B: Altman, Calder Willingham, Joan Tewkesbury, n. d. Roman v. Edward Anderson. – K: Jean Boffety. – Sch: L. Lombardo. – M: Songs der dreißiger Jahre. – D: Keith Carradine, Shelley Duvall, John Schuck, Bert Remsen, Louise Fletcher, Ann Latham, Tom Skerritt. – P: Jerry Bick/George Litto für United Artists. – Farbe (DeLuxe). – OL: 122 min. – U: Feb. 74. – TV: 1. 6. 75 (ARD), 23. 9. 75 (BR III), 25. 2. 76 (WDR III), 23. 6. 76 (NDR III). – In der BRD nicht verliehen.

1974 CALIFORNIA SPLIT. California Split. – B: Joseph Walsh. – K: Paul Lohmann. – Sch: L. Lombardo. – M: Phyllis Shotwell. – D: Elliott Gould, George Segal, Ann Prentiss, Gwen Welles, Edward Walsh,

Woody Allen   *Alan Arkin*

Joseph Walsh, Bert Remsen. – P: Won World. – Pd: Altman, J. Walsh. – Farbe (Metrocolor), Panavision. – OL: 109 min. – U: Aug. 74. – TV: 30. 7. 76 (ARD). – In der BRD nicht verliehen.

1974 NASHVILLE. Nashville. – B: Joan Tewkesbury. – K: Paul Lohmann. – Sch: S. Levin, D. Hall. – M: Country-Music; musikalische Leitung: Richard Baskin. – D: David Arkin, Barbara Baxley, Ned Beatty, Karen Black, Ronee Blakley, Timothy Brown, Keith Carradine, Geraldine Chaplin, Robert Doqui, Shelley Duvall, Allen Garfield, Henry Gibson, Barbara Harris, David Hayward, Michael Murphy, Bert Remsen, Lily Tomlin, Gwen Welles, Richard Baskin, als Gäste: Julie Christie, Elliott Gould. – P: American Broadcasting Companies für Paramount. – Pd: Altman. – Farbe (Metrocolor), Panavision. – OL: 161 min. – U: Juni 75. – DE: März 76. – V: CIC (35 mm, OmU).

1975 BUFFALO BILL AND THE INDIANS. Buffalo Bill und die Indianer. – B: Altman, Alan Rudolph, n. d. Stück *Indians* v. Arthur Kopit. – K: Paul Lohmann. – M: Richard Baskin. – D: Burt Lancaster, Paul Newman, Joel Grey, Kevin McCarthy, Harvey Keitel, Allan Nicholls, Geraldine Chaplin, Frank Kaquitts, Robert Doqui, Bert Remsen, Evelyn Lear, Shelley Duvall. – P: Dino De Laurentiis/Lion's Gate. – Pd: Altman. – Farbe, Panavision. – OL: 124 min. – U: Juli 76 (Berlinale). – V: Tobis (35 mm, evt. gekürzt).

Lit.: Aufsätze Michael Dempsey in: FC, Sept.–Okt. 74; Stuart Rosenthal in: International Film Guide 1975; Jonathan Rosenbaum u. Michael Tarantino in: SaS, Frühjahr 75; Robin Wood in: Movie, Herbst 75. – Robert Benayoun in: Positif, Jan. 72; Alain Lacombe in: Ecran, Juli 74. – Interviews John Cutts in: FaF, Nov. 71; Glenn O'Brien in: Inter/View, Sept. 72; Jan Dawson in: FC, März–April 74. – Michel Ciment und Bernard Tavernier in: Positif, Feb. 73; Michel Ciment und Michael Henry in: Positif, Feb. 75. – Protokoll eines Seminars mit Altman in: Dialogue on Film, Feb. 75. – NASHVILLE-Kritik v. Wim Wenders in: Die Zeit v. 21. 5. 76.

Candice Bergen

Karen Black

Alan Arkin

Darsteller (auch Regisseur); geb. 1934 in New York City. Sohn der Schauspielerin Barbara Luna. Mitte der 50er Jahre Mitglied der Folkmusic-Gruppe The Tarriers. 1958 bis 1966 vorwiegend Theaterdarsteller. Broadway-Debüt mit *Enter Laughing* (1963), größter Bühnenerfolg: *Luv* v. Murray Schisgal, inszeniert von Mike Nichols.

Als Darsteller: 1965 *The Russians Are Coming The Russians Are Coming* (Die Russen kommen! Die Russen kommen!), R: Norman Jewison. – 1966 *Woman Times Seven* (Siebenmal lockt das Weib), R: Vittorio De Sica. – 1967 *Wait Until Dark* (Warte, bis es dunkel ist), R: Terence Young. *Inspector Clouseau* (Inspektor Clouseau), R: Bud Yorkin. – 1968 *The Heart Is a Lonely Hunter* (Das Herz ist ein einsamer Jäger), R: Robert Ellis Miller. *Popi* (Popi), R: Arthur Hiller. – 1969 *The Monitors*, R: Jack Shea. – 1970 *Catch 22* (Catch 22), R: Mike Nichols. – 1971 *Last of the Red Hot Lovers*, R: Gene Saks. – 1973 *Freebie and the Bean* (Der Superschnüffler), R: Richard Rush. *Rafferty and the Gold Dust Twins,* R: Dick Richards. – 1974 *Hearts of the West,* R: Howard Zieff. – 1975 *The Seven-Per-Cent Solution,* R: Herbert Ross.

Als Regisseur: 1970 LITTLE MURDERS. – B: Jules Feiffer, n. s. Theaterstück. – K: Gordon Willis. – Sch: H. Kuperman. – M: Fred Kaz. – D: Elliott Gould, Marcia Rodd, Vincent Gardenia, Donald Sutherland, Arkin. – P: Brodsky-Gould für Centfox. – Pd: J. Brodsky. – Farbe (DeLuxe). – OL: 108 min. – U: Feb. 71. – In der BRD nicht verliehen.

Hal Ashby

Regisseur; geb. 1939 in Ogden (Utah). Studium Utah State University. Cutter-Assistent; dann Cutter (R: Norman Jewison): 1965 *The Cincinnati Kid* (Cincinnati Kid). *The Russians Are Coming The Russians Are Coming* (Die Russen kommen! Die Russen kommen!). – 1966 *In the Heat of the Night* (In der Hitze der Nacht); Oscar für den besten

Filmschnitt. – Als Co-Produzent (R: Jewison): *The Thomas Crown Affair* (Thomas Crown ist nicht zu fassen). – 1969 *Chicago, Chicago* (Gaily, Gaily).

1969   THE LANDLORD. Der Hausbesitzer. – B: Bill Gunn, n. e. Roman v. Kristin Hunter. – K: Gordon Willis. – Sch: W. A. Sawyer, E. Warschilka. – M: Al Kooper. – D: Beau Bridges, Pearl Bailey, Diana Sands, Louis Gossett, Lee Grant, Douglas Grant, Walter Brooke. – P: Mirisch/Cartier. – Pd: N. Jewison. – Farbe (DeLuxe). – OL: 113 min. – U: Mai 70. – TV: 24. 11. 75 (ZDF). – In der BRD nicht verliehen.

1971   HAROLD AND MAUDE. Harold und Maude. – B: Colin Higgins, n. seinem Roman. – K: John A. Alonzo. – Sch: W. A. Sawyer, E. Warschilka. – M: Cat Stevens. – D: Ruth Gordon, Bud Cort, Vivian Pickles. – P: Paramount/Lewis and Higgins. – Pd: C. Higgins, M. Lewis. – Farbe (Technicolor). – OL und DL: 92 min. – U: Dez. 71. – DE: April 74. – TV: 2. 1. 76 (ARD). – V: AG Kino (35 mm, auch OmU).

1973   THE LAST DETAIL. Das letzte Kommando. – B: Robert Towne, n. d. Roman v. Darryl Ponicsan. – K: Michael Chapman. – Sch: R. Jones. – M: Johnny Mandel u. diverse Songs. – D: Jack Nicholson, Otis Young, Randy Quaid. – P: Acrobat/Bright-Persky. – Pd: G. Ayres. – Farbe (Metrocolor). – OL: 105 min. – DL: 104 min. – U: Feb. 74. – DE: Mai 75. – V: Warner-Columbia (35 mm).

1974   SHAMPOO. Shampoo. – B: Robert Towne, Warren Beatty. – K: Laszlo Kovacs. – Sch: R. Jones. – M: Paul Simon. – D: Warren Beatty, Julie Christie, Goldie Hawn, Lee Grant, Jack Warden. – P: Persky-Bright/Vista. – Pd: W. Beatty. – Farbe (Technicolor). – OL und DL: 110 min. – U: Feb. 75. – DE: Sept. 75. – V: Warner-Columbia (35 mm).

1975   BOUND FOR GLORY. Woody Guthrie: Dieses Land ist mein Land. – B: Robert Getchell. – K: Haskell Wexler. – D: David Carradine, Melinda Dillon, Ronny Cox, Ted Gehring. – Pd: R. Blumofe, H. Leventhal. – U: Sommer 76 (geplant).

John G. Avildsen

Regisseur, Autor, Kameramann, Cutter; geb. 1936 in Chicago (Illinois). Fabrikantensohn. Ausgebildet bei einer New Yorker Werbeagentur. 2 Jahre bei der Armee. Anfang der 60er Jahre Regisseur von Werbefilmen. Erster eigener Kurzfilm SMILES (1964). Produktionsleiter bei *Mickey One* (Mickey One, 1965, R: Arthur Penn), Regieassistent bei *Hurry Sundown* (Morgen ist ein neuer Tag, 1966, R: Otto Preminger), Kameramann bei *Out of It* (1969, R: Paul Williams).

1967   TURN ON TO LOVE. – B: Atlas Geodesic, n. e. Story v. Herman Worth. – D: Sharon Kent, Richard Michaels, Luigi Mastoianni. – P: L. T. Kurtman. – OL: 83 min. – U: Dez. 69. – In der BRD nicht verliehen.

1970   JOE. Joe. – B: Norman Wexler. – K: Avildsen. – Sch: G. T. Norris. – M: Bobby Scott. – D: Dennis Patrick, Peter Boyle, Susan

Sarandon. – P: Cannon. – Pd: D. Gil. – Farbe (DeLuxe). – OL und DL: 107 min. – U: Juli 70. – DE: April 71. – V: Cinerama (35 mm).
1970   GUESS WHAT WE LEARNED IN SCHOOL TODAY?. – B: Eugene Price, Avildsen. – K und Sch: Avildsen. – M: Harper McKay. – D: Richard Carballo, Devin Goldenburg, Z. Haines. – P: Cannon. – Pd: D. Gil. – Farbe (DeLuxe). – OL: 90 min. – U: Mai 71. – In der BRD nicht verliehen.
1971   CRY UNCLE. – B: David Odell, n. d. Roman *Lie a Little, Die a Little* v. Michael Brett. – K und Sch: Avildsen. – M: Harper McKay. – D: Allen Garfield, Madeleine Le Roux, David Kirk, Devin Goldenberg. – P: Cry Uncle Prod. – Pd: D. J. Disick. – Farbe (Eastmancolor). – OL: 87 min. – U: Herbst 71. – In der BRD nicht verliehen.
1971   SAVE THE TIGER. Save the Tiger. – B: Steve Shagan. – K: Jim Crabe. – Sch: D. Bretherton. – M: Marvin Hamlisch. – D: Jack Lemmon, Jack Gilford, Laurie Heineman, Norman Burton. – P: Paramount/Filmways/Jalem/Cirandinha. – Pd: M. Ransohoff, S. Shagan. – Farbe (Movielab). – OL: 100 min. – U: Feb. 72. – DE: März 76. – V: AG Kino (35 mm, OmU).
1972   THE STOOLIE. – R: Avildsen u. George Silano. – B: Eugene Price, Larry Alexander, Marc B. Ray. – K: Avildsen, Charles Clifton. – Sch: G. Greenberg, S. Bochner. – M: William Goldstein. – D: Jackie Mason, Marcia Jean Kurtz, Dan Frazer. – P: Jama. – Pd: C. Mellen. – Farbe (TVC). – OL: 90 min. – U: Nov. 72. – In der BRD nicht verliehen.
1974   W. W. AND THE DIXIE DANCEKINGS. – B: Thomas Rickman. – K: Jim Crabe. – Sch: R. Halsey, R. Roberts. – M: Dave Grusin. – D: Burt Reynolds, Art Carney, Conny Van Dyke. – P: Centfox. – Pd: S. C. Canter. – Farbe (TVS/DeLuxe). – OL: 94 min. – U: Feb. 75. – In der BRD nicht verliehen.
1976   ROCKY. – B: Sylvester Stallone. – D: Sylvester Stallone, Talia Shire, Burgess Meredith. – Pd: R. Chartoff, I. Winkler.

Warren Beatty

Darsteller (auch Autor und Produzent); geb. 1937 in Richmond (Virginia). Bruder von Shirley MacLaine. Universitätsstudium und Schauspielausbildung. Broadway-Debüt in William Inges *A Loss of Roses,* R: Daniel Mann. (Bild S. 24, 66 u. a.)
1960   *Splendor in the Grass* (Fieber im Blut), R: Elia Kazan. – 1961   *The Roman Spring of Mrs. Stone* (Der römische Frühling der Mrs. Stone), R: José Quintero. *All Fall Down* (Mein Bruder . . . ein Lump), R: John Frankenheimer. – 1963   *Lilith* (Lilith), R: Robert Rossen. – 1965   *Mickey One* (Mickey One), R: Arthur Penn. *Promise Her Anything* (Versprich ihr alles), R: Arthur Hiller. – 1966   *Kaleidoscope* (Der Gentleman-Zinker), R: Jack Smight. – 1967   *Bonnie and Clyde* (Bonnie und Clyde), R: Arthur Penn, P: Beatty. – 1969   *The Only Game in Town* (Das einzige Spiel in der

Stadt), R: George Stevens. – 1970 *McCabe and Mrs. Miller* (McCabe & Mrs. Miller), R: Robert Altman. – 1972 *Dollars* (Der Millionenraub), R: Richard Brooks. – 1973 *The Parallax View* (Zeuge einer Verschwörung), R: Alan J. Pakula. – 1974 *Shampoo* (Shampoo), R: Hal Ashby, Co-Autor und Pd: Beatty. *The Fortune* (Mitgiftjäger), R: Mike Nichols.

Lit.: Interviews R. Couri Hay in: Inter/View, Juni 72; Gordon Gow in: FaF, Aug. 75.

Robert Benton

Autor, Regisseur; geb. 1933 in Waxahachie (Texas). Kunststudium University of Texas. Art Director beim Magazin »Esquire«. Zusammenarbeit mit dem Redakteur David Newman, neben Drehbüchern auch ein Musicallibretto: *It's a Bird. . . It's a Plane. . . It's a Superman.*

Als Autor (jeweils mit Newman): 1967 *Bonnie and Clyde* (Bonnie und Clyde), R: Arthur Penn. – 1969 *There Was a Crooked Man* (Zwei dreckige Halunken), R: Joseph L. Mankiewicz. – 1971 *What's Up Doc?* (Is' was, Doc?), Co-Autor: Buck Henry, R: Bogdanovich. – 1974 *Money's Tight,* R: David Newman.

Als Regisseur: 1971 BAD COMPANY. In schlechter Gesellschaft. – B: Benton, Newman. – K: Gordon Willis. – Sch: R. Rosenblum. – M: Harvey Schmidt. – D: Jeff Bridges, Barry Brown, Jim Davis, David Huddleston. – P: Jaffilms. – Pd: S. R. Jaffe. – Farbe (Technicolor). – OL: 92 min. – U: Okt. 72. – TV: 22. 12. 75 (ZDF). – In der BRD nicht verliehen.

Lit.: Aufsätze Colin L. Westerbeck jr. über BAD COMPANY und die beiden Autoren in: SaS, Herbst 73; Richard Corliss in: Talking Pictures. Woodstock: Overlook 1974/New York: Penguin Books 1975. – Bericht Robert Benton über BAD COMPANY in: Action (Hollywood), März–April 73. – Interview mit beiden Autoren James Childs in: FC, März–April 73.

Candice Bergen

Darstellerin; geb. 1946 in Beverly Hills (California). Tochter eines Bauchredners. Privatschule in der Schweiz und Studium an der University of Pennsylvania. Karriere als Fotomodell in der Modebranche.

1965 *The Group* (Die Clique), R: Sidney Lumet. – 1966 *The Sand Pebbles* (Kanonenboot am Yangtse-Kiang), R: Robert Wise. *The Day the Fish Came Out* (Der Tag, an dem die Fische kamen), R: Michael Cacoyannis. – 1967 *Vivre pour vivre* (Lebe das Leben), R: Claude Lelouch. – 1968 *The Magus* (Teuflische Spiele), R: Guy Green. – 1969 *Getting Straight* (Getting Straight), R: Richard Rush. *The Executioner* (Der Vollstrecker), R: Sam Wanamaker. *The Adventurers* (Playboys und Abenteurer), R: Lewis Gilbert. – 1970 *Soldier Blue* (Das Wiegenlied vom Totschlag), R: Ralph Nelson. *Carnal Knowledge*

(Carnal Knowledge – Die Kunst zu lieben), R: Mike Nichols. – 1971 *The Hunting Party* (Leise weht der Wind des Todes), R: Don Medford. *T.R. Baskin* (Tanja Baskin – Anruf genügt), R: Herbert Ross. – 1973 *11 Harrowhouse* (Brillanten und Kakerlaken), R: Aram Avakian. – 1974 *The Wind and the Lion* (Der Wind und der Löwe), R: John Milius. *Bite the Bullet* (700 Meilen westwärts), R: Richard Brooks. – 1976 *The Domino Principle,* R: Stanley Kramer.

Karen Black

Darstellerin; geb. 1943 in Park Ridge (Illinois). Schauspielstudium an der Northwestern University. Erste Bühnenerfolge in Chikago und bei Tourneetheatern. Kursus am New Actors' Studio. Broadway-Debüt 1965 in *The Playroom.* 1967–68 verschiedene TV-Rollen.
1966 *You're a Big Boy Now* (Big Boy, jetzt wirst Du ein Mann!), R: Francis Ford Coppola. – 1969 *Easy Rider* (Easy Rider), R: Dennis Hopper. *Hard Contract* (Der Killer und die Dirne), R: S. Lee Pogostin. – 1970 *Five Easy Pieces* (Five Easy Pieces – Ein Mann sucht sich selbst), R: Bob Rafelson. – 1971 *Cisco Pike* (Cisco Pike), R: Bill L. Norton. *Drive, He Said,* R: Jack Nicholson. *A Gunfight,* R: Lamont Johnson. *Born to Win,* R: Ivan Passer. *Portnoy's Complaint* (Portnoy's Beschwerden), R: Ernest Lehman. – 1973 *Rhinoceros,* R: Tom O'Horgan. *The Outfit* (Revolte in der Unterwelt), R: John Flynn. *The Pyx,* R: Harvey Hart. *The Day of the Locust* (Der Tag der Heuschrekke), R: John Schlesinger. *The Great Gatsby* (Der große Gatsby), R: Jack Clayton. – 1974 *Nashville* (Nashville), R: Robert Altman. *Law and Disorder* (Frankensteins Spukschloß), R: Ivan Passer. *Airport 1975* (Giganten am Himmel), R: Jack Smight. – 1975 *Crime and Passion,* R: Ivan Passer. *Family Plot* (Familiengrab), R: Alfred Hitchcock. *Burnt Offerings,* R: Dan Curtis.
Lit.: Aufsatz Eric Braun über den Darstellungsstil von Karen Black, Myrna Loy und Gloria Swanson in: FaF, März 75.

Peter Bogdanovich

Regisseur, Autor, Produzent, Kritiker (auch Darsteller); geb. 1939 in Kingston (New York). Sohn jugoslawischer Einwanderer. Vater Maler. Neben Collegebesuch Schauspielstudium bei Stella Adler in New York (1954–58), erste Rollen auf der Bühne. Ab 1958 Theaterinszenierungen Off-Broadway, u.a. *The Big Knife* und *Rocket to the Moon* v. Clifford Odets, *Camino Real* v. Tennessee Williams, *Ten Little Indians* v. Agatha Christie, *Once in a Lifetime* v. George S. Kaufman. 1958–68 Filmkritiker (vor allem für »Esquire«) und Autor verschiedener Regisseurmonografien. 1973 Auswahl seiner Aufsätze als Buch: *Pieces of Time,* New York: Arbour House. Filmarbeit mit Roger Corman (1966 Co-Autor, Kameramann für Spezialaufnahmen und Schnittmitarbeiter bei *The Wild Angels* – Bearbeiter v. *Voyage to the Planet of Prehistoric*

Women). Interviews für die BBC-Dokumentation *The Great Professionals – Howard Hawks* (1967). 1970 Interview- und Kompilationsfilm DIRECTED BY JOHN FORD (99 min., P: American Film Institute, U: Sept. 71, DE: Juni 74, Intern. Forum; kein Verleih). Gründete 1972 mit Coppola und Friedkin die Produktionsgesellschaft The Directors Company. Darsteller im Orson-Welles-Film *The Other Side of the Wind* (1974ff.).

1967 TARGETS. Bewegliche Ziele. – B: Bogdanovich. – K: Laszlo Kovacs. – Sch: Bogdanovich. – D: Boris Karloff, Tim O'Kelly, Nancy Hsueh, James Brown, Bogdanovich. – P: Saticoy. – Pd: Bogdanovich, D. Selznick. – Farbe (Pathé Color). – OL: 92 min. – DL: 90 min. – U: Aug. 68. – DE: März 74. – TV: 20. 11. 72 (ARD), 25. 11. 72 (WDR III). – V: Obelisk (35 mm)/CIC (16 mm).

1971 THE LAST PICTURE SHOW. Die letzte Vorstellung. – B: Larry McMurtry, Bogdanovich, n. d. Roman v. McMurtry. – K: Robert Surtees. – Sch: D. Cambern. – M: Schallplatten v. 1951. – D: Timothy Bottoms, Jeff Bridges, Cybill Shepherd, Ben Johnson, Cloris Leachman, Ellen Burstyn, Eileen Brennan, John Hillerman. – P: Last Picture Show Prod./BBS. – Pd: S. J. Friedman, B. Schneider. – sw. – OL und DL: 118 min. – U: Sept. 71. – DE: Mai 73. – V: Warner-Columbia (35 mm).

1971 WHAT'S UP DOC? Is' was, Doc? – B: Buck Henry, David Newman, Robert Benton, n. e. Story v. Bogdanovich. – K: Laszlo Kovacs. – Sch: V. Fields. – M: Artie Butler. – D: Barbra Streisand, Ryan O'Neal, Kenneth Mars, Austin Pendleton, Madeline Kahn, John Hillerman. – P: Saticoy für Warner Bros. – Pd: Bogdanovich. – Farbe (Technicolor). – OL und DL: 94 min. – U: März 72. – DE: Sept. 72. – V: Warner-Columbia (35 mm).

1972 PAPER MOON. Paper Moon. – B: Alvin Sargent, n. d. Roman *Addie Pray* v. Joe David Brown. – K: Laszlo Kovacs. – Sch: V. Fields. – M: zeitgenössische von 1936. – D: Ryan O'Neal, Tatum O'Neal, Madeline Kahn, John Hillerman. – P: Saticoy für The Directors Comp. – Pd: Bogdanovich. – sw. – OL: 103 min. – DL: 102 min. – U: Mai 73. – DE: Dez. 73. – V: CIC (35 und 16 mm).

1973 DAISY MILLER. Daisy Miller. – B: Frederic Raphael, n. e. Erzählung v. Henry James. – K: Alberto Spagnoli. – Sch: V. Fields. – M: J. S. Bach, Mozart, Johann Strauss, Boccherini, Haydn, Schubert, Verdi. – D: Cybill Shepherd, Barry Brown, Cloris Leachman, Mildred Natwick, Eileen Brennan, Duilio Del Prete. – P: Copa De Oro für Paramount/The Directors Comp. – Pd: Bogdanovich. – Farbe (Technicolor). – OL und DL: 92 min. – U: Mai 74. – DE: Jan. 75. – V: CIC (35 mm).

1974 AT LONG LAST LOVE. – B: Bogdanovich. – K: Laszlo Kovacs. – Sch: D. Robertson. – M: Cole Porter. – D: Burt Reynolds, Cybill Shepherd, Madeline Kahn, Duilio Del Prete, Eileen Brennan, John Hillerman, Mildred Natwick. – P: Copa De Oro für Centfox. – Pd:

Bogdanovich. – Farbe (Technicolor). – OL: 114 min. – U: März 75. – In der BRD nicht verliehen.

1976 NICKELODEON – B: Bogdanovich, W. D. Richter. – D: Ryan O'Neal, Tatum O'Neal, Burt Reynolds, Brian Keith. – P: Columbia-British Lion/EMI. – Pd: R. Chartoff, I. Winkler.

Lit.: Materialien Wolf-Eckart Bühler in: Filmkritik, Jan. 73. – Artikel Jürgen Ebert in: Filmkritik, Dez. 72 u. Feb. 74. – Interviews Eric Sherman u. Martin Rubin in ihrem Buch: The Directors Event, New York: Atheneum 1970; Glenn O'Brien u. Robert Feiden in: Inter/ View, März 72; Gordon Gow in: FaF, Juni 72; Martin Kasindorf in: Action (Hollywood), Juli–Aug. 73; Rosemary Kent, Andy Warhol u. Vincent Fremont in: Interview, Juni 74.

Peter Boyle

Darsteller; geb. 1937 in Philadelphia (Pennsylvania). College in La Salle. Schauspielunterricht bei Uta Hagen, New York. Bühnenerfolge in Off-Broadway-Produktionen. TV-Serien (u. a. *Comedy Tonight*).

1966 *The Group* (Die Clique), R: Sidney Lumet. – 1968 *Medium Cool* (Medium cool), R: Haskell Wexler. – 1970 *Joe* (Joe), R: John G. Avildsen. – 1971 *T. R. Baskin* (Tanja Baskin – Anruf genügt), R: Herbert Ross. *F. T. A.,* R: Francine Parker. *Steelyard Blues* (Steelyard Blues), R: Alan Myerson. – 1972 *The Candidate* (Bill McKay – der Kandidat), R: Michael Ritchie. *The Friends of Eddie Coyle* (Die Freunde von Eddie Coyle), R: Peter Yates. *Kid Blue* (Kid Blue), R: James Frawley. – 1973 *Slither,* R: Howard Zieff. *Crazy Joe* (Testament in Blei), R: Carlo Lizzani. – 1974 *Young Frankenstein* (Frankenstein junior), R: Mel Brooks. – 1975 *Taxi Driver* (Taxi Driver), R: Martin Scorsese. *The Blarney Cock* (Der flunkernde Hahn), R: James Goldstone.

Lit.: Interview Geri Miller in: Interview, Jan. 73.

Jeff Bridges

Darsteller; geb. 1951 in Los Angeles (California). Sohn des Schauspielers Lloyd Bridges, Bruder des Schauspielers Beau Bridges. Erste Fernsehauftritte achtjährig mit seinem Vater. Schauspielstudium bei Uta Hagen.

1969 *Halls of Anger,* R: Paul Bogart. – 1971 *The Last Picture Show* (Die letzte Vorstellung), R: Peter Bogdanovich. *Fat City* (Fat City), R: John Huston. *Bad Company* (In schlechter Gesellschaft), R: Robert Benton. – 1972 *Lolly-Madonna XXX,* R: Richard C. Sarafian. *The Last American Hero* (Der letzte Held Amerikas), R: Lamont Johnson. – 1973 *The Iceman Cometh,* R: John Frankenheimer. *Thunderbolt and Lightfoot* (Die Letzten beißen die Hunde), R: Michael Cimino. – 1974 *Rancho Deluxe,* R: Frank Perry. *Hearts of the West,* R: Howard

Peter Boyle   *Jeff Bridges*

Zieff. – 1975 *Stay Hungry,* R: Bob Rafelson. – 1976   *King Kong,* R: John Guillermin.
Lit.: Interview Suzanne Munshower in: Interview, Feb. 75.

Mel Brooks

Regisseur, Autor, Darsteller; geb. 1928 in Brooklyn (New York). Nach dem College Schlagzeuger und Pianist. Autodidaktische Schauspielausbildung. Debüt als Darsteller in *Golden Boy* v. Clifford Odets in Redbank (N. J.). Autor für Sid Caesar *(Broadway Revue* und *Your Show of Shows).* 1963 Buch des Zeichentrickfilms *The Critic* (mit dem Oscar ausgezeichnet). Autor der Musicals *Shineboone Alley* und *All-American.* 1968 Oscar für das Drehbuch von THE PRODUCERS. Verheiratet mit der Schauspielerin Anne Bancroft.
1967 THE PRODUCERS. Frühling für Hitler. – B: Brooks. – K: Joseph Coffey. – Sch: R. Rosenblum. – M: John Morris. – D: Zero Mostel, Gene Wilder, Kenneth Mars, Estelle Winwood – P: Springtime/MGM/ Crossbow. – Pd: S. Glazier. – Farbe (Pathé Color). – OL und DL: 88 min. – U: Juni 68. – DE: April 76. – V: Jugendfilm (35 mm).
1970 THE TWELVE CHAIRS. Mel Brooks: Zwölf Stühle. – B: Brooks, n. d. Roman v. Petrov und Il'f. – K: Dorde Nikolic. – Sch: A. Heim. – M: John Morris. – D: Ron Moody, Frank Langella, Dom DeLuise, Brooks. – P: UMC/Crossbow. – Pd: M. Hertzberg. – Farbe (Movielab). – OL und DL: 93 min. – U: Dez. 70. – DE: Mai 76. – V: Constantin (35 mm).
1973 BLAZING SADDLES. Is' was, Sheriff?/neu synchronisiert: Der wilde Wilde Westen. – B: Brooks, Norman Steinberg, Andrew Bergman, Richard Pryor, Alan Uger. – K: Joseph Biroc. – Sch: J. Howard. – M: John Morris, Brooks. – D: Cleavon Little, Gene Wilder, Slim Pickens, Harvey Korman, Madeline Kahn, John Hillerman, Count Basie, Brooks. – P: Crossbow für Warner Bros. – Pd: M. Hertzberg. – Farbe (Technicolor), Panavision. – OL: 93 min. – DL: 90 min. – U: Feb. 74. – DE: Dez. 74. – V: Warner-Columbia (35 mm).

Mel Brooks   *John Cassavetes*

1974 YOUNG FRANKENSTEIN. Frankenstein junior. – B: Gene Wilder, Brooks, n. Motiven d. Romans *Frankenstein* v. Mary Shelly. – K: Gerald Hirschfeld. – Sch: J. Howard. – M: John Morris. – D: Gene Wilder, Peter Boyle, Marty Feldman, Madeline Kahn, Cloris Leachman, Kenneth Mars, Gene Hackman, Leon Askin. – P: Gruskoff/Venture Films/Crossbow/Jouer. – Pd: M. Gruskoff. – OL: 108 min. – DL: 106 min. – U: Dez. 74. – DE: Sept. 75. – V: Centfox (35 mm).
1976 SILENT MOVIE. Mel Brooks: Silent Movie. – B: Brooks, Ron Clark, Rudy De Luca, Barry Levinson. – K: Paul Lohmann. – Sch: J. C. How, S. C. Allen. – D: Brooks, Marty Feldman, Dom DeLuise, BernadettePeters, Sid Caesar, Marcel Marceau. – Pd: M. Hertzberg. – Farbe (DeLuxe). – OL: 86 min. – U: Juni 76. – DE: Sept. 76. – V: Centfox (35 mm).
Lit: Aufsatz Digby Diehl in: Action, Jan.–Feb. 75. – Interviews Jacoba Atlas in: FC, März–April 75; Gordon Gow in: FaF, Juli 75.

Ellen Burstyn

Darstellerin; geb. 1933 in Detroit (Michigan). Eigentlich: Edna Rae Gillooly. Mit 18 Fotomannequin und Tänzerin. TV-Girl in der wöchentlichen Show von Jackie Gleason. Broadway-Debüt in *Fair Game* (1957). TV-Arbeit in Hollywood, dann Kursus am Actors' Studio. Hauptrolle in der TV-Serie *The Doctors*. 1975 Oscar als beste Hauptdarstellerin für *Alice Doesn't Live Here Anymore. (Bild S. 35)*
1963 *For Those Who Think Young* (Strandparty bei Mondschein), R: Leslie H. Martinson. – 1964 *Goodbye Charlie* (Goodbye, Charlie), R: Vincente Minnelli (in beiden Filmen unter dem Namen Ellen McRae). – 1969 *Tropic of Cancer* (Wendekreis des Krebses), R: Joseph Strick. – 1970 *Alex in Wonderland,* R: Paul Mazursky. – 1971 *The Last Picture Show* (Die letzte Vorstellung), R: Peter Bogdanovich. – 1972 *The King of Marvin Gardens* (Der König von Marvin Gardens), R: Bob Rafelson. *The Exorcist* (Der Exorzist), R:

William Friedkin. – 1973   *Harry and Tonto,* R: Paul Mazursky. – 1974   *Alice Doesn't Live Here Anymore* (Alice lebt hier nicht mehr), R: Martin Scorsese. – 1976   *Providence,* R: Alain Resnais.

James Caan

Darsteller; geb. 1938 in New York City. Michigan State University. Erste Bühnenerfahrungen beim Neighborhood Playhouse. Am Broadway Partner von Peter Fonda und Dennis Hopper in *Blood, Sweat, and Stanley Poole.* TV-Serien (u. a. *Dr. Kildare, Naked City). (Bild 119)*
1962   *Irma la Douce* (Das Mädchen Irma la Douce), R: Billy Wilder. – 1963   *Lady in a Cage,* R: Walter E. Grauman. – 1964   *The Glory Guys* (Die glorreichen Reiter), R: Arnold Laven. – 1965   *Red Line 7000* (Rote Linie 7000), R: Howard Hawks. – 1966   *Countdown* (Countdown: Start zum Mond), R: Robert Altman. *El Dorado* (El Dorado), R: Howard Hawks. *Games* (Satanische Spiele), R: Curtis Harrington. – 1967   *Journey to Shiloh.* R: William Hale. *Submarine X-1,* R: William Graham. – 1969   *The Rain People* (Liebe niemals einen Fremden), R: Francis Ford Coppola. *Man Without Mercy,* R: Bernard Girard. – 1970   *Rabbit, Run,* R: Jack Smight. – 1971   *The Godfather* (Der Pate), R: Francis Ford Coppola. *T. R. Baskin* (Tanja Baskin – Anruf genügt), R: Herbert Ross. – 1973   *Freebie and the Bean* (Der Superschnüffler), R: Richard Rush. *Slither,* R: Howard Zieff. *Cinderella Liberty* (Zapfenstreich), R: Mark Rydell. – 1974   *The Gambler* (Spieler ohne Skrupel), R: Karel Reisz. *Funny Lady* (Funny Lady), R: Herbert Ross. *The Godfather Part II* (Der Pate Teil II), R: Francis Ford Coppola. – 1975   *Rollerball* (Rollerball), R: Norman Jewison. *The Killer Elite* (Die Killer Elite), R: Sam Peckinpah. *Harry and Walter Go to New York* (Harry und Walter gehen nach New York), R: Mark Rydell. – 1976 *A Bridge Too Far*, R: Richard Attenborough.
Lit.: Susan d'Arcy: The Films of James Caan. London: Barnden Castell Williams 1975. – Interviews Robert Feiden in: Inter/View, Mai 72; Vincent Fremont in: Interview, Jan. 74.

Keith Carradine

Darsteller; geb. 1948 in San Mateo (California). Sohn des Schauspielers John Carradine, Bruder des Schauspielers David Carradine. Colorado State University. Bühnenerfolg in *Hair.* 1976 Oscar für Song »I'm Easy« aus *Nashville.*
1970   *McCabe and Mrs. Miller* (McCabe & Mrs. Miller), R: Robert Altman. – 1971   *A Gunfight,* R: Lamont Johnson. – 1972 *The Emperor of the North Pole* (Ein Zug für zwei Halunken), R: Robert Aldrich. – 1973   *Idaho Transfer* (Expedition in die Zukunft), R: Peter Fonda. *Hex,* R: Leo Garen. *Thieves Like Us* (Diebe wie wir), R: Robert Altman. – 1974   *Nashville* (Nashville), R: Robert Altman. –

1975   *Lumière,* R: Jeanne Moreau. *Welcome to L.A.,* R: Alan Rudolph.
Lit.: Interview Barbara Allen in: Interview, Sept. 75.

John Cassavetes

Darsteller, Regisseur, Autor; geb. 1929 in New York City. Sohn griechischer Emigranten. Studienbeginn Colgate University, dann Schauspielstudium Academy of Dramatic Arts, New York. Verheiratet mit Gena Rowlands. Zahlreiche gemeinsame TV-Auftritte.
Als Darsteller: 1952   *Taxi,* R: Gregory Ratoff. – 1955   *The Night Holds Terror* (Die Nacht ist voller Schrecken), R: Andrew Stone. – 1956   *Crime in the Streets* (Entfesselte Jugend), R: Donald Siegel. *Edge of the City* (Ein Mann besiegt die Angst), R: Martin Ritt. – 1957   *Affair in Havana,* R: Laszlo Benedek. *Saddle the Wind* (Vom Teufel geritten), R: Robert Parrish. – 1958   *Virgin Island,* R: Pat Jackson. – 1961   *The Webster Boy,* R: Don Chaffey. – 1964   *The Killers* (Der Tod eines Killers), R: Don Siegel. – 1966   *Devil's Angels* (Rebellen in Lederjacken), R: Daniel Haller. – 1967   *The Dirty Dozen* (Das dreckige Dutzend), R: Robert Aldrich. – 1968   *Rosemary's Baby* (Rosemaries Baby), R: Roman Polanski. *Gli intoccabili* (Die Unschlagbaren), R: Giuliano Montaldo. *Roma come Chicago* (Mord auf der Via Veneto), R: Alberto de Martino. Gastrolle in *If It's Tuesday, This Must Be Belgium,* R: Mel Stuart. – 1974   *Capone* (Capone), R: Steve Carver. – 1975 *Thieves,* R: John Berry. – 1976   *Two-Minute Warning,* R: Larry Peerce.
Als Regisseur: 1959   SHADOWS. Schatten. – B: Cassavetes. – K: Erich Kollmar. – Sch: L. Appelson, M. McEndree. – M: Charles Mingus. – D: Lelia Goldoni, Ben Carruthers, Hugh Hurd, Anthony Ray. – P: Maurice McEndree. – F: 16 mm, sw. – OL und DL: 80 min. – U: Okt. 60. – DE: Okt. 61. –TV: 13. 11. 71 (ZDF). – V: Neue Filmkunst (35 mm)/ Referat für Filmgeschichte, Köln (16 mm).
1961   TOO LATE BLUES. – B: Cassavetes, Richard Carr. – K: Lionel Lindon. – Sch: F. Bracht. – M: David Raksin. – D: Bobby Darin, Stella Stevens, Everett Chambers, Val Every. – P: Cassavetes für Paramount. – OL: 103 min. – U: Jan. 62. – In der BRD nicht verliehen.
1962   A CHILD IS WAITING. Ein Kind wartet. – B: Abby Mann. – K: Joseph LaShelle. – Sch: G. Fowler jr. – M: Ernest Gold. – D: Burt Lancaster, Judy Garland, Gena Rowlands. – P: Larcas für United Artists. – Pd: Stanley Kramer. – OL: 104 min. – U: Jan. 63. – TV: 12. 5. 76 (WDR III/S3). – In der BRD nicht verliehen.
1968   FACES. – B: Cassavetes. – K: Al Ruban. – Sch: Ruban, M. McEndree. – M: Jack Aokerman. – D: John Marley, Gena Rowlands, Lynn Carlin, Fred Draper, Seymour Cassel, Val Avery. – Pd: M. McEndree. – OL: 130 min. – U: Sept. 68 (Venedig). – In der BRD nicht verliehen.

1970   HUSBANDS. Ehemänner. – B: Cassavetes. – K: Victor Kemper. –
Sch: P. Tanner. – D: Ben Gazzara, Peter Falk, Cassavetes, Jenny
Runacre. – P: Faces Music für Columbia. – Pd: Al Ruban. – Farbe
(DeLuxe). – OL: 154 min. – U: Dez. 70. – TV: 27. 3. 76 (BR III),
15. 5. 76 (S3), 19. 5. 76 (WDR III). – In der BRD nicht verliehen.
1971   MINNIE AND MOSKOWITZ. Minnie und Moskowitz. – B: Cassa-
vetes. – K: Arthur J. Ornitz, Alric Edens, Michael Margulies. – Sch: F.
Knudtson. – M: Bo Harwood. – D: Gena Rowlands, Seymour Cassel,
Val Avery, Tim Carey, Katherine Cassavetes. – P: Al Ruban für Uni-
versal. – Farbe (Technicolor). – OL: 115 min. – U: Dez. 71. – TV:
5. 5. 76 (alle 3. Programe der ARD). – In der BRD nicht verliehen.
1973   A WOMAN UNDER THE INFLUENCE. – B: Cassavetes. – K: Mitch
Breit. – Sch: T. Cornwell, E. Bergeron, D. Armstrong, S. Viseltear. –
M: Bo Harwood. – D: Peter Falk, Gena Rowlands, Matthew Cassel,
Katherine Cassavetes, Christina Grisanti. – P: Faces International
Films. – Pd: S. Shaw. – Farbe (Metrocolor). – OL: 155 min. – U: Okt.
74. – In der BRD nicht verliehen.
1975   THE KILLING OF A CHINESE BOOKIE. – B: Cassavetes. – Sch: T.
Cornwell. – M: Bo Harwood. – D: Ben Gazzara, Timothy Agoglia
Carey, Azizi Johari, Seymour Cassel. – P: Al Ruban. – OL: 135 min. –
U: Feb. 76. – In der BRD nicht verliehen.
Lit.: Artikel Diane Jacobs in: International Film Guide 1976. – Inter-
views Joseph Gelmis in: The Film Director as Superstar. New York
1970/London 1971. – Claire Clouzot in: Ecran, Mai 76.

Francis Ford Coppola

Regisseur, Autor, Produzent; geb. 1939 in Detroit (Michigan). Vater
Flötist im NBC Symphony Orchestra. High School in Long Island,
Hofstra College in Hampstead. Erste Amateurversuche mit 8 mm.
1960–62 Filmdepartment der University of California, Los Angeles
(UCLA), Lehrerin u. a. Dorothy Arzner. 1962 Samuel Goldwyn
Award für ein Drehbuch, das nie realisiert wurde. Während des Stu-
diums drei sogenannte »Nudies«, die unter dem Titel TONIGHT FOR
SURE/COME ONE OUT zu einem 50-min-Film vereinigt wurden (dt. Titel:
Das gibt es nur im wilden Westen). Für Roger Corman 1962 Bearbeitung eines sowjetischen Sciencefictionfilms, der 1963 unter dem Titel
Battle Beyond the Sun herauskam. Erste Spielfilmregie von Corman
finanziert; Mitarbeit an Corman-Filmen: Regieassistent bei *The Pre-
mature Burial* (1962), Dialogregisseur bei *The Tower of London*
(1962), Tonmann und Kameramann für Spezialaufnahmen bei *The
Young Racers* (1962), Associate Producer bei *The Terror.* Mitte der
60er Jahre vor allem Drehbücher. 1970 Gründung des Produktionsstu-
dios »American Zoetrope«, Finanzierung der Lucas-Filme *THX 1138*
und *American Graffiti.* 1972 Gründung (mit Bogdanovich und Friedkin) der Produktionsgesellschaft »The Directors Company«. 1970 Os-

car als Co-Autor von *Patton,* 1973 Oscar als Co-Autor von THE GODFA-THER, 1975 zwei Oscars als Regisseur und Co-Autor von THE GODFA-THER PART II. Goldene Palme für THE CONVERSATION in Cannes 1973.

Als Autor: 1965 *This Property is Condemned* (Dieses Mädchen ist für alle), R: Sydney Pollack; Co-Autoren: Edith Summer, Fred Coe. *Drop Darling/My Last Dutchess,* R: Ken Hughes. *Paris brûle-t-il?* (Brennt Paris?), R: René Clement; Co-Autoren: Gore Vidal, Claude Brûlé, Aurenche et Bost, Yves Boisset; – 1966 *Reflections in a Golden Eye* (Spiegelbild im goldenen Auge), R: John Huston. Co-Autoren: Chapman Mortimer, Gladys Hill, John Huston. – 1969 *Patton* (Patton – Rebell in Uniform/Die größte Panzerschlacht des 2. Weltkrieges), R: Franklin, J. Schaffner; Co-Autor: Edmund H. North. – 1973 *The Great Gatsby* (Der große Gatsby), R: Jack Clayton.

Als Regisseur: 1962 DEMENTIA 13. – B: Coppola. – K: Charles Hannawalt. – Sch: S. O'Brien. – M: Ronald Stein. – D: William Campbell, Luana Anders, Bart Patton. – P: Film Group/AIP. – Pd: R. Corman, M. Wood. – OL: 81 min. – U: 1964. – In der BRD nicht verliehen.

1966 YOU'RE A BIG BOY NOW! Big Boy, jetzt wirst Du ein Mann! – B: Coppola, n. e. Roman v. David Benedictus. – K: Andy Laszlo. – Sch: Aram Avakian. – M: Bob Prince. – D: Peter Kastner, Elizabeth Hartman, Geraldine Page, Julie Harris, Karen Black. – P: Seven Arts. – Pd: P. Feldman. – Farbe (Eastmancolor). – OL und DL: 97 min. – U: Feb. 67. – DE: Sept. 67. – V: –.

1967 FINIAN'S RAINBOW. Der goldene Regenbogen. – B: E. Y. Harburg, Fred Saidy, n. ihrem Musical. – K: Philip Lathrop. – Sch: M. Shapiro. – M: Burton Lane. – D: Fred Astaire, Petula Clark, Tommy Steele, Don Francks. – P: Warner Bros./Seven Arts. – Pd: J. Landon. – Farbe (Technicolor), 70 mm Panavision. – OL und DL: 144 min. – U: Okt. 68. – DE: April 69. – TV: 7. 6. 76 (ZDF). – V: Warner-Columbia (35 mm).

1968 THE RAIN PEOPLE. Liebe niemals einen Fremden. – B: Coppola. – K: Wilmer Butler. – Sch: B. Malkin. – M: Ronald Stein. – D: James Caan, Shirley Knight, Robert Duvall, Marya Zimmet. – P: Warner Bros./Seven Arts. – Pd: B. Patton, R. Colby. – Farbe (Technicolor). – OL und DL: 101 min. – U: Sept. 69. – DE: Nov. 69. – V: Warner-Columbia (35 mm).

1971 THE GODFATHER. Der Pate. – Mario Puzo, Coppola, n. d. Roman von Puzo. – K: Gordon Willis. – Sch: W. Reynolds, P. Zinner. – M: Nino Rota. – D: Marlon Brando, Al Pacino, James Caan, Richard Castellano, Robert Duvall, Sterling Hayden, John Marley, Richard Conte, Diane Keaton. – P: Alfran. – Pd: A. S. Ruddy. – Farbe (Technicolor). – OL: 178 min. – DL: 176 min. – U: März 72. – DE: Aug. 72. – V: CIC (35 mm).

1973 THE CONVERSATION. Der Dialog. – B: Coppola. – K: Bill Butler. – Sch: W. Murch, R. Chew. – M: David Shire und Songs. – D: Gene

Hackman, John Cazale, Allen Garfield, Frederic Forrest, Cindy Williams, Robert Duvall. – P: The Directors Company/Paramount. – Pd: Coppola, F. Roos. – Farbe (Technicolor). – OL und DL: 113 min. – U: April 74. – DE: Sept. 74. – V: CIC (35 und 16 mm).

1974 THE GODFATHER PART II. Der Pate Teil II. – B: Coppola, Mario Puzo, n. d. Roman v. Puzo. – K: Gordon Willis. – Sch: P. Zinner, B. Malkin. – M: Nino Rota und Songs. – D: Al Pacino, Robert Duvall, Diane Keaton, Robert De Niro, John Cazale, Lee Strasberg, James Caan. – P: Paramount/The Coppola Company. – Pd: Coppola, G. Frederickson, F. Roos. – Farbe (Technicolor). – OL und DL: 200 min. – U: Dez. 74. – DE: Sept. 75. – V: CIC (35 mm).

1976 APOCALYPSE NOW. – B: John Milius, Coppola. – D: Marlon Brando, Robert Duvall, Martin Sheen. – Pd: Coppola. – U: April 77 (gepl.).

Lit.: Aufsätze Charles Higham in: Action (Hollywood), Mai–Juni 73; Joseph McBride in: American Film (Washington), Nov. 75; Peter Cowie in: International Film Guide 1976. – Max Tessier und Jean A. Gili in: Ecran, Juli 74. – Aufsatz und Interview Stephen Farber in: SaS, Herbst 72. – Interviews John Cutts in: FaF, Mai 69; Joseph Gelmis in: The Film Director as Superstar. New York 1970/London 1971; Marjorie Rosen in: FC, Juli–Aug. 74.

Robert De Niro

Darsteller; geb. 1945 in New York City. Ausbildung bei Stella Adler und Lee Strasberg. Off-Broadway-Produktionen und Tourneetheater. 1975 Oscar für die beste Nebenrolle in *The Godfather Part II*. (Bild S. 57)

1964 *The Wedding Party*, R: Brian De Palma. – 1968 *Greetings* (Grüße), R: Brian De Palma. – 1969 *Hi, Mom!*, R: Brian De Palma. *Bloody Mama* (Bloody Mama), R: Roger Corman. – 1971 *Jennifer On My Mind*, R: Noël Black. *The Gang That Couldn't Shoot Straight* (Wo die Gangster um die Ecke knallen), R: James Goldstone. *Born to Win*, R: Ivan Passer. – 1972 *Bang the Drum Slowly*, R: John Hancock. – 1973 *Mean Streets* (Hexenkessel), R: Martin Scorsese. – 1974 *The Godfather Part II* (Der Pate Teil II), R: Francis Ford Coppola. – 1974–75 *1900* (1900), R: Bernardo Bertolucci. – 1975 *Taxi Driver* (Taxi Driver), R: Martin Scorsese. *The Last Tycoon*, R: Elia Kazan.

Brian De Palma

Regisseur, Autor; geb. 1940 in Philadelphia (Pennsylvania). Studium Columbia University abgebrochen, zwei Kurzfilme auf eigene Kosten: ICARUS (1960) und 660124, THE STORY OF AN IBM CARD (1961). Mit Jim McBride Huntington Hartford Film Center, betrieb ein Kino und drehte Kurzfilm WOTAN'S WAVE (1962). Stipendium und Mäzenatenhilfe für ersten Spielfilm: 1964 gedreht, 1966 geschnitten, 1969 uraufgeführt. Zwei Dokumentarfilme: THE RESPONSIBLE EYE (1966) und DIONY-SUS IN 69 (1969. 1970 im Wettbewerb der Berlinale).

1964 THE WEDDING PARTY. – R und B: Cynthia Munroe, Wilford Leach, De Palma. – K: Peter Powell. – M: John Herbert McDowell. – D: Jill Clayburgh, Charles Pfluger, Valda Setterfield, Robert De Niro. – P: Powell Prod. – Pd: C. Munroe, W. Leach, De Palma. – sw. – OL: 90 min. – U: April 69. – In der BRD nicht verliehen.

1968 GREETINGS. Grüße. – B: Charles Hirsch, De Palma. – K: Robert Fiore. – Sch: De Palma. – M: The Children of Paradise. – D: Jonathan Warden, Robert De Niro, Gerritt Graham, Richard Hamilton. – P: West End Films. – Pd: C. Hirsch. – Farbe (Eastmancolor). – OL: 88 min. – U: Dez. 68. – 1969 im Wettbewerb der Berlinale. – TV: 8. 12. 69 (ARD). – In der BRD nicht verliehen.

1969 HI, MOM! – B: De Palma. – K: Robert Elfstrom. – Sch: P. Hirsch. – M: Eric Katz. – D: Robert De Niro, Jennifer Salt, Charles Durnham, Allen Garfield, Abraham Goren. – Pd: C. Hirsch. – Farbe (Eastmancolor). – OL: 87 min. – U: April 70. – In der BRD nicht verliehen.

1970 GET TO KNOW YOUR RABBIT. – B: Jordan Crittenden. – K: John A. Alonzo. – Sch: F. Urioste, P. Colbert. – M: Jack Elliott, Allyn Ferguson. – D: Tom Smothers, Orson Welles, John Astin, Suzanne Zenor, Samantha Jones, Allen Garfield. – Pd: S. Bernhardt, P. Gaer. – Farbe (Technicolor). – OL: 93 min. – U: Juni 72. – In der BRD nicht verliehen.

1972 SISTERS. – B: De Palma, Louisa Rose. – K: Gregory Sandor. – Sch: P. Hirsch. – M: Bernard Herrmann. – D: Margot Kidder, Jennifer Salt, Charles Durning, Bill Finley. – P: Pressman-Williams Enterprises. – Pd: E. R. Pressman. – Farbe (Movielab). – OL: 94 min. – U: März 73. – In der BRD nicht verliehen.

1974 PHANTOM OF THE PARADISE. Phantom im Paradies. – B: De Palma. – K: Larry Pizer. – Sch: P. Hirsch. – M: Paul Williams u. diverse Songs. – D: Paul Williams, William Finley, Jessica Harper, Gerritt Graham. – P: Pressman-Williams. – Pd: E. R. Pressman. – Farbe (Movielab/DeLuxe). – OL und DL: 91 min. – U: Okt. 74. – DE: Juli 75. – V: Centfox (35 mm).

1975 OBSESSION. – B: Paul Schrader. – K: Vilmos Zsigmond. – M: Bernard Herrmann. – D: Cliff Robertson, Geneviève Bujold. – Pd: G. Litto, H. N. Blum. – Farbe. – U: Sommer 76 (geplant).

Lit.: Interviews Joseph Gelmis in: The Film Director as Superstar. New York 1970/London 1971; Edward Margulies in: Action, 9/10. 74.

Bruce Dern

Darsteller; geb. 1937 in Chikago (Illinois). Studium University of Pennsylvania. Schauspielausbildung bei Gordon Phillips. Kursus am Actors' Studio. Debüt in New York in *Shadows of a Gunman*. TV-Arbeit u. a. in den Serien *Gunsmoke, Big Valley* und *Bonanza*.

1960   *Wild River* (Wilder Strom), R: Elia Kazan. – 1964   *Hush . . .
Hush, Sweet Charlotte* (Wiegenlied für eine Leiche), R: Robert Aldrich.
Marnie (Marnie), R: Alfred Hitchcock. – 1966   *The Wild Angels* (Die
wilden Engel), R: Roger Corman. *The War Wagon* (Die Gewaltigen),
R: Burt Kennedy. – 1967   *Hang'em High* (Hängt ihn höher), R: Ted
Post. *The Trip* (The Trip), R: Roger Corman. *Will Penny* (Der Verwe-
gene), R: Tom Gries. – 1968   *Support Your Local Sheriff* (Auch ein
Sheriff braucht mal Hilfe), R: Burt Kennedy. *Castle Keep* (Das Schloß
in den Ardennen), R: Sydney Pollack. – 1969   *They Shoot Horses,
Don't They?* (Nur Pferden gibt man den Gnadenschuß), R: Sydney
Pollack. *Bloody Mama* (Bloody Mama), R: Roger Corman. –
1970   *The Incredible Two-Headed Transplant*, R: Anthony M. Lanza.
– 1971   *Drive, He Said*, R: Jack Nicholson. *The Cowboys* (Die Cow-
boys), R: Mark Rydell. *Silent Running* (Lautlos im Weltraum), R:
Douglas Trumbull. – 1972   *Thumb Tripping*, R: Quintin Masters. *The
King of Marvin Gardens* (Der König von Marvin Gardens), R: Bob
Rafelson. – 1973   *The Great Gatsby* (Der große Gatsby), R: Jack
Clayton. *The Laughing Policeman* (Massenmord in San Francisco), R:
Stuart Rosenberg. – 1974   *Posse* (Männer des Gesetzes), R: Kirk
Douglas. *Smile*, R: Michael Ritchie. – 1975   *Family Plot* (Familien-
grab), R: Alfred Hitchcock. *Won Ton Ton – The Dog Who Saved
Hollywood* (Won Ton Ton, der Hund, der Hollywood rettete), R:
Michael Winner. *Folies bourgeoises* (Bürgerliche Verrücktheiten), R:
Claude Chabrol. – 1976   *Black Sunday*, R: John Frankenheimer.
Lit.: Interviews James Delson in: Take One, Juli 73; Tere Tereba in:
Interview, Jan. 76.

Richard Dreyfuss

Darsteller; geb. 1949 in Brooklyn (New York). Schulbesuch in Beverly
Hills. Engagement am Gallery Theatre in Los Angeles. Hauptrolle in
Shaws *Major Barbara*. In TV-Serien (u. a. *Big Valley, Room 222*).
Bühnenerfolg, mit Henry Fonda, in Saroyans *The Time of Your Life* in
Los Angeles. (Bild S. 53 r.)
1968   *The Young Runaways*, R: Arthur Dreifuss. *Hello Down There*,
R: Jack Arnold. – 1972   *Dillinger* (Jagd auf Dillinger), R: John Milius.
– 1973   *American Graffiti* (American Graffiti), R: George Lucas. *The
Apprenticeship of Duddy Kravitz* (Duddy will hoch hinaus), R: Ted
Kotcheff. – 1974   *Jaws* (Der weiße Hai), R: Steven Spielberg. – 1975
Inserts (Nahaufnahme), R: John Byrum.

Faye Dunaway

Darstellerin; geb. 1941 in Bascom (Florida). Offizierstochter. Mit 17
Serviererin. Schauspielunterricht in Boston. Aufgefallen in einer Uni-
versitätsaufführung von Arthur Millers *The Crucible*. Auf Fürsprache

von Elia Kazan bei der Lincoln Center Repertory Company, dann beim American Place Theatre. Von Sam Spiegel entdeckt. (Bild S. 24)
1966 *The Happening* (Die Meute), R: Elliot Silverstein. *Hurry Sundown* (Morgen ist ein neuer Tag), R: Otto Preminger. – 1967 *The Extraordinary Seaman,* R: John Frankenheimer. *Bonnie and Clyde* (Bonnie und Clyde), R: Arthur Penn. *The Thomas Crown Affair* (Thomas Crown ist nicht zu fassen), R: Norman Jewison. – 1968 *Gli Amanti* (Der Duft deiner Haut), R: Vittorio De Sica. – 1969 *The Arrangement* (Das Arrangement), R: Elia Kazan. *Little Big Man* (Little Big Man), R: Arthur Penn. – 1970 *Puzzle of a Downfall Child,* R: Jerry Schatzberg. *Doc* (Doc), R: Frank Perry. – 1971 *La Maison sous les arbres* (Das Haus unter den Bäumen), R: René Clément. – 1972 *Oklahoma Crude* (Oklahoma Crude), R: Stanley Kramer. – 1973 *The Three Musketeers (The Queen's Diamonds)* (Die drei Musketiere), R: Richard Lester. *The Four Musketeers (The Revenge of Milady)* (Die vier Musketiere – Die Rache der Mylady), R: Richard Lester. *Chinatown* (Chinatown), R: Roman Polanski. – 1974 *The Towering Inferno* (Flammendes Inferno), R: John Guillermin. – 1975 *Three Days of the Condor* (Die drei Tage des Condor), R: Sydney Pollack. *Voyage of the Damned,* R: Stuart Rosenberg. – 1976 *Network,* R: Sidney Lumet.

Robert Duvall

Darsteller; geb. 1931 in San Diego (California). 1955 aus der Armee ausgeschieden. Schauspielunterricht am Neighborhood Playhouse, New York. Bühnenerfolge Off-Broadway, u.a. in *A View from the Bridge* (Miller). Regelmäßige TV-Arbeit (u.a. in den Serien *Nacked City* und *FBI*). (Bild S. 118)
1962 *To Kill a Mockingbird* (Wer die Nachtigall stört), R: Robert Mulligan. – 1963 *Captain Newman M. D.* (Captain Newman), R: David Miller. *Nightmare in the Sun* (Hetzjagd in Ketten), R: Marc Lawrence. – 1965 *The Chase* (Ein Mann wird gejagt), R: Arthur Penn. – 1966 *Countdown* (Countdown: Start zum Mond), R: Robert Altman. *Cosa Nostra – An Arch Enemy of the FBI* (Cosa Nostra – Erzfeind des FBI), R: Don Medford. – 1967 *The Detective* (Der Detektiv), R: Gordon Douglas. – 1968 *Bullitt* (Bullitt), R: Peter Yates. *True Grit* (Der Marshal), R: Henry Hathaway. – 1969 *The Rain People* (Liebe niemals einen Fremden), R: Francis Ford Coppola. *M*A*S*H* (M*A*S*H), R: Robert Altman. *The Revolutionary,* R: Paul Williams. – 1970 *THX 1138,* R: George Lucas. *The Great Northfield, Minnesota, Raid* (Der große Minnesota-Überfall), R: Philip Kaufman. *Lawman* (Lawman), R: Michael Winner. – 1971 *Tomorrow,* R: Joseph Anthony. *The Godfather* (Der Pate), R: Francis Ford Coppola. – 1972 *Joe Kidd* (Sinola), R: John Sturges. *Badge 373* (Wie ein Panther in der Nacht), R: Howard W. Koch. *Lady*

Bruce Dern   Peter Falk

Ice, R: Tom Gries. – 1973   *The Conversation* (Der Dialog), R: Francis Ford Coppola. *The Outfit* (Revolte in der Unterwelt), R: John Flynn. – 1974   *The Godfather Part II* (Der Pate Teil II), R: Francis Ford Coppola. *Breakout* (Der Mann ohne Nerven), R: Tom Gries. – 1975   *The Killer Elite* (Die Killer Elite), R: Sam Peckinpah. *The Seven-Per-Cent Solution,* R: Herbert Ross. – 1976   *Network,* R: Sidney Lumet. *The Eagle Has Landed,* R: John Sturges. *Apocalypse Now,* R: Francis Ford Coppola.

Carol Eastman

Autorin; schreibt unter dem Pseudonym Adrien Joyce. Schwester des Autors und Regisseurs Charles Eastman.
1965   *The Shooting* (Das Schießen), R: Monte Hellman. – 1968 amerikanische Dialoge zu: *Model Shop* (R: Jacques Demy). – 1970   *Five Easy Pieces* (Five Easy Pieces – Ein Mann sucht sich selbst), R: Bob Rafelson. *The Puzzle of a Downfall Child,* R: Jerry Schatzberg. – 1974   *The Fortune* (Mitgiftjäger), R: Mike Nichols.

Peter Falk

Darsteller; geb. 1927 in New York City. Verlor rechtes Auge als Kind durch Tumor. 1945/46 Koch bei der Marine. Abgeschlossenes Studium der Betriebswirtschaft. Schauspielunterricht in Westport, dann in New York. Debüt Off-Broadway 1956 als Sganarelle in Molièrs *Don Juan.* Erste Broadway-Rolle in Shaws *Saint Joan.* Ab 1957 zahlreiche Fernsehauftritte. Ab 1971 Titelrolle in der TV-Serie *Columbo.*
1958   *Wind Across the Everglades* (Sumpf unter den Füßen), R: Nicholas Ray. – 1959   *The Bloody Brood,* R: Julan Roffman. *Pretty Boy Floyd* (Der Killer mit dem Babygesicht), R: Herbert J. Leder. – 1960   *Murder, Inc.* (Unterwelt), R: Burt Balaban, Stuart Rosenberg. *The Secret of the Purple Reef,* R: William N. Whitney. – 1961   *Pocketful of Miracles* (Die unteren Zehntausend), R: Frank

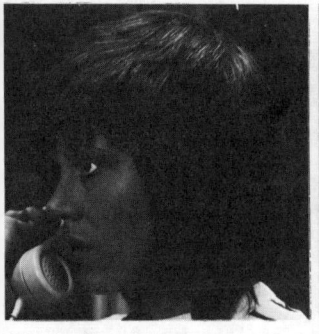 

Jane Fonda   *Goldie Hawn*

Capra. – 1962   *Pressure Point,* R: Hubert Cornfield. *It's a Mad, Mad, Mad, Mad World* (Eine total, total verrückte Welt/Das Ding), R: Stanley Kramer. – 1963   *The Balcony,* R: Joseph Strick. *Robin and the Seven Hoods* (Sieben gegen Chikago), R: Gordon Douglas. – 1964   *The Great Race* (Das große Rennen rund um die Welt), R: Blake Edwards. – 1965   *Italiano brava gente,* R: Giuseppe De Santis. *Penelope* (Penelope), R: Arthur Hiller. *Too Many Thieves* (Brillanten-Razzia), R: Abner Biberman. – 1967   *Luv* (Versuchs doch mal mit meiner Frau), R: Clive Donner. – 1968   *Gli intoccabili* (Die Unschlagbaren), R: Giuliano Montaldo. *Anzio,* R: Edward Dmytryk. *Castle Keep* (Das Schloß in den Ardennen), R: Sydney Pollack. – 1970   *Husbands* (Ehemänner), R: John Cassavetes. – 1973   *A Woman Under the Influence,* R: John Cassavetes. – 1975   *Murder by Death* (Eine Leiche zum Dessert), R: Robert Moore.

Jane Fonda

Darstellerin; geb. 1937 in New York City. Tochter von Henry Fonda, Schwester von Peter Fonda. Malerei- und Sprachstudium in Paris. Schauspielunterricht bei Lee Strasberg am Actors' Studio, New York. Arbeit als Fotomodell. Broadway-Debüt 1960 in *There was a Little Girl* (Inszenierung: Joshua Logan). 1963 drehten Pennebaker und Leacock über ihre Theaterarbeit den Dokumentarfilm *Jane* (51 min.). 1964–69 mit dem französischen Regisseur Roger Vadim verheiratet. Durch die Studentenbewegung politisiert. 1974 realisierte sie mit Christine Burrill, Bill Yahraus, Haskell Wexler und ihrem (zweiten) Ehemann Tom Hayden VIETNAM JOURNEY: INTRODUCTION TO THE ENEMY (64 min.). 1971 für *Klute* Oscar als beste Hauptdarstellerin. Ein Titelfoto von »L'Express« (Jane Fonda mit Nordvietnamesen) veranlaßte Jean-Luc Godard und Jean-Pierre Gorin 1972 zu *Letter to Jane* (52 min.).
1959   *Tall Story* (Je länger – je lieber), R: Joshua Logan. – 1961   *Walk on the Wild Side* (Auf glühendem Pflaster), R: Edward

Dmytryk. *The Chapman Report* (Der Chapman-Report), R: George Cukor. – 1962 *Period of Adjustment* (Zeit der Anpassung), R: George Roy Hill. – 1963 *In the Cool of the Day* (Begierde an schattigen Tagen), R: Robert Stevens. *Sunday in New York* (Sonntag in New York), R: Peter Tewksbury. *Les Felins* (Wie Raubkatzen), R: René Clément. – 1964 *La Ronde* (Der Reigen), R: Roger Vadim. *Cat Ballou* (Cat Ballou – hängen sollst du in Wyoming), R: Elliot Silverstein. – 1965 *The Chase* (Ein Mann wird gejagt), R: Arthur Penn. – 1966 *Any Wednesday* (Jeden Mittwoch), R: Robert Ellis Miller. *La Curée* (Die Beute), R: Roger Vadim. *Hurry Sundown* (Morgen ist ein neuer Tag), R: Otto Preminger. *Barefoot in the Park* (Barfuß im Park), R: Gene Saks. – 1967 *Barbarella* (Barbarella), R: Roger Vadim. *Histoires extraordinaires/Spirits of the Dead,* Episodenfilm, R der Fonda-Episode: Roger Vadim. – 1969 *They Shoot Horses, Don't They?* (Nur Pferden gibt man den Gnadenschuß), R: Sydney Pollack. – 1970 *Klute* (Klute), R: Alan J. Pakula. – 1971 *F. T. A.,* R: Francine Parker, Co-Autorin und Co-Pd: J. Fonda. *Steelyard Blues* (Steelyard Blues), R: Alan Myerson. – 1972 *Tout va bien,* R: Jean-Luc Godard, Jean Pierre Gorin. – 1973 *A Doll's House* (Nora), R: Joseph Losey. – 1975 *The Blue Bird,* R: George Cukor. – 1976 *Dick and Jane* (Das Geld liegt auf der Straße), R: Ted Kotcheff. *Julia,* R: Fred Zinneman.

Lit.: John Springer: The Fondas. The Films and Careers of Henry, Jane and Peter Fonda. New York: Citadel 1970. – Jane Fonda: Vietnam-Tagebuch. in: Fernsehen und Film (Berlin DDR), Nov. 74. – Godard/Gorin: Befragung eines Bildes (Filmtext v. *Letter to Jane*). in: Filmkritik, Juli 74; Jane Fondas Antwort auf *Letter to Jane* (Interview G. Peary) in: Take One, Juli 74. – James Brough: The Fabulous Fondas. London: W. H. Allen 1975.

Peter Fonda

Darsteller, Regisseur; geb. 1939 in New York City. Sohn von Henry Fonda, Bruder von Jane Fonda. University of Omaha. Broadway-Debüt 1961 in *Blood, Sweet, and Stanley Poole* v. James Goldman. (Bild S. 25 r., 30ff.)

Als Darsteller: 1962 *Tammy and the Doctor* (Sandra und der Doktor), R: Harry Keller. *The Victors* (Die Sieger), R: Carl Foreman. – 1963 *Lilith* (Lilith), R: Robert Rossen. *The Young Lovers* (Die Saat der Liebe), R: Samuel Goldwyn jr. *The Rounders* (Nebraska), R: Burt Kennedy. – 1966 *The Wild Angels* (Die wilden Engel), R: Roger Corman. – 1967 *The Trip* (The Trip), R: Roger Corman. *Histoires extraordinaires/Spirits of the Dead,* Episodenfilm, R der Peter-Fonda-Episode: Roger Vadim. – 1969 *Easy Rider* (Easy Rider), R: Dennis Hopper. – 1973 *Dirty Mary, Crazy Larry* (Kesse Mary, irrer Larry), R: John Hough. – 1974 *Open Season* (Open Season – Jagdzeit), R: Peter Collinson. *Race With the Devil* (Vier im rasenden Sarg), R: Jack

Starrett. – 1975   *92 In the Shade,* R: Thomas McGuane. *Killer Force* (Die Söldner), R: Val Guest. *Fighting Mad* (Hundsfötter), R: Jonathan Demme.

Als Regisseur: 1970   THE HIRED HAND. Der weite Ritt. – B: Alan Sharp. – K: Vilmos Zsigmond. – Sch: F. Mazzola. – M: Bruce Langhorne. – D: Peter Fonda, Warren Oates, Verna Bloom, Robert Pratt. – P: Universal/Pando. – Pd: W. Hayward. – Farbe (Technicolor). – OL und DL: 90 min. – U: Aug. 71. – DE: Dez. 71. – V: CIC (35 mm).

1973   IDAHO TRANSFER. Expedition in die Zukunft. – B: Thomas Matthiesen. – K: Bruce Logan. – Sch: C. McClelland. – M: Bruce Langhorne. – D: Kelley Bohanan, Kevin Hearst, Caroline Hildebrand, Keith Carradine. – P: Pando. – Pd: W. Hayward. – Farbe (CFI Color). – OL: 87 min. – U: Sept. 73. – TV: 9. 5. 75 (ARD). – In der BRD nicht verliehen.

Lit.: John Springer: The Fondas. New York: Citadel 1970. – Interview in: Ron Henderson (Hrsg.): The Image Makers. Richmond: Knox 1971. – James Brough: The Fabulous Fondas. London: Allen 1975.

William Friedkin

Regisseur; geb. 1939 in Chicago (Illinois). Mit 17 Jahren zum Fernsehen. Aufstieg vom Hausboten zum Regisseur. 1957–65 über 2000 TV-Berichte und ein Dutzend Dokumentationen für das NBC-Bildungsprogramm. 1972 Oscar für Regie von THE FRENCH CONNECTION.

1966   GOOD TIMES. – B: Tony Barrett, n. e. Story v. Nicholas Hyams. – K: Robert Wyckoff. – Sch: M. Shapiro. – M: Sonny Bono. – D: Sonny & Cher, George Sanders, Norman Alden. – P: Motion Pictures International. – Pd: L. Parsons. – Farbe (DeLuxe). – OL: 91 min. – U: April 67. – In der BRD nicht verliehen.

1968   THE NIGHT THEY RAIDED MINSKY'S. Die Nacht, als Minsky aufflog. – B: Arnold Schulman, Sidney Michaels, Norman Lear, n. d. Buch v. Rowland Barber. – K: Andrew Laszlo. – Sch: R. Rosenblum. – M: Charles Strouse. – D: Jason Robards, Britt Ekland, Norman Wisdom, Forrest Tucker, Harry Andrews. – P: Tandem. – Pd: N. Lear. – Farbe (DeLuxe). – OL: 99 min. – U: Dez. 68. – TV: 15. 2. 74 (ARD), 14. 11. 75 (BR III). – In der BRD nicht verliehen.

1968   THE BIRTHDAY PARTY. – B: Harold Pinter, n. s. Theaterstück. – K: Denys Coop. – Sch: A. Gibbs. – D: Robert Shaw, Patrick Magee, Dandy Nichols. – P: Palomar. – Pd: M. Rosenberg, M. Subotsky. – Farbe (Technicolor). – OL: 124 min. – U: Dez. 68. – In der BRD nicht verliehen.

1969   THE BOYS IN THE BAND. Die Harten und die Zarten. – B: Mart Crowley, n. s. Theaterstück. – K: Arthur J. Ornitz. – Sch: C. Lerner. – M: Song v. Cole Porter. – D: Kenneth Nelson, Leonard Frey, Frederick Combs. – P: Leo. – Pd: M. Crowley. – Farbe (Technicolor). – OL und DL: 120 min. – U: April 70. – DE: Okt. 70. – V: –.

1971 THE FRENCH CONNECTION. Brennpunkt Brooklyn. – B: Ernest
Tidyman, n. d. Buch v. Robin Moore. – K: Owen Roizman. – Sch: J.
Greenberg. – M: Don Ellis. – D: Gene Hackman, Fernando Rey, Roy
Schneider, Tony Lo Bianco. – P: D'Antoni/Schine-Moore. – Pd: P.
D'Antoni. – Farbe (DeLuxe). – OL und DL: 104 min. – U: Okt. 71. –
DE: Jan. 72. – V: Centfox (35 mm).
1972 THE EXORCIST. Der Exorzist. – B: William Peter Blatty, n. s.
Roman. – K: Owen Roizman, Billy Williams. – Sch: E. Lottman, N.
Gray. – M: Penderecki, Henze, Webern u. a. – D: Ellen Burstyn, Linda
Blair, Max von Sydow, Lee J. Cobb, Kitty Winn, Rudolf Schündler. – P:
Hoya für Warner Bros. – Pd: W. P. Blatty. – Farbe (Metrocolor). – OL
und DL: 122 min. – Deutsche Bearbeitung: Bernhard Wicki. – U: Dez.
73. – DE: Sept. 74. – V: Warner-Columbia (35 mm).
Lit.: Bericht Friedkin über THE FRENCH CONNECTION in: Action (Holly-
wood), März-April 72. – Interview Michael Shedlin in: Film Quarterly,
Sommer 72. – Protokoll eines Seminars mit Friedkin in: Dialogue on
Film, Feb.–März 74. – Peter Travers/Stephanie Reiff: The Story Behind The Exorcist. New York: Crown 1974.

Elliott Gould

Darsteller; geb. 1938 in Brooklyn (New York). Eigentlich: Elliott
Goldstein. Showbusiness-Schule für Kinder von Charlie Lowe. Mit 18
Jahren Chorsänger am Broadway, u. a. in *Irma la Douce* und in *I Can
Get It For You Wholesale*. 1963–70 mit Barbra Streisand verheiratet.
(Bild S. 38 l., 39 o. l., u. a.)
1964 *The Confession,* R: William Dieterle. – 1968 *The Night They
Raided Minsky's* (Die Nacht, als Minsky aufflog), R: William Friedkin.
– 1969 *Bob & Carol & Ted & Alice* (Bob & Caroline & Ted & Alice),
R: Paul Mazursky. *M*A*S*H* (M*A*S*H), R: Robert Altman. *Get-
ting Straight* (Getting Straight), R: Richard Rush. – 1970 *Move,* R:
Stuart Rosenberg. *I Love My Wife,* R: Mel Stuart. *The Touch* (The
Touch), R: Ingmar Bergman. *Little Murders,* R: Alan Arkin. –
1972 *The Long Goodbye* (Der Tod kennt keine Wiederkehr), R:
Robert Altman. – 1973 *Busting* (Spur der Gewalt), R: Peter Hyams.
Who?, R: Jack Gold. – 1974 *S*P*Y*S* (S*P*Y*S), R: Irvin Kersh-
ner. *California Split* (California Split), R: Robert Altman. Gastrolle in
Nashville (Nashville), R: Robert Altman. – 1975 *Whiffs,* R: Ted
Post. *I Will . . . I Will . . . For Now,* R: Norman Panama. *Harry and
Walter Go to New York* (Harry und Walter gehen nach New York), R:
Mark Rydell. – 1976 *A Bridge Too Far,* R: Richard Attenborough.
Lit.: Aufsatz Michel Cieutat in: Positif, Feb. 75.

Gene Hackman

Darsteller; geb. 1931 in San Bernardino (California). Eigentlich: Eugene Alden Hackman. Sohn eines Journalisten. Mit 16 zur Marine. Regieassistent bei kleiner TV-Station. Schauspielunterricht in New York. Bis

152

Anfang der 60er Jahre wenig beschäftigt. Durchbruch auf der Bühne in *Any Wednesday* v. Muriel Resnick am Broadway. TV-Arbeit für die Serien *FBI, The Invaders, The Iron Horse* u.a. 1972 Oscar als bester Darsteller in *The French Connection.* (Bild S. 120, 121)

1963 *Lilith* (Lilith), R: Robert Rossen. – 1965 *Hawaii* (Hawaii), R: George Roy Hill. – 1966 *Banning* (25 000 Dollar für einen Mann), R: Ron Winston. – 1967 *Bonnie and Clyde* (Bonnie und Clyde), R: Arthur Penn. *A Covenant With Death,* R: Lamont Johnson. *First to Fight* (Shanghai-Jack), R: Christian Nyby. – 1968 *The Split* (Bullen – wie lange wollt ihr leben?), R: Gordon Flemyng. *Riot* (Ausbruch der Verdammten), R: Buzz Kulik. – 1969 *The Gypsy Moths,* R: John Frankenheimer. *Marooned* (Verschollen im Weltraum), R: John Sturges. *Downhill Racer* (Schußfahrt), R: Michael Ritchie. – 1970 *I Never Sang For My Father,* R: Gilbert Cates. *Doctors' Wives* (Frauen der Ärzte), R: George Schaefer. – 1971 *Cisco Pike* (Cisco Pike), R: Bill L. Norton. *The French Connection* (Brennpunkt Brooklyn), R: William Friedkin. *The Hunting Party* (Leise weht der Wind des Todes), R: Don Medford. *Prime Cut* (Die Professionals), R: Michael Ritchie. – 1972 *The Poseidon Adventure* (Die Höllenfahrt der Poseidon), R: Ronald Neame. *Scarecrow* (Asphalt-Blüten), R: Jerry Schatzberg. – 1973 *Zandy's Bride,* R: Jan Troell. *The Conversation* (Der Dialog), R: Francis Ford Coppola. – 1974 *Night Moves* (Die heiße Spur), R: Arthur Penn. *Bite the Bullet* (700 Meilen westwärts), R: Richard Brooks. Gastrolle in *Young Frankenstein* (Frankenstein junior), R: Mel Brooks. *French Connection II* (French Connection II), R: John Frankenheimer. – 1975 *Lucky Lady* (Abenteurer auf der Lucky Lady), R: Stanley Donen. – 1976 *The Domino Principle,* R: Stanley Kramer. *A Bridge Too Far,* R: Richard Attenborough.

Lit.: Interviews Pete Hamill in: FC, Sept.–Okt. 74; Herbert G. Luft in: Films in Review, Jan. 75. – Aufsatz Michel Cieutat in: Positif, Nov. 75.

Conrad Hall

Kameramann; geb. 1927 auf Tahiti. Sohn des Schriftstellers James Norman Hall (Co-Autor v. *Mutiny of the Bounty*). Journalismusstudium University of Southern California. Erste Arbeiten bei unabhängigen Filmmachern Anfang der 50er Jahre. Mitarbeit an den Naturfilmen von Walt Disney. Allroundtätigkeit im Fernsehen. Ab 1964 Director of Photography in Spielfilmen. 1969 Oscar für *Butch Cassidy and the Sundance Kid.*

1964 *The Wild Seed,* R: Brian G. Hutton. *Saboteur: Code Name Morituri* (Morituri), R: Bernhard Wicki. – 1965 *Incubus,* R: Leslie Stevens. *Harper* (Ein Fall für Harper), R: Jack Smight. – 1966 *The Professionals* (Die gefürchteten Vier), R: Richard Brooks. *Divorce American Style* (Scheidung auf amerikanisch), R: Bud Yorkin. *Cool Hand Luke* (Der Unbeugsame), R: Stuart Rosenberg. – 1967 *In Cold*

Blood (Kaltblütig), R: Richard Brooks. – 1968   *Hell in the Pacific* (Die Hölle sind wir), R: John Boorman. *Butch Cassidy and the Sundance Kid* (Zwei Banditen/Butch Cassidy und Sundance Kid), R: George Roy Hill. – 1969   *The Happy Ending* (Happy-End für eine Ehe), R: Richard Brooks. *Tell Them Willie Boy Is Here* (Blutige Spur), R: Abraham Polonsky. – 1971   *Fat City* (Fat City), R: John Huston. *Electra Glide in Blue* (Harley Davidson 344), R: James William Guercio. – 1973   *Catch My Soul*, R: Patrick McGoohan. *The Day of the Locust* (Der Tag der Heuschrecke), R: John Schlesinger. – 1974   *Smile*, R: Michael Ritchie.

Lit.: Interviews in: Leonard Maltin: Behind the Camera. New York: Signet Book 1971; Michael Shedlin in: Film Quarterly, Frühjahr 71. – Text eines Seminars mit Hall in: Dialogue on Film, Okt. 73. – Bericht Hall über THE DAY OF THE LOCUST in: American Cinematographer, Juni 75.

Goldie Hawn

Darstellerin; geb. 1945 in Washington, D.C. Ausgebildete Tänzerin. Debüt als TV-Darstellerin in der Serie *Laugh-In*. 1970 Oscar für die beste Nebenrolle in *Cactus Flower*.

1967   *The One and Only Genuine Original Family Band,* R: Michael O'Herlihy. – 1969   *Cactus Flower* (Die Kaktusblüte), R: Gene Saks. – 1970   *There's a Girl in My Soup* (Ein Mädchen in der Suppe), R: Roy Boulting. – 1971   *Dollars* (Der Millionenraub), R: Richard Brooks. *Butterflies are Free* (Schmetterlinge sind frei), R: Milton Katselas. – 1973   *The Sugarland Express* (Sugarland Express), R: Steven Spielberg. *The Girl from Petrovka* (Das Mädchen von Petrovka), R: Robert Ellis Miller. – 1974   *Shampoo* (Shampoo), R: Hal Ashby. – 1975   *The Duchess and the Dirtwater Fox* (Ein ausgebuffter Fuchs), R: Mel Frank.

Lit.: Interview Andy Warhol, Bob Colacello, Barbara Allen in: Interview, Mai 76.

Monte Hellman

Regisseur, Cutter; geb. 1932 in New York City. Abgeschlossenes Studium (Rhetorik und Theaterwissenschaft) Stanford University. Ausbildung am Filmdepartment der University of California, Los Angeles (UCLA). Theater, Inszenierung von *Warten auf Godot*. Erste Spielfilmregie von Roger Corman finanziert. Mitarbeit an Corman-Produktionen (u.a. Regie der Hälfte von *The Terror*). Cutterassistenz bei Universal. Mitte der 60er Jahre zwei amerikanische Auftragsproduktionen auf den Philippinen und zwei Western, in den USA nicht verliehen. Danach Cutter (u.a. von *The Wild Angels,* Die wilden Engel, R: Roger Corman) und Dialogregisseur.

154

1959 BEAST FROM A HAUNTED CAVE. – B: Charles Griffith. – K: Andy Costikyan. – Sch: A. Carras. – M: Alexander Laszlo. – D: Michael Forest, Sheila Carol, Frank Wolff. – P: The Filmgroup/Roger Corman Prod. – OL: 75 min. – U: Okt. 59. – In der BRD nicht verliehen.

1963 BACK DOOR TO HELL. – B: Richard A. Guttman, John Hackett. – K: Mars Rasca. – Sch: F. Crisotomo. – M: Mike Velarde. – D: Jimmie Rodgers, Jack Nicholson, John Hackett. – P: Lippert/Medaillon. – Pd: F. Roos. – OL: 69 min. – U: Jan. 65. – In der BRD nicht verliehen.

1964 FLIGHT TO FURY. – B: Hellman. – K: Mike Accion. – D: Dewey Martin, Fay Spain, Jack Nicholson, Jaclyn Hellman. – P: Lippert. – Pd: F. Roos. – OL: 62 min. – U: 1967. – In der BRD nicht verliehen.

1965 THE SHOOTING. Das Schießen. – B: Adrien Joyce (d. i. Carol Eastman). – K: Gregory Sandor. – Sch: Hellman. – M: Richard Markowitz – D: Warren Oates, Will Hutchins, Millie Perkins, Jack Nicholson. – P: Santa Clara. – Pd: Jack Nicholson, Hellman. – Farbe (DeLuxe). – OL: 81 min. – U: Mai 66 (Cannes). – TV: 1. 4. 69 (ARD). – In der BRD nicht verliehen.

1965 RIDE IN THE WHIRLWIND. Ritt im Wirbelwind. – B: Jack Nicholson. – K: Gregory Sandor. – Sch: Hellman. – M: Robert Drasnin. – D: Cameron Mitchell, Jack Nicholson, Tom Filer, Millie Perkins. – P: Proteus/Santa Clara. – Pd: Jack Nicholson, Hellman. – Farbe (DeLuxe). – OL: 82 min. – U: Mai 66 (Cannes). – TV: 21. 6. 69 (ARD). – In der BRD nicht verliehen.

1970 TWO-LANE BLACKTOP. Asphaltrennen. – B: Rudolph Wurlitzer, Will Corry. – K: Jack Deerson. – Sch: Hellman. – M: Billy James. – D: James Taylor, Warren Oates, Laurie Bird, Dennis Wilson, Rudolph Wurlitzer, Jaclyn Hellman. – P: Universal/Michael Laughlin Enterprises. – Pd: M. S. Laughlin, G. Kurtz. – Farbe (Technicolor), Scope. – OL: 101 min. – U: Juli 71. – TV: 11. 7. 75 (ARD), 19. 2. 76 (WDR III), 24. 2. 76 (BR III). – In der BRD nicht verliehen.

1974 BORN TO KILL. – B: Charles Willeford, n. s. Roman *Cockfighter*. – K: Nestor Almendros. – Sch: L. Teague. – M: Michael Franks. – D: Warren Oates, Richard B. Shull, Harry Dean Stanton, Troy Donahue, Millie Perkins. – Pd: R. Corman, S. Gelfman. – Farbe (Metrocolor). – OL: 83 min. – U: Mai 75. – In der BRD nicht verliehen.

Lit.: Aufsatz u. Interview Beverly Walker in: SaS, Winter 70–71. – Interviews Gordon Gow in: FaF, Okt. 74. – Michel Ciment in: Positif, Mai 73.

Dustin Hoffman

Darsteller; geb. 1937 in Los Angeles (California). Musikkonservatorium (Klavierausbildung). Schauspielausbildung am Pasadena Playhouse und am Actors' Studio. Darsteller und Regisseur an Off-Broadway-Theatern. 1974 Inszenierung von Murray Schisgals *All Over Town* am Broadway. (Bild S. 29)

1967 *The Tiger Makes Out,* R: Arthur Hiller. *The Graduate* (Die Reifeprüfung), R: Mike Nichols. *Madigan's Millions,* R: Stanley Prager. – 1968 *Midnight Cowboy* (Asphalt Cowboy), R: John Schlesinger. *Un dollaro per 7 vigliacchi* (Zwei Nummern zu groß), R: Dan Ash. – 1969 *John und Mary* (John and Mary), R: Peter Yates. *Little Big Man* (Little Big Man), R: Arthur Penn. – 1970 *Who Is Harry Kellerman and Why Is He Saying Those Terrible Things About Me?* (Wer ist Harry Kellerman?), R: Ulu Grosbard. – 1971 *Straw Dogs* (Wer Gewalt sät . . .), R: Sam Peckinpah. – 1972 *Alfredo, Alfredo* (Alfredo, Alfredo), R: Pietro Germi. – 1973 *Papillon* (Papillon), R: Franklin J. Schaffner. – 1974 *Lenny* (Lenny), R: Bob Fosse. – 1975 *All the President's Men* (Die Unbestechlichen), R: Alan J. Pakula. *Marathon Man,* R: John Schlesinger.

Dennis Hopper

Darsteller, Regisseur; geb. 1936 in Dodge City (Kansas). Autodidakt. Zuerst Darsteller bei Warner Brothers und in TV-Serien. Auch als Fotograf tätig. 1972 Dokumentarfilm von Lawrence Schiller über Hopper: *The American Dreamer.* (Bild S. 50, 51)

Als Darsteller: 1955 *I Died a Thousand Times* (Gegen alle Gewalten), R: Stuart Heisler. *Rebel Without a Cause* (. . . denn sie wissen nicht, was sie tun), R: Nicholas Ray. *Giant* (Giganten), R: George Stevens. – 1956 *Gunfight at the O. K. Corral* (Zwei rechnen ab), R: John Sturges. – 1957 *The Story of Mankind,* R: Irvin Allen. *From Hell to Texas,* R: Henry Hathaway. – 1958 *The Young Land* (Land ohne Gesetz), R: Ted Tetzlaff. – 1960 *Key Witness* (Die Wölfe von Los Angeles), R: Phil Karlson. *Night Tide,* R: Curtis Harrington. – 1964 *The Sons of Katie Elder* (Die vier Söhne der Katie Elder), R: Henry Hathaway. – 1966 *Cool Hand Luke* (Der Unbeugsame), R: Stuart Rosenberg. – 1967 *The Glory Stompers* (Die teuflischen Engel), R: Anthony M. Lanza. *The Trip* (The Trip), R: Roger Corman. *Hang'em High* (Hängt ihn höher), R: Ted Post. – 1968 *True Grit* (Der Marshal), R: Henry Hathaway. – 1972 *Kid Blue* (Kid Blue), R: James Frawley. – 1975 *Mad Dog,* R: Philippe Mora. *Tracks,* R: Henry Jaglom.

Als Regisseur: 1969 EASY RIDER. Easy Rider. – B: Peter Fonda, Terry Southern, Hopper. – K: Laszlo Kovacs. – Sch: D. Cambren. – M: diverse. – D: Peter Fonda, Hopper, Antonio Mendoza, Jack Nicholson. – P: Pando/Raybert. – Pd: P. Fonda, B. Schneider. – Farbe (Technicolor). – OL und DL: 95 min. – U: Juli 69. – DE: Dez. 69. – V: Warner-Columbia (35 mm).

1970 THE LAST MOVIE. – B: Stewart Stern, n. e. Story v. Hopper. – K: Laszlo Kovacs. – Sch: D. Berlatzky. – M: Kristofferson, Wilken, Cohen, Granda. – D: Hopper, Stella Garcia, Sam Fuller, Daniel Ades, Tomas Milian. – P: Universal. – Pd: P. Lewis. – Farbe (Technicolor). –

OL: 110 min. – U: Sept. 71 (Venedig). – In der BRD nicht verliehen.
Lit.: Nancy Hardin/Marilyn Schlossberg (Hrsg.): Easy Rider. New York: Signet Books 1969. (Drehbuch und Materialien zum Film). – Artikel Gordon Gow in: FaF, April 72. – Interview Glenn O'Brien und Michael Netter in: Inter/View, Feb. 72.

Willard Huyck
Autor; geb. 1945. Verheiratet mit der Autorin Gloria Katz. Gelegenheitsarbeiten bei Warner Brothers. Studium Filmdepartment der University of Southern California (USC), Bekanntschaft mit John Milius und George Lucas. Zwei Jahre in der Armee. »Story Department« von American International Pictures. Erstes Drehbuch (mit Milius und J. G. White): *The Devil's Eight* (Die teuflischen Acht, 1968, R: Burt Topper). 1968 Regie des Films THE SECOND COMING, der keinen Verleih fand.
Drehbücher (gemeinsam mit Gloria Katz): 1973   *American Graffiti* (American Graffiti), R: George Lucas. – 1975   *Lucky Lady* (Abenteurer auf der Lucky Lady), R: Stanley Donen.
Lit.: Interview Madeline Warren u. Robert A. Levine in: FC, März–April 75.

Gloria Katz
Autorin; geb. 1946. Verheiratet mit dem Autor Willard Huyck. Englischstudium Berkeley University, Ausbildung am Filmdepartment der University of California, Los Angeles (UCLA). Cutterin bei Universal und erste Drehbuchversuche. Produzierte 1968 den von Huyck inszenierten Film *The Second Coming.*
Drehbücher (gemeinsam mit Huyck): 1973   *American Graffiti* (American Graffiti), R: George Lucas. – 1975   *Lucky Lady* (Abenteurer auf der Lucky Lady), R: Stanley Donen.
Lit.: Interview Madeline Warren u. Robert A. Levine in: FC, März–April 75.

Philip Kaufman
Regisseur, Autor, Produzent; geb. 1936 in Chicago (Illinois). Geschichtsstudium an der University of Chicago und Harvard Law School. Zuerst als Lehrer tätig, z. T. in Europa, dann Schriftsteller. 1975 Drehbuch zu   *The Outlaw Josey Wales,* R: Clint Eastwood.
1963   GOLDSTEIN. – B: Kaufman, Benjamin Manaster. – K: Jean-Philippe Carson. – Sch: Adolfas Mekas. – M: Meyer Kupferman. – D: Lou Gilbert, Thomas Erhart, Ellen Madison. – P: Montrose Film. – Pd: Kaufman, B. Manaster. – sw. – OL: 82 min. – U: Mai 65. – In der BRD nicht verliehen.
1966   FEARLESS FRANK. – B: Kaufman. – K: Bill Butler. – M: Meyer Kupferman. – D: Jon Voight, Monique Van Vooren, Joan Darling, Ben

Carruthers. P: Jericho. – Pd: Kaufman. – Farbe (Movielab). – OL: 83 min. – U: April 67 (Cannes). – In der BRD nicht verliehen.

1970 THE GREAT NORTHFIELD, MINNESOTA, RAID. Der große Minnesota-Überfall. – B: Kaufman. – K: Bruce Surtees. – Sch: D. Stewart. – M: Dave Grusin. – D: Cliff Robertson, Robert Duvall, Luke Askew, R. G. Armstrong. – P: Universal/Robertson. – Pd: J. Lang. – Farbe (Technicolor). – OL: 91 min. – DL: 87 min. – U: April 72. – DE: Juni 72. – V: CIC (35 mm).

1973 THE WHITE DAWN. – B: James Houston, Tom Rickman, n. d. Roman v. Houston. – K: Michael Chapman. – Sch: D. Stewart. – M: Henry Mancini. – D: Warren Oates, Timothy Bottoms, Lou Gossctt. – P: American Film Properties. – Pd: Ransohoff. – Farbe (Movielab). – OL: 109 min. – U: Juli 74. – In der BRD nicht verliehen.

Als Regisseur zeichnet jetzt Clint Eastwood verantwortlich.

Stacy Keach

Darsteller; geb. 1941 in Savannah (Georgia). Vater Dialogregisseur. Schauspielstudium University of California, Yale Drama School, Londoner Academy of Music and Dramatic Arts. 1967 Broadway-Debüt in *Macbird.*

1968 *The Heart Is a Lonely Hunter* (Das Herz ist ein einsamer Jäger), R: Robert Ellis Miller. – 1969 *End of the Road,* R: Aram Avakian. – 1970 *The Travelling Executioner,* R: Jack Smight. *Brewster McCloud* (Auch Vögel können töten), R: Robert Altman. *Doc* (Doc), R: Frank Perry. – 1971 *Fat City* (Fat City), R: John Huston. – 1972 *The New Centurions* (Polizeirevier Los Angeles Ost), R: Richard Fleischer. *The Life and Times of Judge Roy Bean* (Das war Roy Bean), R: John Huston. *Oklahoma Crude* (Oklahoma Crude), R: Stanley Kramer. – 1973 *Watched,* R: John Parsons. *Luther,* R: Guy Green. *The Gravy Train,* R: Jack Starrett. – 1974 *One By One,* R: Claude DuBoc. – 1975 *Conduct Unbecoming,* R: Michael Anderson. *The Killer Inside Me,* R: Burt Kennedy. *The Sicilian Cross,* R: Maurizio Lucidi.

Lit.: Aufsatz Gordon Gow in: FaF, Mai 74.

Diane Keaton

Darstellerin; geb. 1946 in Los Angeles (California). Eigentlich: Diane Hall. Schauspielstudium. Broadway-Debüt als Ersatz für Lynn Kellog in *Hair.* Dann 400 mal auf der Bühne in Woody Allens *Play It Again, Sam.*

1969 *Lovers and Other Strangers,* R: Cy Howard. – 1971 *The Godfather* (Der Pate), R: Francis Ford Coppola. *Play It Again, Sam* (Mach's noch einmal, Sam), R: Herbert Ross. – 1973 *Sleeper* (Der Schläfer), R: Woody Allen. *The Godfather Part II* (Der Pate Teil II), R: Francis Ford Coppola. – 1974 *Love and Death* (Die letzte Nacht des Boris Gruschenko), R: Woody Allen. – 1975 *I Will . . . I Will . . . For Now,*

R: Norman Panama. *Harry and Walter Go to New York* (Harry und Walter gehen nach New York), R: Mark Rydell.

John Korty

Regisseur, Autor, Produzent, Kameramann, Cutter, Trickzeichner; geb. 1936 in LaFayette (Indiana). Antioch College (Ohio). Autodidaktische Ausbildung zum Trickfilmzeichner. Ersatzdienstzeit bei den Quäkern, dokumentarischer Kurzfilm THE LANGUAGE OF FACES (ca. 1961/16 mm/17 min.). Einrichtung eines eigenen Trickfilmstudios, Mitarbeit an *Sesame Street* und *The Electric Company*. 1969–71 vorwiegend TV-Regie. 1972 Kamera bei *The Candidate* (Bill McKay – der Kandidat), R: Michael Ritchie.

1965 THE CRAZY QUILT. Die bunte Flickendecke. – B: Korty, n. e. Story v. Allen Wheelis. – K: Korty. – M: Peter Schickele. – D: Burgess Meredith, Tom Rosqui, Ina Mela, Harry Hunt, Doug Korty. – P: Korty Films. – Pd: Korty. – sw. – OL: 75 min. – U: Okt. 66. – TV: 2. 1. 68 (ARD). – In der BRD nicht verliehen.

1967 FUNNYMAN. – B: Korty, Peter Bonerz. – K: Korty. – Sch: D. Schickele. – M: Peter Schickele. – D: Peter Bonerz, Sandra Archer, Carol Androsky, Larry Hankin. – P: Korty Films. – Pd: H. McGraw, S. Schmidt. – Farbe und sw. – OL: 100 min. – U: Sept. 67. – In der BRD nicht verliehen.

1968 RIVERRUN. – B und K: Korty. – Sch: P. Monk. – M: Brahms, Richard Greene, Peter Berg. – D: Louise Ober, John McLiam, Mark Jenkins. – P: Korty Films. – Pd: S. Schmidt. – Farbe (Eastmancolor). – OL: 95 min. – U: April 70. – In der BRD nicht verliehen.

1973 THE AUTOBIOGRAPHY OF MISS JANE PITTMAN. – B: Tracy Keenan Wynn, n. d. Roman v. Ernest J. Gaines. – K: James Crabe. – Sch: S. Levin. – M: Fred Karlin. – D: Cicely Tyson, Michael Murphy, Richard A. Dysart. – P: Tomorrows Entertainment für CBS. – Pd: R. W. Christiansen, R. Rosenberg. – Farbe (Eastmancolor). – OL: 109 min. – U: Jan. 74. – In der BRD nicht verliehen.

1973 SILENCE. – B: Mary Mackey, Ellen Geer. – K: Hiro Morikawa. – Sch: V. Hillgrove. – M: Ed Bogus. – D: Will Geer, Ellen Geer, Richard Kelton, Ian Geer Flanders. – Pd: J. Polakof. – Farbe (Eastmancolor). – OL: 88 min. – U: April 74. – In der BRD nicht verliehen.

1976 SKIPPING. – B: Lawrence Marcus. – D: Jack Lemmon, Geneviève Marcus, James Woods, Ramon Bieri. – Pd: R. Shepherd.

Lit.: Interview Bob Thomas in: Action (Hollywood), Mai–Juni 75.

Laszlo Kovacs

Kameramann; geb. 1933 in Ungarn, 1952–56 Filmhochschule in Budapest. 1956 mit seinem Studienkollegen Vilmos Zsigmond in die USA emigriert. Arbeit in einem Mikrofilmlabor, dann Kameramann von

»Nudies«. 1970 Interviewszenen zu *Directed by John Ford,* R: Bogda-novich.
1967 *A Man Called Dagger* (Ein gewisser Dick Dagger), R: Richard Rush. *Hell's Angels on Wheels,* R: Richard Rush. *Targets* (Bewegliche Ziele), R: Peter Bogdanovich. *Psych-Out,* R: Richard Rush. *The Savage Seven* (Die grausamen Sieben), R: Richard Rush. – 1968 *That Cold Day in the Park* (Ein kalter Tag im Park), R: Robert Altmann. – 1969 *Easy Rider* (Easy Rider), R: Dennis Hopper, *Getting Straight* (Getting Straight), R: Richard Rush. – 1970 *Five Easy Pieces* (Five Easy Pieces – Ein Mann sucht sich selbst), R: Bob Rafelson. *Alex in Wonderland,* R: Paul Mazursky. *The Last Movie,* R: Dennis Hopper. – 1971 *Marriage of a Young Stockbroker,* R: Larry Turman. *Pocket Money,* R: Stuart Rosenberg. *What's Up Doc?* (Is' was Doc?), R: Peter Bogdanovich *Steelyard Blues* (Steelyard Blues), R. Alan Myerson. – 1972 *The King of Marvin Gardens* (Der König von Marvin Gardens), R: Bob Rafelson. *Paper Moon* (Paper Moon), R: Peter Bogdanovich. – 1973 *For Pete's Sake* (Bei mir liegst du richtig), R: Peter Yates. *Huckleberry Finn,* R: J. Lee Thompson, *Slither,* R: Howard Zieff. – 1974 *Freebie and the Bean* (Der Superschnüffler), R: Richard Rush. *At Long Last Love,* R: Peter Bogdanovich. *Shampoo* (Shampoo), R: Hal Ashby. – 1975 *Baby Blue Marine,* R: John Hancock. *Harry and Walter Go to New York* (Harry und Walter gehen nach New York), R: Marn Rydell.
Lit.: Aufsatz/Interview Michael Goodwin in: Take One, Juli–Aug. 70.

Kris Kristofferson
Sänger, Komponist, Darsteller; geb. 1937 in Brownsville (Texas). Au-torenausbildung am Pomona College, Stipendiat der Oxford Universi-ty. Kurze Zeit in der Armee (zuletzt Captain). Arbeitete in den Schall-plattenstudios zuerst als Pförtner und Barmixer. (Bild S. 35)
Als Komponist und Darsteller: 1970 *The Last Movie,* R: Dennis Hopper. – 1971 *Cisco Pike* (Cisco Pike), R: Bill L. Norton. – 1972 *The Gospel Road,* R: Robert Elfstrom. *Blume in Love,* R: Paul Mazursky.
Als Sänger und Komponist: 1971 *Fat City* (Fat City), R: John Huston.
Als Darsteller: 1972 *Pat Garrett and Billy the Kid* (Pat Garrett jagt Billy the Kid), R: Sam Peckinpah. – 1973 *Bring Me the Head of Alfredo Garcia* (Bring mir den Kopf von Alfredo Garcia), R: Sam Peckinpah. – 1974 *Alice Doesn't Live Here Anymore* (Alice lebt hier nicht mehr), R: Martin Scorsese. – 1975 *The Sailor Who Fell From Grace With the Sea* (Kaputte Typen), R: Lewis John Carlino. *Vigilante Force,* R: George Armitage. – 1976 *A Star Is Born,* R: Frank Pierson.

Cloris Leachman
Darstellerin; geb. 1930 in Des Moines (Iowa). Mit 16 Fünfte bei der Wahl zur Miss America. Studium Northwestern University. Kursus am

Actors' Studio, New York. Zahlreiche TV-Rollen. 1972 Oscar für die beste Nebenrolle in *The Last Picture Show*. (Bild S. 100)
1969   *Butch Cassidy and the Sundance Kid* (Zwei Banditen/Butch Cassidy und Sundance Kid), R: George Roy Hill. *Lovers and Other Strangers*, R: Cy Howard. – 1970   *WUSA*, R: Stuart Rosenberg. – 1971   *The Steagle*, R: Paul Sylbert. *The Last Picture Show* (Die letzte Vorstellung), R: Peter Bogdanovich. – 1972   *Dillinger* (Jagd auf Dillinger), R: John Milius. *Charley and the Angel*, R: Vincent McEveety. – 1973   *Happy Mother's Day – Love George* (Schönen Muttertag, Dein George), R: Darren McGavin. *Daisy Miller* (Daisy Miller), R: Peter Bogdanovich. – 1974   *Young Frankenstein* (Frankenstein junior), R: Mel Brooks. – 1975   *Crazy Mama*, R: Jonathan Demme.

George Lucas
Regisseur, Autor; geb. 1945 in California. Filmstudium an der University of Southern California (USC); dort 1966–67 Sciencefiction-Kurzfilm THX 1138 4eb (16 mm/15 min./Oberhausen 1968) und Kurzfilm über Produktion des Western *Mackenna's Gold*. 1967 beim National Student Film Festival mit Stipendium ausgezeichnet. Hospitierte bei Coppolas *Finian's Rainbow*. Als Regieassistent bei *The Rain People*, 1968, Dokumentarfilm FILM MAKER (16 mm/100 min.). Coppola finanzierte sein Spielfilmdebüt und produzierte auch seinen zweiten Film.
1970   THX 1138. – B: Lucas, Walter Murch. – K: Dave Meyers, Albert Kihn. – Sch: Lucas. – M: Lalo Schifrin. – D: Robert Duvall, Donald Pleasence, Don Pedro Colley, Maggie McOmie. – P: American Zoetrope. – Pd: L. Sturhahn, F.F. Coppola. – Farbe (Technicolor), Scope. – OL: 95 min. – U: März 71. – In der BRD nicht verliehen.
1973   AMERICAN GRAFFITI. American Graffiti. – B: Lucas, Gloria Katz, Willard Huyck. – K: Ron Eveslage, Jan D'Alquen. – Sch: V. Fields, M. Lucas. – M: Songs von 1962. – Künstlerische Beratung: Haskell Wexler. – D: Richard Dreyfuss, Ronny Howard, Paul LeMat, Charlie Martin Smith, Cindy Williams, Candy Clark, Mackenzie Phillips, Wolfman Jack. – P: Lucasfilm/Coppola Comp. – Pd: F.F. Coppola, G. Kurtz. – Farbe (Technicolor), Techniscope. – OL und DL: 110 min. – U: Juli 73. – DE: Aug. 74. – V: CIC (35 mm).
Lit.: Aufsatz Stephen Farber in: Film Quarterly, Frühjahr 74.

Terrence Malick
Autor, Regisseur, Produzent; geb. 1945 in Texas. Philosophiestudium Harvard University und Magdalen College in Oxford, Journalistische Arbeiten für »Newsweek«, »Life« und »The New Yorker«. Dozent am Massachusetts Institute of Technology. Ab 1969 Studium American Film Institute; dort Kurzfilm LANTON MILLS (35 mm/18 min.). Drehbuch zu *Pocket Money* (1971, R: Stuart Rosenberg).
1973   BADLANDS. – B: Malick. – K: Brian Probyn, Tak Fujimoto,

161

Stevan Larner. – Sch: R. Estrin. – M: George Tipton und Songs. – D: Martin Sheen, Sissy Spacek, Warren Oates, Alan Vint, Malick. – P: Pressman-Williams-Badlands. – Pd: Malick. – Farbe. – OL: 94 min. – U: März 74. – 1974 im Wettbewerb der Mannheimer Filmwoche. – In der BRD nicht verliehen.

Lit.: Interviews Beverly Walker in: SaS, Frühjahr 75. – Michel Ciment in: Positif, Juni 75.

Paul Mazursky

Regisseur, Autor, Darsteller, Produzent; geb. 1930 in Brooklyn (New York). Eigentlich: Irwin Mazursky. Literaturstudium. Nach zwei Filmrollen Komiker in Kabaretts und Nachtclubs. Autor (mit Larry Tucker) für TV-Shows v. Danny Kaye. Theaterregisseur in Off-Broadway-Produktionen. 1968 schrieb er und produzierte *I Love You Alice B. Toklas* (Laß mich küssen deinen Schmetterling), R: Hy Averback.

Als Darsteller: 1952 *Fear and Desire,* R: Stanley Kubrick. – 1954 *Blackboard Jungle* (Saat der Gewalt), R: Richard Brooks. – 1967 *Deathwatch,* R: Vic Morrow. – 1970 *A Man Called Sledge,* R: Vic Morrow.

Als Regisseur: 1969 BOB & CAROL & TED & ALICE. Bob & Caroline & Ted & Alice. – B: Mazursky, Larry Tucker. – K: Charles E. Lang. – Sch: S.H. Pappe. – M: Quincy Jones u. diverse Songs. – D: Natalie Wood, Robert Culp, Elliott Gould, Dyan Cannon. – P: Frankovich Prod. – Pd: Larry Tucker. – Farbe (Technicolor). – OL und DL: 105 min. – U: Nov. 69. – DE: Feb. 70. – V: Warner-Columbia (35mm).

1970 ALEX IN WONDERLAND. – B: Mazursky, Larry Tucker. – K: Laszlo Kovacs. – Sch: S.H. Pappe. – M: Tom O'Horgan. – D: Donald Sutherland, Ellen Burstyn, Meg Mazursky, Glenna Sergent, Mazursky, Federico Fellini, Jeanne Moreau. – Pd. Larry Tucker. – Farbe (Metrocolor). – OL: 110 min. – U: Dez. 70. – In der BRD nicht verliehen.

1972 BLUME IN LOVE. – B: Mazursky. – K: Bruce Surtees. – Sch.: D. Cambern. – M: Kristofferson, Dylan, Wagner, Mozart u. a. – D: George Segal, Susan Anspach, Kris Kristofferson, Marsha Mason, Shelley Winters, Mazursky. – P: Warner Bros. – Pd: Mazursky. – Farbe (Technicolor). – OL: 116 min. – U: Juli 73. – In der BRD nicht verliehen.

1973 HARRY AND TONTO. – B: Mazursky, Josh Greenfield. – K: Michael Butler. – Sch: R. Halsey. – M: Bill Conti. – D: Art Carney, Ellen Burstyn, Chief Dan George, Geraldine Fitzgerald. – P: Centfox. – Pd: Mazursky. – Farbe (DeLuxe). – OL: 115 min. – U: Aug. 74. – In der BRD nicht verliehen.

1975 NEXT STOP, GREENWICH VILLAGE. Ein Haar in der Suppe. – B: Mazursky. – K: Arthur Ornitz. – Sch: R. Halsey. – M: Bill Conti. – D: Lenny Baker, Shelley Winters, Ellen Greene, Mike Kellin. – P: Centfox. – Pd: T. Ray, Mazursky. – Farbe (DeLuxe). – OL und DL: 111 min. – U: Jan. 76. – DE: Juni 76. – V: Centfox (35 mm).

Lit.: Aufsatz Richard Corliss in: FC, März–April 75. – Aufsatz/Interview Bob Thomas in: Action (Hollywood), März-April 76.

John Milius

Autor, Regisseur; geb. 1945 in Los Angeles (California). Filmstudium an der University of Southern California (USC); dort 1967 (mit John Strawbridge) Kurzspielfilm MARCELLO I'M SO BORED (16 mm/18 min./ Oberhausen 1968). Assistent von Lawrence Gordon bei AIP (American International Pictures).

Als Autor: 1968   *The Devil's Eight* (Die teuflischen Acht), R: Burt Topper, Co-Autoren: James Gordon White, Willard Huyck. – 1970   *Evel Knievel*, R: Marvyn Chomsky, Co-Autoren: Alan Caillou, Pat Williams. – 1971   *Jeremiah Johnson* (Jeremiah Johnson), R: Sydney Pollack, Co-Autor: Edward Anhalt. – 1972   *The Life and Times of Judge Roy Bean* (Das war Roy Bean), R: John Huston. *Magnum Force* (Calahan), R: Ted Post, Co-Autor: Michael Cimino. – 1974   *Melvin Purvis, G-Man* (Die Story von Gun Kelly), R: Dan Curtis, Co-Autor: William F. Nolau. – 1976   *Apocalypse Now,* Co-Autor und R: Francis Ford Coppola.

Als Regisseur: 1972   DILLINGER. Jagd auf Dillinger. – B: Milius. – K: Jules Brenner. – Sch: F. Feitshans jr. – M: Barry Devorzon und Songs. – D: Warren Oates, Ben Johnson, Michelle Phillips, Cloris Leachman, Harry Dean, Stanton Steve Kanaly, Richard Dreyfuss. – P: American International. – Pd: B. Feitshans. – Farbe (Movielab). – OL und DL: 106 min. – U: Juni 73. – DE: Jan. 74. – V: Constantin (35 mm).

1974   THE WIND AND THE LION. Der Wind und der Löwe. – B: Milius. – K: Billy Williams. – Sch: R.L. Wolfe. – M: Jerry Goldsmith. – D: Sean Connery, Candice Bergen, Brian Keith, John Huston, Geoffrey Lewis. – P: Columbia/MGM. – Pd: H. Jaffe. – Farbe (Metrocolor), Panavision. – OL und DL: 119 min. – U: Mai 75. – DE: Jan. 76. – V: Warner-Columbia (35 mm).

Liza Minnelli

Darstellerin und Sängerin; geb. 1946 in Los Angeles (California). Tochter von Judy Garland und Vincente Minnelli. Als Kind mit ihrer Mutter auf der Bühne (und, 1949, im Film). Mit 16 Erfolge als Nachtclubsängerin. Schulen in Europa und Studium an der Sorbonne. 1965 Hauptrolle im Broadway-Musical *Flora, the Red Menace.* Zahlreiche TV-Auftritte. 1972 Oscar als beste Hauptdarstellerin in *Cabaret.*

1949   *In the Good Old Summertime,* R: Robert Z. Leonard. – 1962 als Stimme in *Journey Back to Oz,* R: Hal Sutherland. – 1966   *Charlie Bubbles* (Ein erfolgreicher Blindgänger), R: Albert Finney. – 1969   *The Sterile Cuckoo* (Pookie), R: Alan J. Pakula. – 1970   *Tell Me That You Love Me Junie Moon,* R: Otto Preminger. – 1971   *Cabaret* (Cabaret), R: Bob Fosse. – 1974 als Erzählerin in *That's Entertain-*

Stacy Keach   Diane Keaton

ment (That's Entertainment – Das gibt's nie wieder), R: Jack Haley jr. –
1975 *Lucky Lady* (Abenteurer auf der Lucky Lady), R: Stanley
Donen. *A Matter of Time,* R: Vincente Minnelli.
Lit.: Susan d'Arcy: The Films of Liza Minnelli. London: Barnden
Castell Williams 1973. – James Robert Parish with Jack Arno: Liza!
New York: Pocket Book 1975. – Interview Maurice Peterson in: Inter/
View, Mai 72.

David Newman

Autor, Regisseur; geb. 1937 in New York City. Universitiy of Michigan. Redakteur bei »Esquire«. Zusammenarbeit mit dem Art Director
des Magazins, Robert Benton; neben Drehbüchern auch ein Musical-
libretto *It's a Bird . . . It's a Plane . . . It's a Superman.*
Als Autor (jeweils zusammen mit Benton): 1967 *Bonnie and Clyde*
(Bonnie und Clyde), R: Arthur Penn. – 1969 *There Was a Crooked
Man* (Zwei dreckige Halunken), R: Joseph L. Mankiewicz. –
1971 *What's Up Doc?* (Is' was, Doc?), Co-Autor: Buck Henry, R:
Bogdanovich. *Bad Company* (In schlechter Gesellschaft), R: Robert
Benton.
Als Regisseur: 1974 MONEY'S TIGHT. – B: Benton, Newman.
Lit.: Aufsatz über die beiden Autoren Richard Corliss in: Talking
Pictures. Woodstock: Overlook 1974/New York: Penguin Books 1975.
– Interview James Childs in: FC, März–April 73.

Mike Nichols

Regisseur (auch Produzent); geb. 1931 in Berlin. Eigentlich: Michael
Ugo Peschkowsky. Mit Eltern emigriert. Psychologie-Studium University of Chicago. Studententheater mit der Schauspielerein Elaine May,
die er heiratete. Kursus am Actors' Studio bei Lee Strasberg. In Chicago Kabarett mit Alan Arkin und Neil Simon. Regiedebüt am Broadway
mit Simons *Barefoot in the Park.* Neben Filmarbeit weitere Theatrin-

Liza Minelli   Gene Wilder

szenierungen, u. a. *Luv* (Schisgal), *The Odd Couple* (Simon), *The Little Foxes* (Lillian Hellman), *Plaza Suite* (Simon), *Onkel Wanja* (Tschechow). 1968 Oscar für die Regie von THE GRADUATE.

1965 WHO'S AFRAID OF VIRGINIA WOOLF? Wer hat Angst vor Virginia Woolf? – B: Ernest Lehman, n.d. Stück v. Edward Albee. – K: Haskell Wexler. – Sch: S. O'Steen. – M: Alex North. – D: Elizabeth Taylor, Richard Burton, George Segal, Sandy Dennis. – P: Warner Bros. – Pd: E. Lehmann. – sw. – OL: 132 min. – DL: 131 min. – U: Juli 66. – DE: Dez. 66. – V: Warner-Columbia (35 und 16 mm).

1967 THE GRADUATE. Die Reifeprüfung. – B: Calder Willingham, Buck Henry, n. d. Roman v. Charles Webb. – K: Robert Surtees. – Sch: S. O'Steen. – M: David Grusin; Songs: Paul Simon. – D: Anne Bancroft, Dustin Hoffman, Katharine Ross, William Daniels, Murray Hamilton, Elizabeth Wilson. – P: Embassy/Turman. – Pd: L. Turman. – Farbe (Technicolor), Panavision. – OL: 108 min. – DL: 106 min. – U: Dez. 67. – DE: Sept. 68. – TV: 23. 1. 76 (ARD). – V: United Artists (35 mm)/Atlas (16 mm).

1969 CATCH 22. Catch 22. – B: Buck Henry, n. d. Roman v. Joseph Heller. – K: David Watkin. – Sch: S. O'Steen. – D: Alan Arkin, Martin Balsam, Richard Benjamin, Art Garfunkel, Jack Gilford, Buck Henry, Bob Newhart, Anthony Perkins, Paula Prentiss, Martin Sheen, Jon Voight, Orson Welles. – P: Paramount. – Pd: J. Calley, M. Ransohoff. – Farbe (Technicolor), Panavision. – OL: 122 min. – DL: 121 min. – U: Juni 70. – DE: Jan. 71. – V: CIC (35 und 16 mm).

1970 CARNAL KNOWLEDGE. Carnal Knowledge – Die Kunst zu lieben. – B: Jules Feiffer. – K: Giuseppe Rotunno. – Sch: S. O'Steen. – M: diverse. – D: Jack Nicholson, Candice Bergen, Arthur Garfunkel, Ann-Margret, Rita Moreno, Cynthia O'Neal, Carol Kane. – P: Icarus. – Pd: Nichols, J. E. Levine. – Farbe (Technicolor), Panavision. – OL und DL: 98 min. – U: Juli 71. – DE: Feb. 72. – V: –.

165

1973 THE DAY OF THE DOLPHIN. Der Tag des Delphins. – B: Buck Henry, n. d. Roman *Un Animal doué de raison* v. Robert Merle. – K: William A. Fraker. – Sch: S. O'Steen. – M: Georges Delerue. – D: George C. Scott, Trish Van Devere, Paul Sorvino, Fritz Weaver, Jon Korkes. – P: Icarus. – Pd: R. E. Relyea, J. E. Levine. – Farbe (Technicolor), Panavision. – OL und DL: 109 min. – U: Dez. 73. – DE: Aug. 74. – V: Gloria (35 mm).

1974 THE FORTUNE. Mitgiftjäger. – B: Adrien Joyce (d. i. Carol Eastman). – K: John A. Alonzo. – Sch: S. Linder. – M: David Shire. – D: Jack Nicholson, Warren Beatty, Stockard Channing, Florence Stanley, Richard B. Shull. – P: Columbia. – Pd: Nichols, D. Devlin, H. Moonjean. – Farbe (Technicolor), Panavision. – OL und DL: 88 min. – U: Mai 75. – DE: Feb. 76. – V: Warner-Columbia (35mm).

Lit.: Aufsatz John Lindsay Brown in:SaS, Frühjahr 72. – Interviews Barry Day in: FaF, Nov. 68; Joseph Gelmis in: The Film Director as Superstar. New York 1970 / London 1971.

Jack Nicholson

Darsteller, Autor, Produzent (auch Regisseur); geb. 1937 in Neptune (New Jersey). Vater Schaufensterdekorateur, Plakatmaler, Trinker; Mutter Kosmetikerin. Mit 17 Gelegenheitsjobs an der Westküste. Hausbote bei MGM, wo Joe Pasternak ihn zur Schauspielausbildung überredete. Erste Bühnenrolle in Los Angeles *Tea and Sympathy* v. Terence Rattigan. Ans Player's Ring Theatre in L.A. verpflichtet. Kleinere Rollen im Fernsehen. Erste Filmarbeit bei Roger Corman. Internationaler Durchbruch mit *Easy Rider.* 1976 Oscar als bester Hauptdarsteller in *One Flew Over the Cuckoo's Nest.* (Bild S. 88, 89)

Als Darsteller: 1958 *The Cry Baby Killer,* R: Jus Addis. – 1959 *Too Soon to Love* (Die Sünde lockt), R: Richard Rush. – 1960 *The Little Shop of Horrors,* R: Roger Corman, *Studs Lonigan,* R: Irving Lerner. *The Wild Ride,* R: Harvey Berman. – 1962 *Broken Land,* R: John Bushelman. – 1963 *The Raven,* R: Roger Corman. *The Terror,* R: Roger Corman. *Ensign Pulver* (Operation Pazifik), R: Joshua Logan. *Back Door to Hell,* R: Monte Hellman. – 1964 *Flight to Fury,* R: Monte Hellman. – 1965 *The Shooting* (Das Schießen), R: Monte Hellman, Co-Pd: Nicholson. *Ride in the Whirlwind* (Ritt im Wirbelwind), R: Monte Hellman. – 1966 *The St. Valentine's Day Massacre* (Chikago-Massaker), R: Roger Corman. *The Wild Angels* (Die wilden Engel), R: Roger Corman. – 1967 *Hells Angels on Wheels* (Die wilden Schläger von San Francisco), R: Richard Rush. *Psych-Out,* R: Richard Rush. – 1968 Gastrolle in *Head,* R: Bob Rafelson. – 1969 *Easy Rider* (Easy Rider), R: Dennis Hopper. – 1970 *On a Clear Day You Can See Forever,* R: Vincente Minnelli. *Five Easy Pieces* (Five Easy Pieces – Ein Mann sucht sich selbst), R: Bob Rafelson. *Rebel Rousers,* R: Martin B. Cohen. *Carnal Knowledge* (Carnal Knowledge –

Die Kunst zu lieben), R: Mike Nichols. – 1971 *A Safe Place,* R: Henry Jaglom. – 1972 *The King of Marvin Gardens* (Der König von Marvin Gardens), R: Bob Rafelson. – 1973 *The Last Detail* (Das letzte Kommando), R: Hal Ashby. *Chinatown* (Chinatown), R: Roman Polanski. – 1974 *Professione: Reporter/The Passenger* (Beruf: Reporter), R: Michelangelo Antonioni. *Tommy* (Tommy), R: Ken Russell. *The Fortune* (Mitgiftjäger), R: Mike Nichols. – 1975 *One Flew Over the Cuckoo's Nest* (Einer flog über das Kuckucksnest), R: Milos Forman. *The Missouri Breaks* (Duell am Missouri), R: Arthur Penn. *The Last Tycoon,* R: Elia Kazan.

Als Autor: 1963 *Thunder Island,* R: Jack Leewood. – 1964 *Flight to Fury,* R: Monte Hellman. – 1965 *Ride in the Whirlwind* (Ritt im Wirbelwind), R: Monte Hellman, Co-Pd: Nicholson. – 1967 *The Trip* (The Trip), R: Roger Corman. – 1968 *Head,* R: Bob Rafelson, Co-Pd: Nicholson.

Als Regisseur: 1971 DRIVE, HE SAID. – B. Jeremy Larner, Nicholson, n. d. Roman von Larner. – K: Bill Butler. – Sch: P. Somerset, D. Cambern, C. Holmes. – M: David Shire. – D: William Tepper, Karen Black, Michael Margotta, Bruce Dern, Robert Towne. – P: Drive Prod./BBS. – Pd. B. Schneider, S. Blauner, Nicholson. – Farbe. – OL: 90 min. – U: Mai 71 (Cannes). – In der BRD nicht verliehen.

Lit.: Norman Dickens: Jack Nicholson: The Search for a Superstar. New York: Signet Books 1975. – Robert David Crane and Christopher Fryer: Jack Nicholson, Face to Face. New York: M. Evans 1975. – Aufsatz Michel Cieutat in: Positif, Mai 73. – Coverstory (o. V.) in: Time, 12. 8. 74. – Porträts Hans C. Blumenberg in: Die Zeit v. 27. 2. 76; Siegfried Schober in: Der Spiegel v. 1. 3. 76. – Interviews Valerie Wade in: Interview, Dez. 72; Rosemary Kent in: Interview, April 74; John Russell Taylor in: SaS, Sommer 74. – Henri Behar in: Image et Son, März 75.

Warren Oates

Darsteller; geb. 1932 in Depoy (Kentucky). Vater Kaufmann. Dienst in der Marine. Studium University of Louisville. Ab 1955 Schauspielstudium in New York. Vor der Filmarbeit durch TV-Rollen bekannt geworden. (Bild S. 25 l.)

1958 *Up Periscope* (Geheimkommando), R: Gordon Douglas. – 1959 *Yellowstone Kelly* (Man nannte ihn Kelly), R: Gordon Douglas. *The Rise and Fall of Legs Diamond* (J. D., der Killer), R: Budd Boetticher. – 1960 *Private Property* (Privatbesitz), R: Leslie Stevens. – 1961 *Ride the High Country* (Sacramento), R: Sam Peckinpah. – 1962 *Hero's Island/The Land We Love* (Insel der Gewalt), R: Leslie Stevens. – 1963 *Mail Order Bride* (Der Wilde von Montana), R: Burt Kennedy. – 1964 *The Rounders* (Nebraska), R: Burt Kennedy. *Major Dundee* (Sierra Chariba), R: Sam Peckinpah. – 1965 *The Shooting*

(Das Schießen), R: Monte Hellman. – 1966 *Return of the Seven* (Die Rückkehr der glorreichen Sieben), R: Burt Kennedy. *Welcome to Hard Times* (Mordbrenner von Arkansas), R: Burt Kennedy. – 1967 *In the Heat of the Night* (In der Hitze der Nacht), R: Norman Jewison. – 1968 *The Split* (Bullen – wie lange wollt ihr leben?), R: Gordon Flemyng, *The Wild Bunch* (The Wild Bunch – Sie kannten kein Gesetz), R: Sam Peckinpah. – 1969 *Smith!*, R: Michael O'Herlihy. *Barquero* (Barquero), R: Gordon Douglas. *There Was a Crooked Man* (Zwei dreckige Halunken), R: Joseph L. Mankiewicz. – 1970 *The Hired Hand* (Der weite Ritt), R: Peter Fonda. – 1971 *Chandler*, R: Paul Magwood. *Two-Lane Blacktop* (Asphaltrennen), R: Monte Hellman. – 1972 *The Thief Who Came to Dinner* (Webster ist nicht zu fassen), R: Bud Yorkin. *Tom Sawyer*, R: Don Taylor. *Dillinger* (Jagd auf Dillinger), R: John Milius. *Kid Blue* (Kid Blue), R: James Frawley. – 1973 *Bring Me the Head of Alfredo Garcia* (Bring mir den Kopf von Alfredo Garcia), R: Sam Peckinpah. *Badlands,* R: Terrence Malick. *The White Dawn,* R: Philip Kaufman. – 1974 *Race With the Devil* (Vier im rasenden Sarg), R: Jack Starrett. *Born to Kill,* R: Monte Hellman. – 1975 *92 In the Shade,* R: Thomas McGuane. – 1976 *Drum* (Mandingos Trommeln), R: Burt Kennedy.

Ryan O'Neal

Darsteller; geb. 1941 in Los Angeles (California). Vater Schriftsteller, Mutter Schauspielerin (Patricia Callaghan). Mit den Eltern 1959 nach Deutschland, High School der US-Army in München. In den USA nach kleinen TV-Rollen ab 1964 in verschiedenen Serien (u. a. *Peyton Place*). Seine Tochter Tatum (geb. 1963), Partnerin in *Paper Moon,* stammt aus erster Ehe. (Bild S. 102, 103)
1968 *The Big Bounce* (Nancy, ein eiskaltes Playgirl), R: Alex March. – 1969 *The Games,* R: Michael Winner. *Love Story* (Love Story), R: Arthur Hiller. – 1971 *Wild Rovers* (Missouri), R: Blake Edwards. *What's Up Doc?* (Is' was, Doc?), R: Peter Bogdanovich. – 1972 *The Thief Who Came to the Dinner* (Webster ist nicht zu fassen), R: Bud Yorkin. *Paper Moon* (Paper Moon), R: Peter Bogdanovich. – 1975 *Barry Lyndon* (Barry Lyndon), R: Stanley Kubrick. – 1976 *Nickelodeon,* R: Peter Bogdanovich. *A Bridge Too Far,* R: Richard Attenborough.
Interviews Andy Warhol in: Inter/View, Mai 72; Andy Warhol, Fred Hughes, Bob Colacello in: Interview, Juli 73.

Al Pacino

Darsteller; geb. 1940 in Harlem (New York). Schauspielunterricht bei Herbert Berghoff und Lee Strasbergs Actors' Studio. Erste Bühnenerfolge in Off-Broadway-Produktionen, u. a. in *The Indian Wants the*

Bronx v. Israel Horovitz (1968), *Does a Tiger Wear an Necktie* (dafür mit dem Tony Award ausgezeichnet), *The Connection* v. Jack Gelber und *Hello, Out There* v. William Saroyan. Neben Filmarbeit regelmäßig am Theater (v. a. in Boston). (Bild S. 122, 123)

1969   *Me, Natalie* (Ich, Natalie), R: Fred Coe. – 1970   *The Panic in Needle Park*, R: Jerry Schatzberg. – 1971   *The Godfather* (Der Pate), R: Francis Ford Coppola. – 1972   *Scarecrow* (Asphalt-Blüten), R: Jerry Schatzberg. – 1973   *Serpico* (Serpico), R: Sidney Lumet. – 1974   *The Godfather Part II* (Der Pate Teil II), R: Francis Ford Coppola. *Dog Day Afternoon* (Hundstage), R: Sidney Lumet.

Alan J. Pakula

Produzent, Regisseur; geb. 1928 in New York City. Yale University. Produktionsausbildung bei MGM und Paramount. Ab 1955 zusammen mit Robert Mulligan eigene Produktionsgesellschaft.

Als Produzent (R: Robert Mulligan): 1956   *Fear Strikes Out* (Die Nacht kennt keine Schatten). – 1962   *To Kill a Mockingbird* (Wer die Nachtigall stört). – 1963   *Love With the Proper Stranger* (Verliebt in einen Fremden). – 1964   *Baby, the Rain Must Fall* (Die Lady und der Tramp). – 1965   *Inside Daisy Clover* (Verdammte süße Welt). – 1966   *Up the Down Staircase.* – 1968   *The Stalking Moon* (Der große Schweiger).

Als Regisseur: 1969   THE STERILE CUCKOO. Pookie. – B: Alvin Sargent, n. d. Roman v. John Nichols. – K: Milton R. Krasner. – Sch: S. O'Steen, J. W. Wheeler. – M: Fred Karlin. – D: Liza Minnelli, Wendell Burton, Tom McIntire. – P: Paramount/Boardwalk. – Pd: Pakula. – Farbe (Technicolor). – OL und DL: 107 min. – U: Okt. 69. – DE: Dez. 75. – V: Pilot (35 mm).

1970   KLUTE. Klute. – B: Andy K. Lewis, Dave Lewis. – K: Gordon Willis. – Sch: C. Lerner. – M: Michael Small. – D: Jane Fonda, Donald Sutherland, Charles Cioffi, Roy Schneider, Dorothy Tristan. – P: Warner Bros. – Pd: Pakula, D. Lange. – Farbe (Technicolor), Panavision. – OL und DL: 114 min. – U: Juli 71. – DE: Nov. 71. – V: Warner-Columbia (35 mm).

1972   LOVE AND PAIN AND THE WHOLE DAMN THING. Liebe und Schmerz und das ganze verdammte Zeug. – B: Alvin Sargent. – K: Geoffrey Unsworth. – Sch: R. Lloyd. – M: Michael Small. – D: Maggie Smith, Timothy Bottoms, Don Jaime de Mora y Aragon. – P: Gus Prod. für Columbia. – Pd: Pakula. – Farbe (Eastmancolor). – OL: 113 min. – U: Mai 73. – TV: 25. 7. 75 (ARD). – In der BRD nicht verliehen.

1973   THE PARALLAX VIEW. Zeuge einer Verschwörung. – B: David Giler, Lorenzo Semple jr., n. d. Roman von Loren Singer. – K: Gordon Willis. – Sch: J. W. Wheeler. – M: Michael Small und Songs. – D: Warren Beatty, Paula Prentiss, William Daniels, Walter McGinn. – P: Gus Prod./Harbour/Doubleday für Paramount. – P: Pakula. – Farbe

(Technicolor), Panavision. – OL und DL: 102 min. – U: Juni 74. – DE: Mai 75. – V: CIC (35 mm).

1975 ALL THE PRESIDENT'S MEN. Die Unbestechlichen. – B: William Goldman, n. d. Buch v. Carl Bernstein u. Bob Woodward. – K: Gordon Willis. – Sch: R. L. Wolfe. – M: David Shire. – D: Robert Redford, Dustin Hoffman, Jack Warden, Jasom Robard, Martin Balsam, Hal Holbrook. – P: Wildwood Enterprises/Warner Bros. – Pd: W. Coblenz. – Farbe (Technicolor). – OL: 138 min. – U: April 76. – DE: Okt. 76 (Vorauff.: Juni 76, Berlinale). – V: Warner-Columbia (35 mm).

Lit.: Aufsatz Gordon Gow in: FaF, Dez. 72. – Interview Tom Milne in: SaS, Frühjahr 72.

Sydney Pollack

Regisseur (auch Darsteller und Produzent); geb. 1934 in South Bend (Indiana). Schauspielausbildung. Darsteller und Regieassistent am Neighborhood Playhouse, New York. Broadway-Erfolg mit *A Stone for Danny Fisher* und *The Dark is Leight Enough*. Nur eine Filmrolle: 1961 *War Hunt* (Hinter feindlichen Linien, R: Denis Sanders). Für John Frankenheimer Darsteller in den TV-Versionen von *For Whom the Bell Tolls* und *The Snows of Kilimanjaro* und Regieassistent in *The Young Savages* (Die jungen Wilden, 1960). Vier Jahre TV-Regisseur.

1965 THE SLENDER THREAD. Stimme am Telefon. – B: Stirling Silliphant, n. e. Artikel v. Shana Alexander. – K: Loyal Griggs. – Sch: T. Stanford. – M: Quincy Jones. – D: Sidney Poitier, Anne Bancroft, Telly Savalas, Steven Hill. – P: Athene. – Pd: S. Alexander – OL und DL: 98 min. – U: Jan. 66. – DE: April 66. – V: –.

1965 THIS PROPERTY IS CONDEMNED. Dieses Mädchen ist für alle. – B: Francis Ford Coppola, Fred Coe, Edith Summer, n. e. Einakter v. Tennessee Williams. – K: James Wong Howe. – Sch: A. Fazan. – M: Kenyon Hopkins. – D: Natalie Wood, Robert Redford, Mary Badham, Kate Reid, Charles Bronson. – P: Seven Arts/Ray Stark/Paramount. – Pd: J. Houseman. – Farbe (Technicolor). – OL und DL: 110 min. – U: Mai 66. – DE: Okt. 66. – V: –.

1967 THE SCALPHUNTERS. Mit eisernen Fäusten. – B: William Norton. – K: Duke Callaghan, Richard Moore. – Sch: J. Woodcock. – M: Elmer Bernstein. – D: Burt Lancaster, Ossie Davis, Telly Savalas, Shelley Winters. – P: Bristol/Norlan. – Pd: J. Levy, A. Gardner, A. Laven. – Farbe (DeLuxe), Panavision. – OL und DL: 102 min. – U: März 68. – DE: Nov. 68. – V: United Artists (35 mm).

1968 CASTLE KEEP. Das Schloß in den Ardennen. – B: Daniel Taradash, David Rayfield, n. d. Roman v. William Eastlake. – K: Henri Decae. – Sch: M. Cooke. – M: Michel Legrand. – D: Burt Lancaster, Patrick O'Neal, Jean-Pierre Aumont, Peter Falk, Bruce Dern. – P: Columbia/Filmways. – Pd: M. Ransohoff, J. Calley. – Farbe (Technico-

lor), Panavision. – OL und DL: 107 min. – U: Juli 69. – DE: Okt. 69. –
V: Warner-Columbia (35 mm).

1969 THEY SHOOT HORSES, DON'T THEY?. Nur Pferden gibt man den
Gnadenschuß. – B: James Poe, Robert E. Thompson, n. d. Roman v.
Horace McCoy. – K: Philip H. Lathrop. – Sch: F. Steinkamp. – M: John
Green. – D: Jane Fonda, Michael Sarrazin, Susannah York, Gig Young,
Bruce Dern. – P: Palomar. – Pd: I. Winkler, R. Chartoff. – Farbe
(DeLuxe), Panavision. – OL: 129 min. – DL: 120 min. – U: Dez. 69. –
DE: Sept. 70. – V: Cinerama (35 mm).

1971 JEREMIAH JOHNSON. Jeremiah Johnson. – B: John Milius, Ed-
ward Anhalt, n. d. Roman *Mountain Man* v. Vardis Fisher u. d. Story
Crow Killer v. Raymond W. Thorp u. Robert Bunker. – K: Andrew
Callaghan. – Sch: T. Stanford. – M: John Rubinstein, Tim McIntire. –
D: Robert Redford, Will Geer, Stefan Gierasch. – P. Warner Bros. –
Pd: J. Wizan. – Farbe (Technicolor), Panavision. – OL und DL: 108
min. – U: Mai 72 (Cannes). – DE: Nov. 72. – V: Warner-Columbia (35
mm).

1972 THE WAY WE WERE. Cherie Bitter. – B: Arthur Laurents, n. s.
Roman. – K: Harry Stadling jr. – Sch: M. Booth. – M: Marvin Ham-
lisch. – D: Barbra Streisand, Robert Redford, Bradford Dillman, Pa-
trick O'Neal, Viveca Lindfors. – P: Rastar. – Pd: R. Stark. – Farbe
(Eastmancolor), Panavision. – OL und DL: 118 min. – U: Okt. 73. –
DE: März 74. – V: Warner-Columbia (35 mm).

1974 THE YAKUZA. Yakuza. – B: Paul Schrader, Robert Towne, n. e.
Story v. Leonhard Schrader. – K: O. Kozo, Duke Callaghan. – Sch: F.
Steinkamp. – M: Dave Grusin. – D: Robert Mitchum, Takakura Ken,
Brian Keith, Herb Edelman. – P: Warner Bros./Toei. – Pd. Pollack, M.
Hamilburg. – Farbe (Technicolor), Panavision. – OL und DL: 112 min.
– U: März 75. – DE: Aug. 75. – V: Warner-Columbia (35 mm).

1975 THREE DAYS OF THE CONDOR. Die drei Tage des Condor. – B:
Lorenzo Semple jr., David Rayfield, n. d. Roman *Six Days of the
Condor* v. James Grady. – K: Owen Roizman. – Sch: F. Steinkamp. –
M: Dave Grusin. – D: Robert Redford, Faye Dunaway, Cliff Robert-
son, Max von Sydow. – P: Wildwood für De Laurentiis und Paramount.
– Pd: S. Schneider. – Farbe (Technicolor), Panavision. – OL und DL:
118 min. – U: Sept. 75. – DE: Dez. 75. – V: Centfox (35 mm).

Lit.: Aufsatz Patricia Erens in: FC, Sept.–Okt. 75. – Interview Michel
Ciment u. Michael Henry in: Positif, Feb. 76.

Bob Rafelson

Regisseur, Autor, Produzent; geb. 1935 in New York. Abgebrochenes
Theologiestudium. Schneller Aufstieg zum Showregisseur im Fernsehen. Entdecker der Popgruppe The Monkees. Mitbegründer der Pro-
duktionsfirma Raybert Productions, später BBS, die u. a. *Easy Rider,
Drive, He Said* und *The Last Picture Show* herstellte.

1968 HEAD. – B: Rafelson, Jack Nicholson. – K: Michel Hugo. – Sch: M. Pozen. – M: Ken Thorne und Songs. – D: The Monkees (Peter Tork, David Jones, Micky Dolenz, Michael Nesmith), Annette Funicello, Sonny Liston, Frank Zappa, als Gast Jack Nicholson. – P: Raybert. – Pd: Rafelson, J. Nicholson, B. Schneider. – Farbe (Technicolor). – OL: 86 min. – U: Nov. 68. – In der BRD nicht verliehen.

1970 FIVE EASY PIECES. Five Easy Pieces – Ein Mann sucht sich selbst. – B: Adrien Joyce (d. i. Carol Eastman), n. e. Story v. Rafelson. – K: Laszlo Kovacs. – Sch: C. Holmes, G. Sheppard. – M: Chopin, Mozart, Bach, diverse Songs. – D: Jack Nicholson, Karen Black, Lois Smith, Susan Anspach, Bill Green Bush. – P: BBS. – Pd: Rafelson, R. Wechsler, B. Schneider. – Farbe (Technicolor). – OL und DL: 98 min. – U: Sept. 70. – DE: März 71. – TV: 4. 2. 76 (WDR III, BR III, HR III, NDR III), 21. 4. 76 (S 3). – V: Warner-Columbia (35 mm).

1972 THE KING OF MARVIN GARDENS. Der König von Marvin Gardens. – B: Jacob Brackman, n. e. Story v. Rafelson. – K: Laszlo Kovacs. – Sch: J. F. Link II. – M: diverse. – D: Jack Nicholson, Bruce Dern, Ellen Burstyn, Julia Anne Robinson. – P: BBS. – Pd: Rafelson. – Farbe (Eastmancolor). – OL: 104 min. – U: Okt. 72. – TV: 3. 3. 76 (BR III), 7. 4. 76 (WDR III, HR III, S 3). – In der BRD nicht verliehen.

1975 STAY HUNGRY. – B: Charles Gaines, Rafelson, n. e. Roman v. Gaines. – K: Victor Kemper. – Sch: J. F. Link II. – M: Bruce Langhorne, Byron Berline. – D: Jeff Bridges, Sally Field. – Pd: H. Schneider, Rafelson. – Farbe (DeLuxe). – OL: 102 min. – U: April 76.

Robert Redford

Darsteller; geb. 1937 in Santa Monica (California). Vater Arbeiter bei einer Ölgesellschaft. Studium University of Colorado abgebrochen, Reisen nach Europa. Schauspielausbildung an der American Academy of Dramatic Arts. Ab 1960 regelmäßig im Fernsehen. Bühnenerfolge am Broadway. (Bild S. 56)

1961 *War Hunt* (Hinter feindlichen Linien), R: Denis Sanders. – 1964 *Situation Hopeless – But Not Serious* (Lage hoffnungslos – aber nicht ernst), R: Gottfried Reinhardt. – 1965 *Inside Daisy Clover* (Verdammte süße Welt), R: Robert Mulligan. *The Chase* (Ein Mann wird gejagt), R: Arthur Penn. *This Property is Condemned* (Dieses Mädchen ist für alle), R: Sydney Pollack. – 1966 *Barefoot in the Park* (Barfuß im Park), R: Gene Saks. – 1968 *Butch Cassidy and the Sundance Kid* (Zwei Banditen/Butch Cassidy und Sundance Kid), R: George Roy Hill. – 1969 *Downhill Racer* (Schußfahrt), R: Michael Ritchie. *Tell Them Willie Boy Is Here* (Blutige Spur), R: Abraham Polonsky. – 1970 *Little Fauss and Big Halsy* (Little Fauss und Big Halsy/Stromer der Landstraße), R: Sidney J. Furie. – 1971 *The Hot Rock* (Vier schräge Vögel/Zwei dufte Typen), R: Peter Yates. *Jeremiah Johnson* (Jeremiah Johnson), R: Sydney Pollack. – 1972 *The Candi-*

date (Bill McKay – der Kandidat), R: Michael Ritchie. *The Way We Were* (Cherie Bitter), R: Sydney Pollack. – 1973   *The Sting* (Der Clou), R: George Roy Hill. *The Great Gatsby* (Der große Gatsby), R: Jack Clayton. – 1974   *The Great Waldo Pepper* (Tollkühne Flieger), R: George Roy Hill. – 1975   *Three Days of the Condor* (Die drei Tage des Condor), R: Sydney Pollack. *All the President's Men* (Die Unbestechlichen), R: Alan J. Pakula. – 1976   *A Bridge Too Far,* R: Richard Attenborough.

Lit.: David Castell: The Films of Robert Redford. London: Barnden Castell Williams 1974. – Donald A. Reed: Robert Redford. A Photographic Portrayal of the Man and his Films. Los Angeles: Sherbourne Press 1975. – Aufsatz Michel Cieutat in: Positif, Mai 74.

Burt Reynolds

Darsteller (auch Regisseur); geb. 1936 in Palm Beach (Florida). Florida State University. Professionelle Football-Karriere durch Autounfall verhindert. Schauspielunterricht am New Yorker Hyde Park Playhouse. Erfolge in TV-Serien (u. a. in *Riverboat, Gunsmoke, Hawk, Dan August*). (Bild S. 105, 2. v. l.)

1960   *Angel Baby,* R: Paul Wendkos. – 1961   *Armored Command,* R: Byron Haskin. – 1965   *Last Message from Saigon,* R: Christian Nyby. – 1966   *Navajo Joe/Un dollaro a testa* (Kopfgeld: Ein Dollar) R: Sergio Corbucci. – 1967   *Shark* (Hai), R: Samuel Fuller. – 1968   *Hundred Riffles* (100 Gewehre), R: Tom Gries. *Sam Whiskey* (Sam Whiskey), R: Arnold Laven. *Impasse,* R: Richard Benedict. – 1969   *Skullduggery,* R: Gordon Douglas. – 1971   *Fuzz* (Auf leisen Sohlen kommt der Tod), R: Richard A. Kolla. *Deliverance* (Beim Sterben ist jeder der Erste), R: John Boorman. – 1972   *Shamus* (Der Spürhund), R: Buzz Kulik. *Everything You Always Wanted to Know About Sex* *But Were Afraid to Ask* (Was Sie schon immer über Sex wissen wollten, aber bisher nicht zu fragen wagten), R: Woody Allen. *White Lightning* (Der Tiger hetzt die Meute), R: Joseph Sargent. – 1973   *The Man Who Loved Cat Dancing* (Der Mann, der die Katzen tanzen ließ), R: Richard C. Sarafian. *The Longest Yard* (Die Kampfmaschine), R: Robert Aldrich. – 1974   *W. W. and the Dixie Dance Kids,* R: John G. Avildsen. *At Long Last Love,* R: Peter Bogdanovich. *Hustle* (Straßen der Nacht), R: Robert Aldrich. – 1975   *Lucky Lady* (Abenteurer auf der Lucky Lady), R: Stanley Donen. – 1976   *Nickelodeon,* R: Peter Bogdanovich.

Als Regisseur: 1975 GATOR. Mein Name ist Gator. – B: William Norton. – D: Reynolds, Jerry Reed, Jack Weston, Alice Ghostley. – Pd: J. Levy, A. Gardner. – OL: 115 min. – U: Mai 76.

Lit.: Interview Andy Warhol in: Interview, Feb. 76.

Michael Ritchie

Regisseur; geb. 1939 in Waukesha (Wisconsin). Vater Psychologiepro-
fessor in Berkeley. Geschichts- und Literaturstudium Harvard University, wo er Uraufführung v. Arthur Kopits *Oh Dad, Poor Dad, Mama's
Hung You in the Closet and I am Feeling So Sad* inszenierte. Assistent
von Robert Saudek bei TV-Serien der Ford-Foundation. Erste Regie-
erfahrungen, die im kommerziellen Bereich *(Man from U.N.C.L.E.,
Dr. Kildare, The Big Valley)* erweitert wurden. Dokumentarfilmarbeit
mit den Maysles Brothers. Sein TV-Film THE OUTSIDER (1967) wurde
von der ARD als Spielfilm gesendet (Der Einzelgänger, 21. 11. 70).

1969 DOWNHILL RACER. Schußfahrt. – B: James Salter, n. d. Roman v.
Oakley Hall. – K: Brian Probyn. – Sch: N. Archer. – M: Kenyon
Hopkins. – D: Robert Redford, Gene Hackman, Camilla Sparv, Karl
Michael Vogler. – P: Wildwood International/Paramount. – Pd: R.
Gregson. – Farbe (Technicolor). – OL und DL: 101 min. – U: Nov. 69.
– DE: Sept. 70. – V: CIC (35 mm).

1971 PRIME CUT. Die Professionals. – B: Robert Dillon. – K: Gene
Polito. – Sch: C. Pingatore. – M: Lalo Schifrin. – D: Lee Marvin, Gene
Hackman, Angel Tompkins, Sissy Spacek. – P: Cinema Center. – Pd: J.
Wizan. – Farbe (Technicolor), Panavision. – OL: 91 min. – DL: 87 min.
– U: Juni 72. – DE: Sept. 72. – V: Centfox (35 mm).

1972 THE CANDIDATE. Bill McKay – der Kandidat. – B: Jeremy Lar-
ner. – K: John Korty. – Sch: R. A. Harris, R. Estrin. – M: John
Rubinstein. – D: Robert Redford, Peter Boyle, Don Porter, Allen
Garfield, Karen Carlson, Melvyn Douglas. – P: Warner Bros. – Pd: W.
Coblenz. – Farbe (Technicolor). – OL und DL: 110 min. – U: Juli 72. –
DE: Jan. 73. – V: Warner-Columbia (35 mm).

1974 SMILE. – B: Jerry Belson. – K: Conrad Hall. – Sch: R. Harris. –
M: diverse Songs. – D: Bruce Dern, Barbara Feldon, Michael Kidd,
Geoffrey Lewis. – P: United Artists. – Pd: Ritchie. – Farbe (DeLuxe). –
OL: 113 min. – U: Juli 75. – In der BRD nicht verliehen.

1975 THE BAD NEWS BEARS. – B: Bill Lancaster. – K: John A. Alonzo. –
Sch: R. A. Harris. – M: Jerry Fielding. – D: Walter Matthau, Tatum
O'Neal, Vic Morrow, Joyce Van Patten, Ben Piazza. – Pd: S. R. Jaffe. –
Farbe (Movielab). – OL: 102 min. – U: April 76.

Lit.: Aufsatz James Monaco in: SaS, Sommer 75.

Richard C. Sarafian

Regisseur, Autor (auch Produzent); geb. 1927 in New York City.
Eltern stammen aus Armenien. Studium New York University. Bar-
mixer, Hotelmanager, Rechercheur für die Zeitschrift »Life«. Assistent
bei einer Dokumentarfilmgesellschaft. Ab 1958 Drehbuchautor, u. a.
The Man Who Died Twice (Rauschgift-Banditen), R: Joseph Cane;
Regisseur bei TV-Serien (u. a. für *Maverick, 77 Sunset Strip, Bonanza*).
Regie auch in England. Verheiratet mit Altmans Schwester Joan.

1962 TERROR AT BLACK FALLS. Die Geächteten vom Rio Grande. – B: James Clayton, n. e. Roman v. Charles Martin. – K: Floyd Crosby. – D: Peter Mamakos, Sandra Knight. – P: Beckman. – sw. – OL: 76 min. – DL: 74 min. – U: Herbst 62. – DE: Okt. 63. – V: –.

1964 ANDY. Andy. – B: Sarafian. – K: Ernesto Capparos. – Sch: Aram Avakian. – D: Norman Alden, Tamara Daykarhanova, Zvee Scooler. – P: Deran. – Pd: Sarafian. – OL: 86 min. – U: Jan. 65. – TV: 24. 12. 70 (ARD). – In der BRD nicht verliehen.

1968 RUN WILD, RUN FREE. Zwei Freunde fürs Leben. – B: David Rook, n. s. Roman *The White Colt.* – K: Wilkie Cooper. – Sch: G. Foot. – M: David Whitaker. – D: Mark Lester, John Mills, Sylvia Syms, Gordon Jackson. – P: Irving Allen. – Pd: J. Danischewsky. – Farbe (Technicolor). – OL und DL: 100 min. – U: Juni 69. – DE: März 70. – V: Warner-Columbia (35 mm).

1970 FRAGMENT OF FEAR. – B: Paul Dehn, n. d. Roman v. John Bingham. – K: Oswald Morris. – Sch: M. Cooke. – M: Johnny Harris. – D: David Hemmings, Gayle Hunnicutt, Flora Robson. – P: Columbia. – Pd: John R. Sloan. – Farbe (Technicolor). – OL: 95 min. – U: Sept. 70. – In der BRD nicht verliehen.

1970 VANISHING POINT. Fluchtpunkt San Francisco. – B: Guillermo Cain, n. e. Story v. Malcolm Hart. – K: John A. Alonzo. – Sch: S. Arnsten. – M: diverse Songs. – D: Barry Newman, Cleavon Little, Dean Jagger, Victoria Medlin. – P: Cupid. – Pd: N. Spencer. – Farbe (DeLuxe). – OL: 107 min. – DL: 99 min. – U: März 71. – DE: Mai 71. – V: Centfox (35 mm).

1971 MAN IN THE WILDERNESS. Ein Mann in der Wildnis. – B: Jack De Witt. – K: Gerry Fisher. – Sch: G. Foot. – M: Johnny Harris. – D: Richard Harris, John Huston, Ben Carruthers, Percy Herbert, John Bindon. – P: Wilderness/Sanford/Limbridge für Warner Bros. – Pd: S. Howard. – Farbe (Technicolor), Panavision. – OL und DL: 105 min. – U: Nov. 71. – DE: Jan. 72. – V: Warner-Columbia (35 mm).

1972 LOLLY-MADONNA XXX. – B: Rodney Carr-Smith, Sue Grafton, n. d. Roman v. Grafton. – K: Philip Lathrop. – Sch: T. Rolf. – M: Fred Myrow. – D: Rod Steiger, Robert Ryan, Scott Wilson, Jeff Bridges, Season Hubley. – P: MGM. – Pd: R. Carr-Smith. – Farbe (Metrocolor). – OL: 103 min. – U: Feb. 73. – In der BRD nicht verliehen.

1973 THE MAN WHO LOVED CAT DANCING. Der Mann, der die Katzen tanzen ließ. – B: Eleanor Perry, n. d. Roman v. Marilyn Dunham. – K: Harry Stadling jr. – Sch: T. Rolf. – M: John Williams. – D: Burt Reynolds, Sarah Miles, Lee J. Cobb, Jack Warden, George Hamilton. – P: MGM. – Pd: M. Poll, E. Perry. – Farbe (Metrocolor). – OL: 114 min. – DL: 109 min. – U: Juli 73. – DE: Nov. 73. – V: MGM (35 mm).

1976 THE NEXT MAN. – B: Mort Fine, Alan Trustman, Sarafian. – D: Dean Connery, Cornelia Sharpe. – P: Artists Entertainment.

Lit.: Aufsatz Claude Benoit in: Jeune Cinéma, Mai–Juni 72.

Jerry Schatzberg

Regisseur; geb. 1927 in New York City. Eltern Pelzhändler. Abgebrochenes Studium University of Florida. Gelegenheitsjobs. Mit 25 Interesse an Fotografie. Verkäufer in einem Fotoladen, Assistent des New Yorker Fotografen Bill Hellburn, eigenes Fotostudio. Arbeit für Zeitschriften (z.B. »Vogue«) und Werbeagenturen. In den 60er Jahren auch Hersteller von Werbefilmen für das Fernsehen. Goldene Palme für SCARECROW in Cannes 1973.

1970 PUZZLE OF A DOWNFALL CHILD. – B: Adrian Joyce (d. i. Carol Eastman), n. e. Story v. Schatzberg. – K: Adam Holender. – Sch: E. Lottman. – M: Michael Small. – D: Faye Dunaway, Barry Primus, Viveca Lindfors, Roy Schneider. – P: Newman-Foreman. – Pd: J. Foreman, F. Caffey. – Farbe (Technicolor). – OL: 104 min. – U: Nov. 70. – In der BRD nicht verliehen.

1970 THE PANIC IN NEEDLE PARK. – B: Joan Didion, John Gregory Dunne, n. d. Roman v. James Mills. – K: Adam Holender. – Sch: E. Lottman. – D: Al Pacino, Kitty Winn, Alan Vint, Richard Bright. – P: Gadd. – Pd: D. Dunne. – Farbe (DeLuxe). – OL: 110 min. – U: Mai 71 (Cannes). – In der BRD nicht verliehen.

1972 SCARECROW. Asphalt-Blüten. – B: Garry Michael White. – K: Vilmos Zsigmond. – Sch: E. Lottman. – M: Fred Myrow. – D: Gene Hackman, Al Pacino, Dorothy Tristan, Ann Wedgeworth, Eileen Brennan. – P: Warner Bros. – Pd: R. M. Sherman. – Farbe (Technicolor), Panavision. – OL: 115 min. – DL: 112 min. – U: April 73. – DE: Nov. 73. – V: Warner-Columbia (35 mm).

1975 DANDY, THE ALL AMERICAN GIRL. – B: B. J. Perla, Marilyn Goldin. – K: Vilmos Zsigmond. – Sch: E. Lottman, R. Fetterman. – M: Paul Chihara. – D: Stockard Channing, Sam Waterston, Richard Doughty, Norman Matlock. – P: MGM. – Pd: Schatzberg. – Farbe (Metrocolor), Panavision. – OL: 92 min. – U: Mai 76 (Cannes).

Lit.: Interviews Michel Ciment in: Positif, Juni 73; Danielle Gain in: Image et Son, Juni–Juli 73.

Paul Schrader

Autor; geb. 1946. Calvinistisch erzogen, bis zum 17. Lebensjahr kein Kinobesuch. Dann drei Jahre lang intensives Filmeansehen, Studium University of California, Los Angeles (UCLA) und Forschungsarbeit am American Film Institute. Zeitweise Herausgeber der Zeitschrift »Cinema« und Mitarbeiter von »Film Quarterly«. 1972: Transcendental Style in Film: Ozu, Bresson, Dreyer (University of California Press).

1974 *The Yakuza* (Yakuza), R: Sydney Pollak (Drehbuch v. Robert Towne überarbeitet). – 1975 *Taxi Driver* (Taxi Driver), R: Martin Scorsese. *Obsession,* R: Brian De Palma.

Lit.: Interview Richard Thompson in: FC, März–April 76.

Martin Scorsese

Regisseur, Cutter (auch Autor und Darsteller); geb. 1942 in Flushing/
Long Island (New York). Aufgewachsen im Italienerviertel von New
York. 1962–64 Studium am Filmdepartment der New York University;
dort Kurzspielfilme: 1963 WHAT'S A NICE GIRL LIKE YOU DOING IN A PLACE
LIKE THIS? (16 mm/9 min.), 1964 IT'S NOT JUST YOU MURRAY (16 mm/15
min./Oberhausen 1965). Cutter bei CBS. 1967 Kurzspielfilm THE BIG
SHAVE (16 mm/6 min./Oberhausen 1968). Schnittberater bei *Wood-
stock* (1969, R: Michael Wadleigh), *Medicine Ball Caravan* (1971, R:
François Reichenbach), *Elvis on Tour* (1972, R: Pierre Adidge und
Robert Abel), *Unholy Rollers* (1973, R: Vernon Zimmerman). Seit
Ende der 60er Jahre Dozent an der New York University. 1970 mit
Filmstudenten in New York: STREET SCENES (75 min.), 1974–75 Doku-
mentarfilm ITALIANAMERICAN (16 mm/48 min.) über seine Eltern. Gol-
dene Palme für TAXI DRIVER in Cannes 1976.

1965–68 WHO'S THAT KNOCKING AT MY DOOR? – B: Scorsese. – K:
Michael Wadleigh, Richard Coll. – Sch: T. Schoonmaker. – M: diverse
Songs. – D: Zina Bethune, Harvey Keitel, Anne Colette, Phil Carlson,
Catherine Scorsese, Wendy Russell, Scorsese. – P: Tri-Mod. – Pd: J.
Weill, B. u. H. Manoogian. – Teilweise in 16 mm aufgenommen. – OL:
90 min. – U: Sept. 68. – Entstand in mehreren Etappen und wurde in
verschiedenen Versionen aufgeführt. – In der BRD nicht verliehen.

1971 BOXCAR BERTHA. Die Faust der Rebellen. – B: Joyce H. und John
W. Corrington, n. d. Autobiografie v. Boxcar Bertha Thompson. – K:
John Stephens. – Sch: B. Feitshans, Scorsese. – M: Gib Guilbeau, Thad
Maxwell. – D: Barbara Hershey, David Carradine, Barry Primus, John
Carradine, Scorsese. – P: American International. – Pd: R. Corman. –
Farbe (DeLuxe). – OL: 92 min. – DL: 73 min. – U: Aug. 72. – DE:
Dez. 73. – V: CS (35 mm).

1973 MEAN STREETS. Hexenkessel. – B: Scorsese, Mardik Martin. – K:
Kent Wakeford. – Sch: S. Levin. – M: diverse Songs. – D: Harvey
Keitel, Robert De Niro, David Proval, Amy Robinson, Robert Carradi-
ne, David Carradine, Scorsese. – P: Taplin-Perry-Scorsese. – Pd: J. T.
Taplin. – Farbe (Technicolor). – OL und DL: 110 min. – U: Okt. 73. –
DE: Juni 76. – V: Filmverlag der Autoren (35 mm).

1974 ALICE DOESN'T LIVE HERE ANYMORE. Alice lebt hier nicht mehr. –
B: Robert Getchell. – K: Kent Wakeford. – Sch: M. Lucas. – M: diverse
Songs. – D: Ellen Burstyn, Kris Kristofferson, Billy Green Bush, Diane
Ladd, Lelia Goldoni, Alfred Lutter, Larry Cohen, Scorsese. – P: War-
ner Bros. – Pd: D. Susskind, A. Maas, S. Weintraub. – Farbe (Technico-
lor). – OL und DL: 112 min. – U: Jan. 75. – DE: Sept. 75. – V:
Warner-Columbia (35 mm).

1975 TAXI DRIVER. Taxi Driver. – B: Paul Schrader. – K: Michael
Chapman. – Sch: M. Lucas, T. Rolf, M. Shapiro. – M: Bernard Herrmann. – D: Robert De Niro, Cybill Shepherd, Peter Boyle, Albert

Brooks, Leonard Harris, Harvey Keitel, Scorsese. – P: Bill/Phillips. – Pd: M. u. J. Phillips. – Farbe (Metrocolor). – OL: 113 min. – U: Jan. 76. – DE: Okt. 76. – V: Warner-Columbia (35 mm).
Lit.: Aufsatz Paul Gardner in: Action (Hollywood), Mai–Juni 75. – Interviews Marjorie Rosen in: FC, März–April 75; F. Anthony Macklin in: Film Heritage, Frühjahr 75. – Aufsatz Michael Henry, Interview Michel Ciment u. Michael Henry in: Positif, Juni 75.

Cybill Shepherd

Darstellerin; geb. 1950 in Memphis (Tennessee). Studium New York University, Filmdepartment der University of Southern California. Vor Filmdebüt Mannequin. Als Sängerin erfolgreich (erstes Album mit Liedern v. Cole Porter 1974). Lebt mit Peter Bogdanovich zusammen. (Bild S. 104, 105 r.)
1971   *The Last Picture Show* (Die letzte Vorstellung), R: Peter Bogdanovich. – 1972   *The Heartbreak Kid* (Pferdewechsel in der Hochzeitsnacht), R: Elaine May. – 1973   *Daisy Miller* (Daisy Miller), R: Peter Bogdanovich. – 1974   *At Long Last Love,* R: Peter Bogdanovich. – 1975   *Taxi Driver* (Taxi Driver), R: Martin Scorsese. – 1976   *Special Delivery,* R: Paul Wendkos.
Lit.: Interview (mit Bogdanovich) Rosemary Kent, Andy Warhol und Vincent Fremont in: Interview, Juni 74.

Steven Spielberg

Regisseur; geb. 1948 in Ohio, aufgewachsen in Arizona. Frühe 8-mm-Amateurfilme. Erster TV-Auftrag nach Kurzfilm AMBLIN (1967/35 mm/24 min.). 1969: Episode mit Joan Crawford und Barry Sullivan für die Universal-Serie *Night Gallery/World Premiere.* Danach je eine Episode der TV-Serien *Columbo, The Name of the Game, Marcus Welby, Owen Marshall* und zwei Folgen von *The Psychiatrist.* Drei abendfüllende TV-Movies, u. a. DUEL. 1972 Story zu *Ace Eli and Rodger of the Skies,* R: Bill Sampson.
1971   DUEL. Duell. – B: Richard Matheson. – K: Jack A. Marta. – Sch: F. Morriss. – M: Billy Goldenberg. – D: Dennis Weaver, Jacqueline Scott, Eddie Firestone. – P: Universal. – Pd: G. Eckstein. – Farbe (Technicolor). – OL und DL: 90 min. – U: Nov. 71. – DE: Juli 73. (Berlinale). – V: CIC (35 mm).
1973   THE SUGARLAND EXPRESS. Sugarland Express. – B: Hal Barwood, Matthew Robbins, n. e. Story v. Spielberg. – K: Vilmos Zsigmond. – Sch: E. M. Abroms, V. Fields. – M: John Williams. – D: Goldie Hawn, Ben Johnson, Michael Sacks, William Atherton. – P: Universal. – Pd: R. D. Zanuck, D. Brown. – Farbe (Technicolor), Panavision. – OL und DL: 110 min. – U: März 74. – DE: Jan. 75. – V: CIC (35 mm).
1974   JAWS. Der weiße Hai. – B: Peter Benchley, Carl Gottlieb, n. d. Roman v. Benchley. – K: Bill Butler. – Sch: V. Fields. – M: John

Williams. – D: Roy Schneider, Robert Shaw, Richard Dreyfuss, Lorraine Gary, Murray Hamilton, Carl Gottlieb. – P: Universal. – Pd: R. D. Zanuck, D. Brown. – Farbe (Technicolor), Panavision. – OL und DL: 124 min. – U: Juni 75. – DE: Dez. 75. – V: CIC (35 mm).

Lit.: Interview David Helpern in: Take One, Juni 75. – Text eines Seminars mit Spielberg in: Dialogue on Film, Juli 74. – Carl Gottlieb: Der Weiße Hai-Report. München: Heyne-Buch 5276 (aus dem Amerik.).

Barbra Streisand

Darstellerin und Sängerin; geb. 1942 in Brooklyn (New York). Eigentlich: Barbara Joan Streisand. Vater Lehrer (starb 1943). Erasmus Hall High School. Nachtclubs. Erfolglose Beteiligung an Amateursänger-Wettbewerben. Bühnendebüt in der Revue *Another Evening with Harry Stones,* Off-Broadway. 1962 als Darstellerin im Broadway-Musical *I Can Get It For You Wholesale* ausgezeichnet. Größter Erfolg im (später mit ihr verfilmten) Musical *Funny Girl* (1964). Diverse TV-Shows (u. a. *My Name is Barbra, Color Me Barbra, Belle of the 14th Street*) und viele Schallplatten. 1968 (geteilt mit Katherine Hepburn) Oscar als beste Hauptdarstellerin in *Funny Girl.* 1963–70 mit Elliott Gould verheiratet. (Bild S. 102)

1967 *Funny Girl* (Funny Girl), R: William Wyler. – 1968 *Hello Dolly!* (Hello, Dolly!), R: Gene Kelly. – 1969 *The Owl and the Pussycat* (Die Eule und das Kätzchen), R: Herbert Ross. – 1970 *On a Clear Day You Can See Forever,* R: Vincente Minnelli. – 1971 *What's Up Doc?* (Is' was, Doc?), R: Peter Bogdanovich. – 1972 *Up the Sandbox,* R: Irvin Kershner. *The Way We Were* (Cherie Bitter), R: Sydney Pollack. – 1973 *For Pete's Sake* (Bei mir liegst du richtig), R: Peter Yates. – 1974 *Funny Lady* (Funny Lady), R: Herbert Ross. – 1976 *A Star Is Born,* R: Frank Pierson.

Lit.: James Spada: Barbra. The First Decade, Secausus: Citadel 1974. – David Castell: The Films of Barbra Streisand. London: Barnden Castell Williams 1974.

Donald Sutherland

Darsteller; geb. 1934 in St. John (New Brunswick/Canada). Während der Schulzeit Radiosprecher und Discjockey. Ingenieurstudium University of Toronto abgebrochen, zweijährige Ausbildung Academy of Music and Dramatic Arts, London. Zwei Jahre am Perth Repertory Theatre in Schottland, dann an verschiedenen Theatern in der englischen Provinz und schließlich in London (Debüt als Partner von Rex Harrison in *August for the People*). Dort auch TV. Seit 1965 vorwiegend in den USA. (Bild S. 63, 2. v. r.)

1964 *Il castello dei morti vivi,* R: Herbert Wise. *Dr. Terror's House of Horrors* (Die Todeskarten des Dr. Schreck), R: Freddie Francis. *Fana-*

tic, R: Silvio Narizzano. – 1965   *The Bedford Incident* (Zwischenfall im Atlantik), R: James B. Harris. *Promise Her Anything* (Versprich ihr alles), R: Arthur Hiller. – 1966   *The Dirty Dozen* (Das dreckige Dutzend), R: Robert Aldrich. *Billion Dollar Brain* (Das Milliarden-Dollar-Gehirn), R: Ken Russell. – 1967   *Oedipus the King* (König Oedipus), R: Philip Saville. *Interlude* (Zwischenspiel), R: Kevin Billington. *Joanna* (Joanna), R: Michael Sarne. – 1968   *The Split* (Bullen – wie lange wollt ihr leben?), R: Gordon Flemyng. – 1969   *M∗A∗S∗H* (M∗A∗S∗H), R: Robert Altman. *Kelly's Heroes* (Stoßtrupp Gold), R: Brian G. Hutton. *Start the Revolution Without Me,* R: Bud Yorkin. – 1970   *Alex in Wonderland,* R: Paul Mazursky. *Little Murders,* R: Alan Arkin. *Klute* (Klute), R: Alan J. Pakula. *Act of the Heart,* R: Paul Almond. – 1971   *Jonny Got His Gun* (Jonny zieht in den Krieg), R: Dalton Trumbo. *F. T. A.,* R: Francine Parker, Co-Autor und Co-Pd: Sutherland. *Steelyard Blues* (Steelyard Blues), R: Alan Myerson. – 1972   *Lady Ice,* R: Tom Gries. – 1973   *Don't Look Now* (Wenn die Gondeln Trauer tragen), R: Nicolas Roeg. *The Day of the Locust* (Der Tag der Heuschrecke), R: John Schlesinger. – 1974   *S∗P∗Y∗S* (S∗P∗Y∗S), R: Irvin Kershner. – 1974–75   *1900* (1900), R: Bernardo Bertolucci. – 1975–76   *Casanova,* R: Federico Fellini. – 1976   *The Eagle Has Landed,* R: John Sturges.

Lit.: Interview Louis-Bernard Robitaille in: Ecran, April 76.

Robert Towne

Autor; geb. 1935 in Los Angeles (California). Studium der englischen Sprache, Armeedienst. In der Schauspielschule von Jeff Corey in Los Angeles Begegnung mit Roger Corman und Jack Nicholson. TV-Scripts für verschiedene Serien, u. a. *The Man from U.N.C.L.E.* und *Breaking Point.* Überarbeitung des Drehbuchs zu *Bonnie and Clyde,* Mitwirkung (ungenannt) am Drehbuch zu *The Godfather.* 1975 Oscar für das beste Originaldrehbuch *(Chinatown).*

1964   *The Tomb of Ligeia,* R: Roger Corman. – 1973   *The Last Detail* (Das letzte Kommando), R: Hal Ashby. *Chinatown* (China-town), R: Roman Polanski. – 1974   *Shampoo* (Shampoo), R: Hal Ashby; Co-Autor: Warren Beatty. *The Yakuza* (Yakuza), R: Sydney Pollack; Co-Autor: Paul Schrader.

Lit.: Text eines Seminars mit Towne in: American Film (Washington), Dez. 75, Beilage: Dialogue on Film. – Interview Christa Maerker in: Filmreport, 7. 5. 75.

Haskell Wexler

Kameramann, Regisseur; geb. 1926 in Chicago (Illinois). Kameramann von Kultur- und Industriefilmproduktionen. 1967 Oscar für *Who's Afraid of Virginia Woolf?,* 1973 künstlerischer Berater bei *American Graffiti* (R: Lucas).

Als Kameramann: 1958 *Steakout on Dope Street,* R: Irvin Kershner. –
1959 *Five Bold Women,* R: Jorge Lopez-Portillo. – 1960 *Studs
Lonigan,* R: Irving Lerner. *The Hoodlum Priest* (Der werfe den ersten
Stein), R: Irvin Kershner. – 1961 *Angel Baby,* R: Paul Wenkos. –
1962 *A Face in the Rain,* R: Irvin Kershner. – 1963 *America, America* (Die Unbezwingbaren), R: Elia Kazan. *The Best Man* (Der Kandidat), R: Franklin Schaffner. – 1964 *The Loved One* (Tod in Hollywood), R: Tony Richardson, Co-Pd: Wexler. – 1965 *Who's Afraid of
Virginia Woolf?* (Wer hat Angst vor Virginia Woolf?), R: Mike Nichols. – 1966 *In the Heat of the Night* (In der Hitze der Nacht), R:
Norman Jewison. – 1967 *The Thomas Crown Affair* (Thomas Crown
ist nicht zu fassen), R: Norman Jewison. – 1971 *The Trial of the
Catonsville Nine,* R: Gordon Davidson. – 1975 *One Flew Over the
Cuckoo's Nest* (Einer flog über das Kuckucksnest), R: Milos Forman.
Bound for Glory (Woody Guthrie: Dieses Land ist mein Land), R: Hal
Ashby.
Als Dokumentarist: 1953 THE LIVING CITY. – 1959 *The Savage Eye*
(Das grausame Auge), R: Joseph Strick, Ben Maddow, Sidney Meyers.
– 1962 T FOR TUMBLEWEED (Kurzfilm). – 1965 THE BUS (62 min.). –
1970 INTERVIEWS WITH MY LAY VETERANS, R und K: Wexler, Richard
Pearce (Kurzfilm). – 1971 BRAZIL: A REPORT ON TORTURE, R und K:
Wexler, Sol Landau. (60 min.) INTERVIEW WITH PRESIDENT ALLENDE, R
und K: Wexler, Sol Landau (Kurzfilm). – 1974 VIETNAM JOURNEY:
INTRODUCTION TO THE ENEMY, R: Christine Burrill, Bill Yahraus, Jane
Fonda, Tom Hayden, Wexler (64 min.).
Als Spielfilmregisseur: 1968 MEDIUM COOL. Medium Cool. – B und K:
Wexler. – Sch: V. Fields. – M: Mike Bloomfield. – D: Robert Forster,
Verna Bloom, Peter Bonerz. – P: Paramount/H. & J. Pictures. – Pd: T.
Friedman, Wexler. – Farbe (Technicolor). – OL und DL: 110 min. – U:
Sept. 69. – DE: Okt. 69 (Mannheimer Filmwoche). – V: CIC (35 mm).
Lit.: Interviews Michael Shedlin in: Take One, Okt. 72; Renée Epstein
in: SaS, Winter 75–76.

Gene Wilder

Darsteller (auch Autor und Regisseur); geb. 1935 in Milwaukee (Wisconsin). Schauspielstudium an der University of Iowa. 1955 nach England, zeitweise am Bristol Old Vic Theatre. In den USA Gelegenheitsjobs, dann Bühnendebüt in einer Off-Broadway-Produktion v. Arnold
Weskers *Roots.* Am Broadway tragende Rollen u. a. in *The Complaisant Lover, Mutter Courage und ihre Kinder, One Flew Over the Cukkoo's Nest, Luv.* Zahlreiche TV-Aufgaben.
Als Darsteller: 1967 *Bonnie and Clyde* (Bonnie und Clyde), R: Arthur Penn. *The Producers* (Frühling für Hitler), R: Mel Brooks. –
1969 *Start the Revolution Without Me,* R: Bud Yorkin. –
1970 *Quackser Fortune Has a Cousin in the Bronx,* R: Waris Hussein.

– 1971 *Willy Wonka and the Chocolate Factory* (Charlie und die Schokoladenfabrik), R: Mel Stuart. – 1972 *Everything You Always Wanted to Know About Sex* *But Were Afraid to Ask* (Was Sie schon immer über Sex wissen wollten, aber bisher nicht zu fragen wagten), R: Woody Allen. – 1973 *Blazing Saddles* (Is' was Sheriff/Der wilde Wilde Westen), R: Mel Brooks. *Rhinoceros*, R: Tom O'Horgan. – 1974 *Young Frankenstein* (Frankenstein junior), R: Mel Brooks, Co-Autor: Wilder. *The Little Prince*, R: Stanley Donen.

Als Regisseur: 1975 THE ADVENTURE OF SHERLOCK HOLMES' SMARTER BROTHER. Die Abenteuer von Sherlock Holmes' cleverem Bruder. – B: Wilder. – K: Gerry Fisher. – Sch: J. Clark. – M: John Morris, Verdi. – D: Wilder, Madeline Kahn, Marty Feldman, Dom DeLuise. – P: Jouer. – Pd: A Roth. – Farbe (DeLuxe). – OL und DL: 91 min. – U: Nov. 75. – DE: Mai 76. – V: Centfox (35 mm).

Vilmos Zsigmond

Kameramann; geb. 1930 in Ungarn. 1951–55 Filmhochschule in Budapest. 1956 mit seinem Studienkollegen Laszlo Kovacs in die USA emigriert. Arbeit als Fotograf und im Kopierwerk. Kameraarbeit für Bildungsprogramme, dann für kommerzielle TV-Sendungen. Seit Mitte der 60er Jahre Director of Photography, anfangs noch unter dem Namen William Zsigmond.

1963 *The Sadist* (Todesangst), R: James Landis. – 1964 *The Time Travelers*, R: Ib Melchior. – 1965 *Deadwood '76*, R: James Landis. – 1967 *The Name of the Game is Kill*, R: Gunnar Hellstrom. – 1969 *The Monitors*, R: Jack Shea. *Futz*, R: Tom O'Horgan. *The Sky Bum*, R: Bruce Clark. – 1970 *The Hired Hand* (Der weite Ritt), R: Peter Fonda. *Red Sky at Morning*, R: James Goldstone. *McCabe and Mrs. Miller* (McCabe & Mrs. Miller), R: Robert Altman. – 1971 *Deliverance* (Beim Sterben ist jeder der Erste), R: John Boorman. *Horror of the Blood Monsters*, R: Al Adamson. *Five Bloody Graves*, R: Al Adamson. *Images* (Spiegelbilder), R: Robert Altman. – 1972 *The Long Goodbye* (Der Tod kennt keine Wiederkehr), R: Robert Altman. – 1973 *Cinderella Liberty* (Zapfenstreich), R: Mark Rydell. *Scarecrow* (Asphalt-Blüten), R: Jerry Schatzberg. *The Sugarland Express* (Sugarland Expreß), R: Steven Spielberg. *The Girl from Petrovka* (Das Mädchen von Petrovka), R: Robert Ellis Miller. – 1975 *Dandy, the All American Girl*, R: Jerry Schatzberg. Obsession, R: Brian De Palma.

Allgemeine Bibliografie

Die Bibliografie enthält Angaben zu den wichtigsten Veröffentlichungen über den New Hollywood Film: zu Büchern, Zeitschriften und einzelnen Aufsätzen. Die Angaben sind zunächst in drei Sprachbereiche eingeteilt: englisch, französisch, deutsch. Innerhalb der Sprachen wurden Veröffentlichungen chronologisch geordnet. Abkürzungen: NYT = The New York Times, SaS = Sight and Sound, SZ = Süddeutsche Zeitung.

Bücher/Zeitschriften

Edwin Miller: Interviews: Film Stars and Superstars. London: Macmillan 1970 (enthält Interviews u. a. mit Jane Fonda, Warren Beatty, Barbra Streisand, Robert Redford, Woody Allen, Dustin Hoffman, Dennis Hopper). – Pat Billings/Allen Eyles: Hollywood Today. London: Zwemmer/New York: Barnes 1971. The International Film Guide Series. – Louis M. Savary/J. Paul Carrico (Hrsg.): Contemporary Film & the New Generation. New York: Association Press 1971. – Bob Thomas (Hrsg.): Directors in Action, Selections from ACTION, The Official Magazine of The Directors Guild of America. Indianapolis, New York: Bobbs-Merrill 1973 (enthält Aufsätze und Interviews über bzw. mit Roger Corman, Robert Altman, Mel Brooks, John Cassavetes, William Friedkin, Hal Ashby, Michael Ritchie). – Axel Madsen: The New Hollywood. American Movies in the '70s. New York: Crowell 1975.
Cinéma 73 (Paris), Nr. 178–179, Juli–Aug. 1973: Le cinéma américain des années soixante (S. 30–254). – Théodore Louis/Jean Pigeon: Le cinéma américaine d'aujourd'hui. Paris: Seghers 1975. Cinéma 2000.

Aufsätze

Axel Madsen: The Changing of the Guard. in: SaS, Frühjahr 70. – Axel Madsen: California Dreamin'. in: SaS, Sommer 70. – Stephen Farber: Movies from Behind the Barricades. in: Film Quarterly, Winter 70–71. – Stephen Farber: Easy Pieces. in: SaS, Sommer 71. – Beverly Walker: Go West, Young Man. in: SaS, Winter 71–72. – Urjo Kareda: The Signals Movie Actors Give, in: NYT, 11. 8. 74. – Marsha Kinder: The Return of the Outlaw Couple. in: Film Quarterly, Sommer 74. – Charles Higham: New Wave of Writers. in: NYT, 29. 9. 74. – Thomas Elsaesser: The Pathos of Failure: American Films in the 70's. in: Monogram (London), Okt. 75.
Claire Clouzot: Petits meurtres américains ou nous et nos cinéfantasmes. in: Ecran (Paris), Juni 73. – Jean Domarchi: Deux fois quinze jours ailleurs: notes de voyage aux U.S.A. in: Ecran, Jan. und Feb. 74. –

183

Claire Clouzot: Voyage chez les flics, les rétrogrades et les possédés. in: Ecran, April 74. – Louis Marcorelles: Le Nouvel Hollywood. in: Le Monde, 19. 12. 74.

Siegfried Schober/Wolfgang Limmer: Auf der Strecke geblieben. in: SZ, 8. 9. 73. – Wolf Donner: Bilder aus dem Asphaltdschungel. in: Die Zeit, 18. 1. 74. – o. V.: Hollywoods mißhandelte Frauen. in: Der Spiegel, 18. 3. 74. – Peter Figlestahler: Junge Filme aus Hollywood. in: FAZ, 22. 3. 74. – Wolf Donner: Bullen + Nixon. in: Die Zeit, 29. 3. 74. – Franz Schöler: Der Zwang zum Erfolg. in: NZZ, 27. 7. 74. – Franz Everschor: Amerikas Kino lebt. Neue Trends und Wirkungen des Filmschaffens in den USA. in: (Kathol.) Filmdienst, 17. 9. 74 (überarbeiteter Nachdruck aus: Stimmen der Zeit, Sept. 74). – Peter Figlestahler: Spione, Spitzel und gewitzte Gangster. in: FAZ, 19. 10. 74. – Wolfgang Limmer: Zwischen Watergate und Depression. in: SZ, 24. 10. 74. – Christa Maerker: Die heißen Babys von Hollywood. in: SZ, 29. 8. 75.

Für die Bilder dieses Bandes und andere Hilfeleistungen danken wir den in den Filmografien genannten Produktions- und Verleihfirmen, der ARD-Filmredaktion, dem ZDF, dem British Film Institute (London), dem Privaten Archiv für Filmkunde e.V. (Köln) sowie Peter Figlestahler (New York).